스토리텔링성경 7

스토리텔링 성경

사무엘 상·하

스토리텔링 성경

7 사무엘 상 · 하: 왕정시대의 개막과 다윗의 왕국

초판 3쇄 2022년 9월 30일

지은이 김영진, 강정훈, 천종수
발행처 (유) 성서원
일러스트 김천정
교정 · 교열 유영일
출판등록 1997년 7월 8일 (제300-1997-79호)
창업일 1972년 2월 1일
주　소 경기도 고양시 덕양구 덕은로 60-12 우) 10541
전　화 (02)765-0011~17
팩　스 (02)743-6811
성서원 홈페이지 www.biblehouse.co.kr
페이스북 · E-mail saebut-9106@hanmail.net

ISBN 978-89-360-2330-0 03230

스토리텔링성경
7

성경 전 장章을 이야기로 풀어 쓴

스토리텔링 성경

지은이
김영진 강정훈 천종수

사무엘 상·하

왕정시대의 개막과 다윗의 왕국

성서원

차례

사무엘상 사무엘과 사울과 다윗

사무엘하 언약 위에 세워진 다윗 왕국

사무엘상

사무엘과 사울과 다윗

하나님께 눈물로 간청하는 한나
그 기도의 응답으로 얻은 아들
이스라엘의 마지막 사사 사무엘은
이스라엘 최초의 예언자

이스라엘의 역사가 펼쳐지네
최후의 사사 사무엘, 최초의 왕 사울,
하나님의 마음에 든 다윗의 얽히고설킨
이스라엘 왕정 역사가 기록되네

이스라엘 백성은 소리 높여 외치네
우리에게도 왕을 세워주시오
그들 마음대로 세운 사울은 실패하고
하나님의 마음에 든 다윗은 성공하네

1

한나의 기도

남편의 사랑을 듬뿍 받는 한나는
자식이 없어 서러움 당하다가
아들 낳으면 주께 바치기로 서원하며
주께 아이를 달라고 기도하네

엘가나 가족이 '실로' 성소에 올라가다 (1:1-8)

이집트를 떠나 약속의 땅 가나안에 정착한 이스라엘(주전 1400년경), 그로부터 10년 후쯤 모세의 후계자이며 가나안 정복전쟁의 영웅인 여호수아는 110세를 일기로 생을 마감한다(주전 1390년경). 이후 이스라엘은 초대 왕인 사울이 세워지기까지 12사사들에 의해 다스려지는 기나긴 340년의 사사시대로 접어든다(주전 1390-1050년경).

이스라엘이 위기에 처할 때마다 구원자로 등장한 사사들, 하지만 그들은 모세나 여호수아처럼 강력한 통치권을 갖지 못하고 저마다의 지역에서 국지적으로 활동했기 때문에 이스라엘 열두 지파를 하나의 국가로 통합시키지는 못한다. 게다가 사사시대는 암울한 타락과 무법의 시대였다. 이스라엘 백성들이 하나님과 그분의 말씀을 떠나 '바알'과 '아세라' 같은 이방 우상들을 숭배하면서 각자 자기 생각에 따라 제멋대로 행동했기 때문이다.

그 결과, 이스라엘은 종종 하나님의 징벌을 받아 340년의 사사시대

가운데 근 100년을 외세의 침략과 압제에 시달렸다. 그나마 이스라엘을 불쌍히 여긴 하나님의 긍휼로 인해 때마다 사사들이 일어나 구원자의 역할을 감당했기에, 이스라엘은 멸망하지 않고 약속의 땅 가나안을 아슬아슬하게 지켜낼 수 있었다.

사사시대 동안에 계속해서 악화되어 가는 이스라엘, 그런 이스라엘의 위기적 상황은 주변 나라들로 인해 긴박하게 돌아갔다. 독립된 지역 지도자인 사사 체제로는 강력한 왕정 체제를 갖춘 주변 나라들의 위협과 공격을 막아낼 수 없었다.

때에 이스라엘의 주변 국가들은 이러했다. 서쪽에는 블레셋이 자리 잡았다. 에게 해(海) 부근의 크레타 섬에서 팔레스타인으로 이주해온 해양민족 블레셋, 그들은 지중해 남부 연안을 중심으로 강력한 도시국가를 세웠다.

당시는 후기 청동기시대가 끝나고 이제 막 철기시대의 신기술이 일어나고 있었다. 해양 민족인 블레셋은 선진문명을 빠르게 받아들였다. 그래서 그들은 철을 사용하여 농기구와 무기들을 만들었다. 대장간은 블레셋 영토에만 있었고, 산간지역 중심으로 살던 이스라엘에는 쇠로 만든 무기가 거의 없었다. 그러니 블레셋은 이스라엘에게 가장 위협적인 이웃 국가였다.

이스라엘 북쪽에는 당시 강대국으로 군림한 아람(수리아)이 있었다. 또한 요단강 동쪽에서 가장 북쪽으로는 암몬, 그 아래에 모압, 그 남쪽에는 에돔이 있었다. 여기에 가나안 남부의 사막지대에는 강력한 유목민 부족인 아말렉이 호시탐탐 이스라엘을 위협하고 있었다.

이스라엘이 주변 나라들과 맞서려면 열두 지파를 하나로 묶는 연합군대가 필요했고, 이를 위해서는 강력한 왕을 중심으로 중앙정부를 세워야 했다. 그래서 이스라엘 백성들 사이에서 왕정제도(王政制度)를 요구하는 바람이 거세게 일어났다.

이처럼 사사들의 시대에서 왕들의 시대로, 신정국가에서 왕정국가로 바뀌는 전환기 시점에, 아주 중대한 역할을 감당한 탁월한 인물이 있다. 마지막 사사요 최초의 선지자라 할 수 있는 사무엘! 바로 그다. 그리하여 이제 이스라엘 역사는 사무엘의 출생 이야기로부터 시작된다.

실로(Shiloh). 예루살렘 북쪽 약 32km, 벧엘 동북쪽 18km 지점에 위치한 에브라임 지파의 성읍. 가나안 정복전쟁을 개시한 이후 가장 먼저 점령한 지역이다. 전쟁이 끝나고 땅을 분배할 무렵쯤엔 길갈에 있던 성막을 옮겨놓은 장소로, 이후 오랜 세월 동안 이스라엘의 종교적 중심지가 된 곳이다.

당시 실로 성소의 대제사장은 엘리. 엘리는 제사장 계보 중 유력한 비느하스 가문의 후손이 아니고, 이다말의 후손이다. 사사시대 말기에 대제사장과 사사 직분을 동시에 겸한 것으로 보아 나름대로 정치적 수완이 있어 보인다. 그러나 나이가 많이 들면서 총기가 흐려져 말년에는 맡은바 직분을 겨우겨우 수행했던 인물이다.

여기는 에브라임 산간 지역에 위치한 라마다임-소빔 마을. 에브라임 산간 지역은 가나안 땅 중앙부에 위치한 비옥한 구릉지대로 에브라임 지파가 분배받은 기업의 땅이고, 라마다임-소빔은 예루살렘 북쪽 9km 지점, 실로 남쪽 20km 지점에 있는 작고 평화로운 마을이다. 줄여서 통상 '라마'로 불린다.

이 마을에 '엘가나'라는 경건한 사람이 살고 있었다. 그는 에브라임 지파의 땅에 살고 있던 레위인으로 숩의 자손이다. 그의 아버지는 여로함이고, 할아버지는 엘리후, 증조할아버지는 도후, 고조할아버지는 숩이다.

엘가나에겐 두 아내가 있었다. '한나'와 '브닌나'다. 둘째 부인 브닌나에게는 소생이 있었지만, 첫째 부인 한나에게는 아이가 없었다. 고대 근동 사회에서 일부다처는 흔한 결혼 관습이다. 각자 자기 생각에 옳은 대로 살았던 타락한 사사시대에는 더욱 널리 행해졌다. 그래서 경건한 엘가나조차도 두 명의 아내를 얻었다. 하지만 결혼에 관한 하나님의 뜻은 어디까지나 한 남자에 한 여자, 곧 일부일처(一夫一妻) 제도다.

사사시대에 경건한 신앙을 간직한 엘가나는 해마다 실로에 올라가 전능하신 주님께 제사를 드렸다. 법궤가 안치된 성막이 그곳에 있었기에, 1년에 한 차례씩 반드시 가족들을 데리고 그곳으로 올라갔던 것이다.

출애굽 직후(주전 1446년경) 시내 산에서 처음 제작된 법궤(언약궤), 그 법궤는 40여 년 동안 이스라엘 백성들과 함께 광야를 옮겨 다니다가 가나안 입성 후엔 맨 처음 '길갈'에 보관되었다. 그리고 여호수아가 각 지파들에게 기업의 땅을 분배할 무렵에는 '실로'로 옮겨졌는데, 이후 사사시대 내내 300년이 넘도록 그곳에 보관되었다. 당시 실로 성소에는 엘리가 대제사장으로 봉직하고 있었고, 그의 두 아들인 홉니와 비느하스가 제사장으로 사역하고 있었다.

실로 성소에서 주님께 제물을 바칠 때마다 엘가나는 가족들에게 고기를 골고루 나누어 주었다. 특히 아직 아이가 없는 한나를 더욱 사랑하고 배려하여 그녀에게는 두 배로 주었다. 하지만 아이가 있는 둘째 부인 브닌나는 수시로 한나를 약 올리며 업신여겼다. 남편이 한나를 더욱 살뜰히 챙겨주는 모습에 질투심이 나서 더욱 괴롭혔다. 그런 브닌나의 멸시와 조롱에 한나는 속이 상해 울었다. 두 부인 사이에 일어나는 구체적인 일에 대해 잘 알지 못하는 엘가나는 얼굴에 슬픔

▲ 엘가나 가족의 실로 순례

이 가득한 한나를 다독이며 위로했다.

"여보, 왜 아무것도 먹지 않는 것이오? 너무 마음 아파하지 말아요. 열 명의 아들보다 내가 곁에 있는 것이 더 낫지 않소? 그러니 뭐든 먹고 힘을 좀 내시구려."

남편의 따뜻한 사랑과 특별한 호의에도 불구하고 한나의 허전한 마음은 채워지지 않았다. 그건 아이가 생겨야만 채워질 수 있는 여인만의 빈 둥지였다. 특히 다산(多産)은 하나님의 크신 복이요, 불임은 하나님의 저주라 여겼던 고대 이스라엘의 여인들에게는 더욱 그러했다.

한나가 주님께 서원하다 (1:9-18)

여느 해처럼 주님께 제사 드리러 실로 성소로 올라간 엘가나 가족, 라마에서 실로까지는 북쪽으로 20km. 엘가나 가족은 주님께 제사를 드린 후에 식구들이 다함께 모여 식사를 마쳤다. 하지만 한나는 음식을 거의 입에 대지 않았다. 영락없이 이번에도 브닌나가 불임 문제로 한나의 속을 확 뒤집어 놓았기 때문이다.

크게 속이 상한 한나, 그녀는 주님께 기도하러 주의 성막을 찾았다. 한나는 불임의 문제로부터 야기되는 모든 속상함을 하나님 앞에 토로할 작정이었다. 때마침 대제사장 엘리는 성막 문기둥 곁의 의자에 앉아 있었다. 한나는 비통한 심정으로 가슴을 치고 흐느끼면서 기도했다.

"오, 전능하신 주님! 큰 괴로움과 고통에 처한 이 여종을 살펴주십시오. 제발 불쌍한 이 여종에게 아들 하나만 허락해 주십시오. 그러면 그 아들의 삶을 온전히 주님께 바쳐, 평생토록 그 아들의 머리털을 자르지 않도록 하겠습니다."

아들을 허락해 주시면, 그 아들을 구별된 '나실인' 삼아, 일평생 하나님을 섬기도록 주의 성소에 바치겠다고 맹세한 것이다. 삶을 구별하여 주님께 바치기로 작정한 나실인은 평생 동안 머리털을 깎아서는 안 되었다. 포도주나 독주도 금해야 했고, 시체와 접촉해서도 안 되었다.

'어라? 저 여인이 지금 뭘 하고 있는 거지…?'

때에 엘리 대제사장은 졸린 눈으로 한나의 입술을 줄곧 지켜보고 있었다. 한나는 가슴 치고 울면서 속으로만 기도드렸기에 입술만 달싹이고 소리는 하나도 들리지 않았다.

'쯧쯧, 술에 취해 주정하고 있는 게 분명하군. 거룩한 성막 앞에서 저러고 있다니…. 세상에, 여인이 어쩌자고…. 쯧쯧!'

이스라엘의 종교적 절기에는 모두 포도주를 마시면서 즐거워했기에, 대제사장 엘리는 한나도 그렇게 술 취한 상태에서 성소에 올라온 줄로 생각한 것이다. 한 여인의 간절한 호소를 제대로 분간하지 못한 엘리, 이는 당시 대제사장의 쇠퇴한 영성(靈性)을 잘 보여준다. 의자에서 일어난 엘리는 느리게 다가가 엄한 말로 한나를 꾸짖는다.

"여인이여! 주님의 성막 앞에서 이게 무슨 행태요? 언제까지 그렇게 술에 취해 지낼 참이오? 빨리 술을 끊도록 하시오!"

기도에 심취해 있던 한나, 대제사장의 꾸지람에 놀라 머리를 조아리며 황급히 대답한다.

"아, 아닙니다. 대제사장님. 이 여종은 술에 취한 것이 아닙니다. 큰 슬픔과 고통으로 주님께 제 사정을 아뢰고 있었을 뿐입니다. 저를 나쁜 여자로 생각하지 마십시오."

한나의 고백을 들은 엘리, 그는 한결 누그러진 어조로 말한다. 찬찬히 살펴보니 성막에 올라와서 술주정을 부릴 여인은 아니었다. 필시 말 못할 가슴 아픈 사연이 있으리라.

"아, 미안하오. 난 그대가 술주정하는 줄 알았소."

"대제사장님, 저는 마음이 슬픈 여자입니다. 제발 아기를 낳게 해달라는 제 소원을 주님께 아뢰어, 제 소원이 이루어지게 해주세요."

"좋소, 그리 하리다! 이제 평안한 마음으로 돌아가시오. 하나님께서 그대의 슬픔을 어루만져 주셔서 그대의 간구를 들어주실 것이오."

대제사장의 약속을 받자 한나의 마음이 한결 평화로워졌다. 얼굴에서 슬픈 기색이 사라졌다. 이후로는 브닌나가 괴롭혀도 더 이상 상처 받지 아니하고 더욱 주님만을 의지했다. 기도 응답을 확신하며 소망 가운데 살았다.

서원한 대로 한나가 아들 사무엘을 주님께 바치다 (1:19-28)

다음 날 아침, 엘가나 가족은 고향 라마로 돌아갔다. 이후 한나는 임신했고, 달이 차자 아들을 출산했다. 이름을 '사무엘'이라 지었다. '주께 간구하여 얻은 아들'이란 뜻이다. 한나는 아들에게 젖을 물리며 마냥 행복해했다.

해마다 그랬듯이, 올해에도 매년제와 서원제를 드리러 법궤가 있는 실로 성소에 올라갈 때가 돌아왔다. 매년제(每年祭)는 1년에 한 차례 이스라엘의 모든 가정이 한 해를 마무리하면서 주님께 드리는 희생 제사다. 서원제(誓願祭)는 주님 앞에 약속한 서원이 온전히 이행되기를 바라면서 드리는 제사다. 한나는 남편에게 말한다.

"여보, 올해는 매년제에 참석하지 못할 것 같아요. 사무엘이 젖을 뗄 때가 되면, 그때 주님께 서원한 대로 실로 성소로 올라가서 '나실인'으로 주님께 바칠 생각이에요. 그래서 그 아이를 성막에서 계속 살게 하려고요."

고대 이스라엘 사회에서 아이의 젖 떼는 시기는 대략 생후 3세 무렵이다. 이때까지는 어머니의 세심한 양육이 꼭 필요했다. 일단 젖을 뗀 후에는 성막에 맡겨져, 성막에서 일하는 여인들의 손에 의해 충분히 양육될 수 있었다.

"일평생 나실인으로 살라니…. 그건 아이에게 너무 힘든 일이 아니겠소? 지금이라도 내가 허락하지 않으면 부인의 서원은 물릴 수 있소.

잘 생각해 보시구려."

"아니에요. 주님께 드린 서원이므로, 그대로 지키고 싶어요."

"그래요? 그렇다면 당신 좋을 대로 하시구려."

한나는 사무엘이 젖을 뗄 때까지 실로 성소 참배를 중단하고 정성껏 길렀다. 마침내 사무엘이 젖을 떼자, 한나는 그 아이를 데리고 성막으로 올라갔다. 이때 3년 된 수소 한 마리, 밀가루 1에바(23리터), 포도주가 든 가죽부대를 제사 제물로 가져갔다. 아들을 성막에 두고 올 생각으로 잠을 이루지 못한 것은 사실이지만, 그렇다고 주님께 드린 서원을 후회하지는 않았다. 하나님께서 주신 선물이니 하나님께 도로 드리는 것이다.

"대제사장님, 저를 기억하시겠습니까? 아이를 갖게 해달라고 서원 기도를 드렸었는데, 주님께서 제 간구를 들어주셨어요. 그래서 서원대로 이 아이를 주님께 바치겠습니다."

▲ 서원한 대로 어린 사무엘을 주께 바치는 한나

한나는 서원 기도대로 아이 사무엘을 주님께 바쳤다. 이후 한나는 일 년에 한 차례 외에는 실로 성소에 올라가지 않음으로 해서 부모의 정을 최대한 절제했다. 그녀는 끝까지 서원을 지켰던 것이다. 사무엘이 암울한 사사시대 말기에 그 어둠을 밝히는 큰 빛이 될 수 있었던 것은 어머니 한나의 서원, 하나님과의 약속을 철저히 지킨 믿음의 어머니가 있었기 때문이다.

2

한나의 찬양

기쁨이 넘쳐나는 한나의 찬양
사람을 죽이거나 살리기도 하시고
교만 없애고 맞서는 자 심판하시는
주와 견줄 이 아무도 없네

한나가 주께 찬양 기도를 드리다 (2:1-11)

사무엘을 주님께 바친 후, 한나는 기쁨에 겨워 찬양의 기도로 주께 아뢴다. 후일 예수의 모친 마리아의 찬양에서 재현될 정도로 아름답고 신앙적인 내용으로 이루어졌다.

한나의 찬양 기도에 나타나는 '뿔'이란 표현, 그 말은 히브리 문학에서 힘, 품위, 권위, 구원 등을 상징하는 말로 종종 사용된다. 뿔 달린 동물들이 그 뿔을 높이 쳐드는 것은 힘을 과시하고 품위를 드러내는 행동으로 보였기 때문이다.

"오, 주님 안에서 크게 기뻐합니다. 주님으로 인해 제 '뿔'이 높아져 비로소 얼굴을 들게 되었고, 조롱하던 이들 앞에서 당당하게 말할 수 있게 되었나이다. 주께서 모든 아픔과 슬픔 가운데서 이 여종을 건져주셨으므로 제 마음은 기쁨으로 충만합니다. 진실로 거룩하신

분은 주님밖에 없나이다. 온 세상에 주님과 견줄 이는 아무도 없나이다. 우리 하나님처럼 믿고 의지할 신실하신 분, 세상 어디에 또 있으랴!"

그동안 한나는 불임으로 인해 주눅이 들어 말도 제대로 하지 못하고 살았다. 그러나 이제는 다르다. 이렇게 좋은 날이 온 것은 오로지 자신의 기도에 응답해주신 하나님 덕분이다. 그래서 한나는 기도 응답으로 '사무엘'이란 선물을 주신 하나님께 감사와 찬양과 영광을 올린다.

이런 어머니의 중보기도와 후원을 힘입은 사무엘은 사사시대와 왕정제도의 연결자로, 건국의 아버지로, 두 사람(사울, 다윗)에게 기름을 부어 이스라엘의 왕으로 세운 탁월한 인물로 성장할 수 있었다. 한나의 찬양 기도는 계속된다.

"사람들아, 잘난 체하지 마라. 거만한 말을 하지 마라. 주께서는 사람의 모든 행위를 날마다 저울에 달아 보신다. 강한 자들에게서는 무기를 빼앗아 부러뜨리시고, 약자들에게는 힘과 용기를 불어넣어 주신다. 교만한 부자들은 가난하게 되어 양식을 구하려 품을 팔아야 하지만, 그 심령이 가난한 자들은 더 이상 주리지 않으리라. 보라, 자식 없던 여인은 아이를 일곱이나 낳지만, 여러 아들을 둔 여인은 홀로 남아 탄식하게 되리라."

몇 해 전에 성소에서 눈물 흘리고 가슴 치며 목 메인 기도를 이어가던 가련한 여인의 모습은 이제 어디에도 찾아볼 수 없다. 기쁨으로 충만한 한나, 결국 주님을 향해 경배의 두 손을 높이 쳐든다.

"보라, 주께서는 사람을 죽이기도 살리기도 하신다. 무덤으로 보내기도 돌아오게도 하신다. 가난하게도 부하게도 되게 하신다. 비천하게도 귀하게도 하신다. 주께서는 가난한 자들을 일으키시고 궁핍한 자들을 잿더미에서 들어 올리신다. 천대받던 자들에게 영광스러운 자리를 물려받게 하신다. 이는 땅의 토대를 닦으신 분도 주님이시고, 그 위에 세상을 세우신 분도 주님이시기 때문이니라."

한나의 찬양은 천국 천사의 찬양처럼 성막에서 하늘로 높이 높이 솟아오른다. 찬양과 함께 한나도 하늘로 올라가는 느낌이다. 살다보니, 이렇게 기도가 응답되고 이렇게 좋은 날도 오는구나…. 기쁨으로 채워진 한나의 찬양은 성소 밖으로도 멀리 퍼져나간다.

"주께서는 자기를 의지하는 성도들을 보호하시고, 대항하는 악인들을 멸망시키신다. 주께 맞서는 사람은 부서지고 말리라. 하늘 벼락이 임하리라. 진실로 주님은 의로우신 재판관, 땅 끝까지 공평하게 심판하신다. 세운 왕에게 힘을 주시리니, 자신이 기름 부어 세운 왕을 높여 주시리라."

제사와 헌신을 마친 뒤, 엘가나와 한나는 라마의 고향 집으로 돌아갔다. 어린 사무엘은 성막에 남겨져 대제사장 엘리 밑에서 주를 섬기는 일을 시작했다.

행실이 나쁜 엘리의 두 아들 (2:12-17)

대제사장 엘리에게는 두 아들이 있었다. 큰아들은 '홉니', 작은아들은 '비느하스'다. 당시 두 아들은 제사장 신분으로 성막에서 사역하고 있었는데, 그 행실이 불량하고 하나님을 섬기는 일은 안중에도 없었다.

제사장들에게는 백성들과 더불어 지켜야 하는 제사 규정이 있었다. 엘리의 아들들은 그런 제사 규정을 비웃고 무시했다. 누가 제물을 삶으면, 시종이 냄비나 양푼, 가마솥에 삼지창을 푹 찔러 넣어 찍혀 나오는 고기는 두 제사장의 몫으로 갖다 바쳤다. 두 아들 제사장이 그렇게 하도록 지시했기 때문이다.

▲ 엘리의 불량한 두 아들

"이봐요, 제사장님들께 구워드릴 고기를 좀 내놓으시지. 우리 제사장님들은 삶은 고기보다 생고기를 더 좋아하시거든!"

두 아들 제사장은 제물의 기름기를 떼어내어 번제단 위에서 불태우기도 전에, 시종을 보내어 제물 바치는 사람들에게 그렇게 말하곤 했다.

"안 됩니다. 규례대로 기름기부터 떼어내어 번제단 위에서 불살라 주님께 바친 다음, 제사장님 몫의 살코기를 떼어가도록 하십시오."

제물 바치는 자가 이렇게 대답하면, 시종은 위협적으로 말한다.

"거 무슨 말이 그리 많소! 제사장님의 말씀을 거역할 셈이오? 당장 이리 내놓으시오! 그렇지 않으면, 강제로라도 고기를 떼어가겠소!"

엘리의 젊은 두 아들 제사장들은 이런 식으로 주께 막중한 죄를 짓고 있었다. 누구보다 제사 규례를 엄격히 준수해야 하는 제사장이면서도 일반 백성들보다 오히려 주께 바칠 제물을 하찮게 여겼다.

그렇다. 엘리의 두 아들 홉니와 비느하스. 그들은 희생제물과 관련하여 중대한 죄를 범했다. 희생제물에서 제사장의 몫은 따로 정해져 있었는데, 그들은 그런 규정을 무시한 채 갈고리를 솥이나 가마에 푹 찔러 무엇이든 걸려 나오면 그것을 자기들 몫으로 취했다. 또한 희생제물 중 기름기 부위는 번제단 위에서 불살라 제일 먼저 주께 바쳐야 했지만, 그들은 기름기 부위를 태우기도 전에 자기들 몫부터 취했다. 그리고 희생제물은 반드시 삶은 고기를 제사장 몫으로 취하도록 되어 있었지만, 두 아들은 삶기 전에 날것으로 고기를 취해 자기들 마음대로 구워 먹었다.

"히히히, 맛 좋다! 역시 삶은 것보단 날것을 구워먹어야 제 맛이지!"

이처럼 방자한 엘리의 두 아들 제사장, 그들은 자신들의 무분별한 식욕을 만족시키려고 희생제물을 드리는 규례를 우습게 여겼다. 그건 신성모독과 불경죄였다. 그런 두 아들 제사장을 바라보며 엘리 대제사장은 쯧쯧 혀를 차고 백성들은 크게 불평하는 데 그쳤다. 하지만 하나님은 그냥 묵과하지 않았다.

사무엘의 성장과 엘리의 불량한 두 아들 (2:18-26)

나실인이 되어 주께 바쳐진 어린 사무엘! 그는 주의 성막에서 세마포 에봇을 입고 주를 섬겼다. '에봇'은 성막의 봉사자들이 겉에 입는 공식적인 제사 복장이다. 일종의 앞치마로, 소매 부분이 없는 긴 조끼 모양으로 생겼다. 대제사장이 입는 에봇은 갖가지 색깔의 실로 화려하게 수놓아진 것이지만, 일반 제사장들이나 레위인들은 단순히 흰색의 세마포 에봇을 입었다.

매년 절기 때가 되면, 한나는 남편과 함께 제사를 드리러 실로에 올라왔다. 고향 라마에서 실로 성소까지는 20km 정도. 그렇게 성소에 올라올 때마다 어머니 한나는 큰 기쁨 가운데 어린 사무엘을 만났고, 정성껏 지은 새 두루마기를 입혀주었다.

"엄마, 올해도 이렇게 좋은 옷을 지어 오셨네요. 지난번에 지어주신 옷도 아직 새 것이에요. 저 때문에 엄마가 너무 힘들지 않았으면 좋겠어요."

“아니다, 얘야! 엄마는 하나도 힘들지 않단다. 그래, 성막 일은 힘들지 않니? 대제사장님과 제사장님들은 잘해 주시고?”

“네, 엄마. 하나도 힘들지 않아요. 주님께 봉사하는 일이 제겐 너무나 즐거운 걸요.”

그런 모습을 지켜보는 엘리, 그는 흡족한 표정을 지으며 사무엘 가족을 축복해 주었다. 부부가 주께 바친 사무엘이 하도 영특하고 신앙심 깊어, 성막 일에 이모저모로 많은 도움을 주고 있기 때문이다.

“그대들 부부여, 기도로 어렵게 얻은 자식을 기꺼이 주님께 바쳤으니 주께서 더 많은 자녀를 허락하셔서 그 아이를 대신하기를 비노라!”

한나 부부는 대제사장의 축복을 받고 고향집 라마로 돌아갔다. 과연 주께서는 한나에게 크신 은혜를 베풀어주셨다. 불임으로 고생하던 한나는 언제 그랬느냐는 듯 연신 임신하여 아들 셋과 딸 둘을 더 낳았다. 한나와 엘가나의 기쁨은 더없이 컸다.

사무엘은 주께서 지켜보시는 가운데 무럭무럭 자라났다. 때에 엘리는 나이 많아 늙었다. 그는 두 아들 제사장이 성소를 찾는 백성들에게 무슨 짓을 저지르고 있는지, 소문을 들어 알고 있었다. 심지어 성막 문에서 일하는 여인들과 잠자리를 한다는 이야기도 들었다. 성막 문에서 일하는 여인들은 말 그대로 제사장들을 도와 성막에서 소용되는 잡다한 일을 하는 여인들이다. 그릇을 씻거나 제사 음식을 장만하거나 제사장 예복을 수선하는 봉사 등. 하루는 엘리가 작심하고 두 아들을 불러 꾸짖는다.

“내 아들들아, 너희가 못된 짓을 저지르고 있다는 소문이 파다하다. 너희가 대체 어떻게 그런 짓을 할 수 있단 말이냐!”

“무슨 소문을 듣고 그러세요?”

“제물을 마음대로 취하고, 심지어 성막에서 일하는 여인들과 잠자리를 갖는다면서? 제사장으로서 어찌 그런 짓을 할 수 있단 말이냐?”

"누가 그 따위 소문을 내는 거예요? 그런 놈은 가만두지 않겠어요!"

"얘들아, 그러면 못 쓴다. 그런 악한 일은 제사장으로서 있을 수 없는 일이다. 사람에게 죄를 짓는다면 주께서 판결해 주시겠지만, 주님께 죄를 지으면 누가 그를 위해 변호해 주겠느냐? 부디 그러지 마라. 제사장답게 옳게 살아라."

"에이~ 씨, 누군가 못된 놈이 괜히 불만을 터뜨리는 거예요. 아버지는 그런 소문에 신경 쓰실 필요 없어요. 우리 일은 우리가 알아서 해요!"

늙은 아버지의 훈계는 아무런 힘이 없었다. 엘리의 가장 큰 실패는 아들들을 하나님보다 더 귀하게 여긴 것이었다. 대충 꾸짖으니, 아들들도 아버지의 말을 귀담아 듣지 않았다. 때가 늦었다. 주께서 그들을 죽이기로 작정하셨기 때문이다. 무능한 늙은 아버지 엘리는 가슴이 아팠다. 귀가 어두웠음에도 사무엘에 대한 소문은 크게 들려왔다.

"사무엘은 어리지만 예의도 바르고 싹싹하고 부지런해."

"맞아! 신앙심은 또 얼마나 깊은지! 보면 볼수록 괜찮은 아이야. 장차 큰 인물이 될 거야."

실로 성소를 찾은 사람들은 저마다 입이 마르도록 사무엘을 칭찬했다. 과연, 사무엘은 자라날수록 주님은 물론이고 실로 성막을 찾은 모든 예배자들에게 칭찬과 큰 사랑을 받았다.

엘리의 집안에 하나님의 저주가 선포되다 (2:27-36)

어느 날, 한 선지자가 엘리 대제사장을 찾아왔다. 그가 엘리를 향해 주님의 말씀을 선포하는데, 그건 준엄한 책망이다.

"들어라, 너희 집안은 하나님의 은혜로 특별히 선택받아 주의 성소에서 일하는 제사장 집안이 되었다. 그런데도 주께 바치는 제물을 함부로 다루고 제멋대로 취한단 말이냐? 너는 어찌하여 두 아들의 가증한 죄악을 알면서도 엄하게 나무라지 못하느냐? 나 주가 선포한다. 이제는 내가 너와 네 집안의 기력을 쇠하게 하리니, 네 집안은 큰 환난과 고통을 겪으리라. 모두가 젊은 나이에 죽기에 나이든 노인은 찾아볼 수 없게 되리라."

엘리는 사시나무처럼 부들부들 떨었다. 선지자의 음성은 벼락처럼 그의 마음을 내리쳤다. 선지자의 입에서 나오는 한마디 한마디는 하나님의 무서운 심판을 담고 있었다.

"네 집안에서 몇은 남겨져 제사장 일을 보겠지만, 그들도 네게 고통만 안겨줄 것이다. 이제 너의 두 아들에게 일어날 일이 표징이 되어줄 터인즉, 그들은 오래지 않아 같은 날에 죽게 되리라."

엘리 가문의 몰락을 예언하는 무시무시한 저주다. 그런 뒤 선지자는 주님께서 충직한 제사장을 세우실 것이라는 말씀을 전하고는 훌훌 떠났다. 엘리는 큰 충격에 빠졌다.

그렇다면 주께서 세우실 '충직한 제사장'은 누구일까? 삼중적 의미를 가졌다고 볼 수 있다. 가깝게는 '사무엘'이다. 엘리와 그의 두 아들이 죽은 뒤 사무엘은 제사장적인 권위로 올바른 제사를 확립한 인물이기 때문이다. 멀리는 솔로몬 시대의 '사독'이다. 그는 엘르아살 계열의 정통 제사장으로, 이다말 계열 곧 엘리 계열의 제사장 대신에 단독으로 대제사장 직분에 올랐기 때문이다. 그리고 궁극적으로는 '메시아 예수'다. 메시아 예수는 인류의 영원한 대제사장으로서 하나님 앞에서 온전한 제사 직분을 충실히 수행했기 때문이다.

제사장 집안으로서 엘리 가문의 철저한 몰락! 이는 엘리와 두 아들 제사장의 죽음으로 끝나는 것이 아니었다. 그의 가계 혈통이 제사장 직분의 모든 특권을 잃게 된다는 무시무시한 저주였다. 그러나 이때 엘리 대제사장은 그 위험성을 제대로 경고 받지 못했다. 암울한 사사시대 말엽, 그는 이미 총기 사라진 노인으로서 조상 대대로 이어져온 대제사장 직분을 겨우 겨우 연명하고 있었기 때문이다.

3
사무엘을 부르시다

주께서 부르신다는 것을 알게 된 사무엘,
제가 들으니 말씀하소서
"내가 이제 깜짝 놀랄 만한 일을 하리니
모두가 두 귀가 먹먹해질 정도로 놀라리라"

소년 사무엘이 하나님께 부르심을 받다 (3:1-21)

세월이 흘러, 사무엘의 나이 열두 살쯤 되었을까? 사사시대 말엽에는 주께서 직접 말씀을 전하는 일이나 환상으로 나타나는 일이 극히 드물었다. 계시도 환상도 아주 희귀한 시대였다. 때에 대제사장 엘리는 100세를 바라보는 고령이었다. 눈이 어두침침해져 거의 앞을 보지 못하는 상태였다.

어느 날 밤, 엘리는 일찍 잠들었고, 성소 등불은 꺼지지 않은 시각이었다. 성소 등불은 열두 개의 떡을 차려놓은 상 맞은편에 있는 등잔대의 불로, 해가 저물 때에 점등되어 기름이 떨어지는 새벽까지 켜져 있었다. 그 등불이 꺼지지 않았다는 것은 아직 날이 밝지 않았다는 뜻이다.

"사무엘아!"

소년 사무엘은 하나님의 법궤를 모셔둔 성막 주변의 바깥 거처에서 기거하고 있었다. 그는 잠결에 자신을 부르는 소리에 엉겁결에 대답한다.

"네, 제가 여기 있습니다."

사무엘은 벌떡 일어나 대제사장 엘리에게로 달려간다. 대제사장은 눈이 어두워 앞을 잘 보지 못하기에, 밤중에 무슨 심부름 시킬 일이 있을까 생각하고 달려간 것이다.

"대제사장님, 부르셨습니까? 제가 여기 있습니다."

"어? 난 너를 부른 적이 없다. 돌아가 좀 더 자거라."

사무엘은 돌아가 다시 자리에 누웠다. 막 잠이 들 무렵, "사무엘아!" 주께서 다시 부르셨다.

"네, 제가 여기 있습니다."

사무엘은 다시 일어나 엘리에게로 쪼르르 달려간다. 밤중에 자신을 호출할 자는 대제사장밖에 없기 때문이다.

"대제사장님, 절 부르셨습니까? 제가 여기 있습니다."

"어? 너 왜 그러느냐? 난 너를 부른 적이 없다."

소년 사무엘은 고개를 갸웃거리며 다시 돌아간다. 그때까지 사무엘은 주님의 말씀을 직접 들어본 적이 없었다. 그래서 주님의 부르심을 깨닫지 못한 것이다. 자리로 돌아가 다시 잠이 들 무렵, "사무엘아!" 주께서 세 번째로 부르셨다. 사무엘은 이번에도 자리에서 일어나 대제사장에게로 달려간다.

"대제사장님, 이번에는 분명 저를 부르셨지요? 제가 여기 있습니다."

그제야 엘리는 사무엘을 부르고 계시는 분이 주님이라는 사실을 알아차렸다. 그래서 자리에서 벌떡 일어나 사무엘에게 진지하게 일러준다.

"얘야, 다시 널 부르는 소리가 들리거든, 그땐 내게로 달려오지 말고 얼른 일어나 대답하기를 '네, 주님! 주의 종이 듣고 있습니다.' 하여라. 알겠느냐?"

소년 사무엘은 다시 돌아가 자리에 눕는다. 잠시 후, 주께서 다시 사무엘을 찾아오시더니 그 자리에 서서 사무엘의 이름을 두 번이나 연거푸 부르신다.

"사무엘아, 사무엘아!"

주님은 직접 사무엘을 찾아와 자신을 드러내셨다. 이로써 사무엘은 청각으로 하나님의 음성을 직접 들었고, 시각으로 어떤 형체도 보았다. 여호와의 계시와 환상이 아주 희귀하던 사사시대, 그 시대에 이 같은 하나님의 임재는 극히 놀라운 현상이고 은총이었다.

"네, 주님! 말씀하십시오. 제가 듣고 있습니다."

대제사장이 일러준 대로 사무엘이 대답하자, 주께서 말씀하신다.

"사무엘아, 내가 이제 이스라엘이 깜짝 놀랄 만한 일을 하겠노라. 그 일에 대해 듣는 사람들은 두 귀가 먹먹해질 정도로 놀랄 것이니라. 그때가 되면, 내가 엘리 집안에 대해 지금껏 말했던 것들을 모두 행하겠노라."

앞서 엘리를 찾아온 무명의 선지자가 엘리를 향해 선포한 무시무시한 저주의 말씀이 곧 실현될 것이라는 선언이다. 사무엘은 바짝 긴장한 채로 귀 기울여 하나님의 말씀을 듣는다.

"사무엘아, 엘리는 자식들의 악한 짓을 알면서도 막지 아니하였느니라. 그래서 나는 엘리 집안을 심판해서 영영 일어서지 못하게 하겠노라고 이미 알려주었느니라. 엘리 집안이 내게 대하여 저지른 죄악은 어떤 제물이나 예물로도 씻을 수 없느니라."

사무엘은 하나님의 엄중한 선언에 바짝 긴장하여 아무 말도 하지 못한다. 밤이 지나고 날이 밝자, 사무엘은 평소대로 성막 문을 열었다. 지난밤 주께로부터 들은 계시와 환상은 누구에게도 말하지 않았다. 입 밖으로 내기에는 저주의 내용이 너무나 두려웠다. 그렇지만 엘리 대제사장은 낌새를 챘다.

"내 아들, 사무엘아."

"네, 대제사장님! 제가 여기에 있습니다."

"지난밤, 주께서 네게 무슨 말씀을 하셨느냐? 주께서 하신 말씀 가운데서 하나라도 내게 숨긴다면, 주께서 너에게 큰 벌을 내리실 것이다.

그러니 다 말해 보아라."

여호와의 계시가 희귀하던 시대, 지난밤 일로 엘리는 하나님의 계시가 분명 사무엘에게 전달되었음을 알았고, 그것이 어떤 내용인지 무척 궁금했다. 그래서 사실 그대로 듣고 싶었던 것이다.

▲ 대제사장에게 주님의 말씀을 전하는 사무엘

"대제사장님, 그러니까…."

"얘야, 들은 대로 다 말하거라. 주께서 무엇이라 말씀하시더냐?"

그제야 소년 사무엘은 간밤에 있었던 일을 숨김없이 아뢴다. 말을 다 들은 엘리, 한숨을 크게 내쉬며 체념한 듯 말한다.

"그래… 우리 주님은 그분께서 보시기에 선한 일을 하실 것이다."

대제사장의 목소리에는 힘이 없었다. 늙은 데다 기력까지 쇠해서 이제라도 푹 주저앉으면서 숨을 거둘 것 같았다. 어린 사무엘의 눈에도 제사장님이 무척 가여웠다.

세월이 흘렀다. 주께서는 사무엘과 항상 함께 하셨고, 때마다 말씀을 주셨다. 그래서 사무엘이 백성들에게 전한 말들은 하나도 땅에 떨어지는 법 없이 그대로 성취되었다. 예언의 성취! 그것은 예로부터 참 선지자 됨을 나타내는 확실한 증표였고, 하나님께로부터 보냄 받은 참된 선지자임을 입증한다. 그리하여 이스라엘의 북쪽 지역인 단(Dan)에서부터 남쪽 지역인 브엘세바에 이르기까지, 이스라엘의 모든 사람들이 사무엘의 말을 듣고 그를 존경하며 따랐다. 바야흐로 엘리 시대가 서서히 막을 내리고 사무엘 시대가 활짝 열린 것이다.

4
언약궤를 빼앗기다

두 아들이 죽고 언약궤마저 빼앗기자
엘리는 그 충격으로 넘어져 죽네
엘리 집안의 남자들은 모두 죽고
비느하스의 아내는 아들을 낳네

여호와의 언약궤를 블레셋 사람들에게 빼앗기다 (4:1-11)

세월이 또 흘러 어엿한 청년이 된 사무엘, 그는 주님께 받은 말씀을 온 이스라엘에 그대로 전달했고 백성들은 그의 말에 귀를 기울였다. 이리하여 온 백성들의 마음속에 사무엘은 하나님의 참 선지자로 확실히 자리매김했다. 그 무렵이다.

"뭐야? 블레셋 군대가 또 쳐들어온 거야? 이거야 원, 큰일이로군!"

사사시대 말엽(주전 11세기 초), 당시 이스라엘은 블레셋의 압제 아래 있었다. 철제 무기로 무장한 블레셋은 이스라엘에 비해 군사력이 앞섰기에 걸핏하면 침공하여 농작물과 가축들을 약탈하고 히브리인들을 포로로 잡아갔다. 그런 블레셋이 이번에 또 이스라엘을 침공했던 것이다.

뿌우 뿌 뿌우. 이스라엘은 나팔을 불어 군사들을 소집했고, 군대를 형성해서 에벤에셀에 진 쳤다. 아벡에 진영을 이룬 블레셋 군대는 이스라엘 진영에서 서쪽으로 3.5km가량 떨어진 지점에 있었다.

"모두 공격! 이스라엘 군사들을 쳐라! 저들은 무기조차 제대로 갖추지 못한 오합지졸에 불과하다!"

블레셋 군사들이 대오를 갖춰 공격해 왔다. 이스라엘 군사들도 그에 맞섰다. 그러나 군사력에서 크게 뒤진 이스라엘은 제대로 싸워보지도 못하고 패하고 말았다. 4천여 사망자가 생겼다. 패잔병들도 초라한 몰골로 진영으로 돌아왔다. 그러자 이스라엘의 장로들이 말한다.

"아, 우리가 크게 패하고 말았소. 주께서 우리와 함께하지 않았기 때문이오! 그러니 실로 성소에 있는 주의 언약궤를 이리로 가져옵시다. 그 언약궤가 우리를 구해줄 것이오."

"좋소! 저 할례 받지 않은 블레셋 놈들에게 우리 하나님 여호와의 언약궤가 얼마나 위대한 것인지 똑똑히 보여줍시다!"

이스라엘 장로들은 '여호와의 언약궤' 자체에 무슨 신비한 능력이 있는 줄 착각했다. 이방 사람들의 미신적인 우상문화에 영향 받은 것이다. 여호와의 언약궤가 주님의 임재를 상징하는 거룩한 물건이긴 하지만, 주께서 그 언약궤와 함께하지 않는다면 그것은 아무런 능력 없는 단순한 상자에 불과할 뿐이었다.

이스라엘 장로들은 급히 실로에 사람들을 보냈다. 그들은 지성소 내 두 그룹 사이에 계시는 전능하신 여호와의 언약궤를 메고 전쟁터로 돌아왔다. 대제사장 엘리의 두 아들인 홉니와 비느하스도 언약궤와 함께 왔다. 그들은 언약궤를 돌보는 제사장들이었으므로, 항상 언약궤 곁에 있어야 했기 때문이다.

여호와의 언약궤(법궤)가 이스라엘 진영에 도착할 때, 군사들은 사기가 충천하여 환호성을 크게 질렀다. 땅이 흔들거릴 정도였다.

블레셋 군사들이 그 함성을 들었다. 그들은 어리둥절했다.

"어라? 이게 어찌 된 일이지? 전쟁에서 패한 히브리 놈들의 진영에서 함성이 들리다니, 도대체 무슨 일이지? 당장 사정을 파악해 보아라!"

이내 사정이 파악되어, 블레셋 군대의 지휘관에게 보고된다.

"지휘관님, 이스라엘 군대가 여호와의 언약궤를 가져왔는데, 그 언약궤를 반기는 환호성입니다."

"이스라엘의 신 여호와가 진영 안으로 들어왔다고? 아, 큰일 났구나!"

블레셋 군사들은 두려움에 떨었다. 이집트의 파라오를 꺾은 이스라엘의 신 여호와의 크신 권능에 대해서는 일찍부터 익히 들어서 잘 알고 있었기 때문이다.

"그냥 후퇴할까요? 다음 기회에 이스라엘을 공격하는 게 어떨까요?"

"아니다! 그냥 물러설 수 없다. 패하면, 히브리 놈들이 우리 노예가 되었던 것처럼, 우리가 히브리 놈들의 노예가 된다! 그러니 겁먹지 말고 죽기 살기로 싸워보자. 자, 모두 공격하라!"

블레셋 군사들이 죽기 살기로 싸움에 임했다. 그러자 이스라엘 군대가 이내 싸움에 밀려 후퇴하기에 바빴다.

"어라? 이상하다. 여호와의 언약궤가 우리와 함께 있는데도 어째서 패한단 말인가! 에라, 모르겠다. 후퇴! 모두 후퇴하라!"

이스라엘 군사들은 허겁지겁 도망쳤다. 그 날에 3만 명이 죽고, 언약궤까지 빼앗겼다. 제사장 홉니와 비느하스도 목숨을 잃었다. 앞서 한 선지자가 엘리에게 "네 두 아들이 같은 날에 죽게 되리라!" 하고 선포했는데, 그대로 성취된 것이다. 엘리 제사장 가문의 몰락이 시작되는 순간이다. 하나님을 무시하고 그분의 법을 경홀히 대하는 자들에게 임하는 당연한 결과다.

엘리 집안이 철저하게 몰락하다 (4:12-22)

"대제사장님! 대제사장님!"

전쟁에 참여했던 베냐민 지파의 한 군사가 헐레벌떡 달려와 전쟁

▲ 언약궤 소식을 듣고 뒤로 넘어지는 엘리

소식을 알린다. 당시 엘리 대제사장은 눈이 어두워져 앞을 거의 보지 못하는 상태였다.

"우리 군이 크게 패했습니다. 두 제사장님도 전사하고 말았습니다!

"아니, 뭐라고? 아, 내 두 아들이 다 죽다니…!"

전령은 다음 말이 얼른 입에서 떨어지지 않는지 잠시 머뭇거린다.

"그런데… 그만 여호와의… 언약궤도… 블레셋 군사들에게 빼앗기고 말았습니다."

"뭐라? 무엇이라고? 여호와의 언약궤를 뺏겨…! 아, 아, 으… 으…."

여호와의 언약궤를 빼앗겼다는 소리를 듣자마자, 엘리는 너무나 큰 충격을 받아 앉아 있던 의자에서 뒤로 꽈당 넘어지고 말았다.

"아, 대제사장님! 엘리 대제사장님!"

대제사장은 충격을 받아 뒤로 넘어져 목뼈가 부러지면서 그 자리에서 즉사했다. 늙은 데다 몸까지 비만해서 엄청난 충격을 감당할 여력이 없었기 때문이다. 40년 동안 이스라엘을 이끌어온 사사요 대제사장이던 엘리, 그의 생애는 이렇게 어이없이 비극적으로 막을 내렸다.

엘리가 죽은 때는 그의 나이 98세, 58세에 사사요 대제사장이 된 엘리는 40년 동안 활동했다(주전 1115년경-1075년경). 하지만 사사와 대제사장으로서의 그의 지도력은 실패로 끝났다. 자신의 무능 탓이겠지만, 두 아들 제사장들의 가증한 죄악을 알면서도 강력하게 저지하지 못하고 그대로 방치한 나약한 심성 탓이 더 컸다.

때에 엘리의 둘째 며느리인 비느하스의 아내는 출산을 앞두고 있었다. 그런데 언약궤를 블레셋에게 빼앗겼다는 소식, 남편과 시숙과 시아버지가 죽었다는 소식에 갑자기 진통하면서 아기를 낳았다. 하지만 산통이 너무 커서 죽을 지경에 처했다. 죽어가는 그녀에게 옆에서 시중들던 여인들이 말한다.

"힘을 내세요! 아들을 낳았으니 너무 상심하지 마세요!"

하지만 산모는 대꾸가 없다. 그러다가 겨우 몇 마디를 남기고는 숨을 거두고 만다.

"이…, 이가봇…. 아, 여호와의 언약궤를 빼앗겼으니… 남편도 죽고… 시아버지도 죽고… 영광이 이스라엘에게서 떠나고 말았구나."

그녀는 아기 이름을 '이가봇'이라 정해놓고 세상을 떠났다. '이가봇'은 '영광이 없다(떠났다)'란 뜻이다. 하나님의 언약궤(법궤)를 블레셋 사람들에게 빼앗김으로써 하나님의 영광이 이스라엘에게서 떠나간 충격적인 사건을 반영한 이름이다. 이스라엘 사회에서는 놀라운 일이나 인상적인 사건을 반영하여 자녀 이름을 짓는 일이 흔했다.

이렇게 해서 익명의 선지자가 선포한 대로 엘리 집안은 쇠락하고 몰락하였다. 엘리가 죽은 후, 이스라엘의 사사(士師) 직분은 자연스럽게 사무엘에게 양도되었다. 사사 사무엘의 시대로 접어든 것이다.

5
블레셋 땅의 언약궤

블레셋 사람들이 언약궤를 빼앗아
아스돗의 다곤 신전에 가져다놓네
그러자 신전 중앙에 버티고 서 있던 다곤 신상이
법궤 앞에 거꾸러 넘어지는 사태가 발생하네

법궤로 인해 블레셋 땅에 재앙이 임하다 (5:1-12)

당시 강력한 이웃나라인 블레셋, 그 나라는 가사, 가드, 에그론, 아스글론, 아스돗 등 다섯 개 성읍의 도시국가 형태로 구성되었다. 다섯 개 성읍은 저마다 독자적으로 자체의 통치자에 의해 다스려지고 있었다. 아벡 전투에서 대승을 거둔 블레셋은 전리품인 언약궤(법궤)를 맨 먼저 아스돗 성읍으로 운반했다. 그 성읍은 예루살렘 서쪽 53km 지점에 위치한 지중해 연안도시로, 시리아에서 이집트로 내려가는 도로에 놓여 있어 전략적 요충지다.

"보라, 우리 블레셋의 다곤 신이 이스라엘의 신을 이겼도다!"

"와! 다곤 신 만세!"

블레셋 사람들은 여호와의 법궤(언약궤)를 자기네들의 민족 신인 다곤을 모시는 신전에 가져다놓았다. 다곤(Dagon)은 블레셋 사람들이 섬기던 주요 우상이다. 상반신은 머리와 손을 가진 사람의 형상이고,

▲ 블레셋 사람들의 우상—다곤(Dagon)

하반신은 물고기 모습을 지녔다. 바다에서는 승리를 주는 '해양의 신'으로, 땅에서는 농작물의 풍요를 제공해주는 '곡물의 신'으로 숭배되었다.

그런데 다음 날 아침, 신전 중앙에 떡 버티고 서 있던 다곤 신상이 법궤 앞에 거꾸러져 있었다.

"앗! 이, 이게 대체 어찌된 일인가? 도대체 왜…?"

블레셋 사람들은 불편한 심정으로 다곤 신상을 일으켜 제자리에 다시 세워놓았다. 그런데 그 다음 날에도 다곤 신상이 법궤 앞에 거꾸러져 있는 게 아닌가! 심지어 이번엔 머리와 두 손이 부러져서 문턱 위에 뒹굴고 있었고, 다곤은 몸체만 남아 있었다. 일은 그 정도에서 끝나지 않았다. 아스돗 성읍과 주변 마을의 주민들에게 악성 종기가 생겨나서 엄청난 고통을 안겨주었다.

아스돗 주민들은 몸을 긁으며 괴로워했다. 이 지경이 되자 모두가 아우성을 쳤다.

"이게 모두 이스라엘에게서 빼앗아온 그 법궤 때문이다!"

아스돗 주민들의 공포심이 걷잡을 수 없이 커져가자, 블레셋의 지도자들이 급히 대책 회의를 연다.

"참으로 큰일이오. 이스라엘 신의 법궤를 어떻게 하면 좋겠소이까?"

"그냥 이스라엘 사람들에게로 되돌려 보내는 게 어떻소이까?"

"그건 안 될 말이오. 우리가 어떻게 빼앗은 건데 이리 쉽사리 되돌려 보낸단 말이오. 그러지 말고, 가드 성읍으로 한번 옮겨보는 게 어떻겠소?"

그리하여 여호와의 법궤는 가드 성읍으로 옮겨졌다. 그곳은 아스돗

동쪽 20km 지점에 있는 오래되고 견고한 성읍이다. 그런데 법궤가 가드로 옮겨가자, 주께서는 가드 주민들에게 재앙을 내리셨다. 가드 성읍의 주민 모두가 악성 종기로 큰 고통을 겪게 되었다. 성읍 전체가 큰 두려움에 휩싸였다.

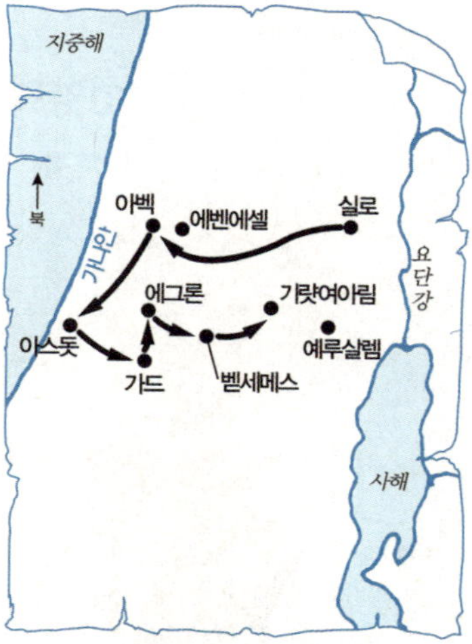

▲ 법궤의 이동 경로

"이스라엘 신의 법궤를 다른 데로 가져가라!"

이번에는 에그론 성읍으로 옮겼다. 그곳은 아스돗 북동쪽 20 km 지점에 위치한 성읍이다.

"아니, 저자들이 우리를 다 죽이려는 거야, 뭐야! 왜 이스라엘 신의 법궤를 이리로 가져온 거야! 당장 다른 데로 가져가랏! 당장!"

여호와의 법궤가 에그론 성읍에 이르자, 그곳 주민들은 지레 겁을 먹고 아우성을 쳤다. 블레셋 지도자들이 다시 대책 회의를 연다.

"도저히 안 되겠소! 저 궤짝은 흉물단지요! 이러다간 우리 모두를 죽이고 말겠소! 차라리 이스라엘로 돌려보냅시다!"

이처럼 법궤가 이르는 곳마다 악성 종기로 사람들이 죽고 고통을 받았다. 죽음에 대한 공포가 성읍 전체에 가득 찼다. 하나님의 손길이 무섭게 내리쳤기 때문이다.

주께서 블레셋 사람들에게 징벌을 내리신 이유는 분명하다. 여호와의 법궤를 한낱 전쟁의 전리품으로 취급했고, 이방 우상의 신전에 두었기 때문이다. 그래서 하나님은 다곤 신상을 쳐부수고 악성 종기의 재앙을 내림으로써 블레셋 사람들에게 살아계신 여호와의 크고 놀라운 능력을 나타내 보이신 것이다.

6
언약궤가 돌아오다

벧세메스 사람들은 하나님께 제사를 드린 후
언약궤를 받아들이지만
언약궤를 들여다보다가
70명이 죽는 큰 화를 당하네

블레셋 사람들이 법궤를 이스라엘로 돌려보내다 (6:1-12)

여호와의 법궤가 블레셋 땅에 머문 지 7개월이 지났을 무렵, 블레셋 사람들은 재앙을 견디다 못해 마침내 그 법궤를 이스라엘로 돌려보내기로 결의했다. 그런 뒤 그들은 자기네 제사장들과 점쟁이들을 불러들인다.

"우리가 법궤를 돌려보내기로 결정했소이다. 이스라엘 신의 법궤를 어떻게 돌려보내면 좋겠소? 어떤 방법으로 원래 있던 자리로 되돌려 보낼지 그 방법을 말해주시오."

블레셋의 제사장들과 점쟁이들은 나름대로 주변 나라들의 여러 신들에 대해 연구한 자들이다. 그들이 대답한다.

"절대로 법궤를 그냥 돌려보내선 안 됩니다. 이스라엘 신에게 마땅히 속건제 제물을 바쳐야 합니다. 그래야 우리의 죄가 사함 받아 악성 전염병들이 물러가게 될 것입니다. 아무렴요!"

블레셋 제사장들이 언급한 속건제는 모세 율법에 규정된 속건제의 뜻과는 다른 것이다. '속건제'는 '배상'(賠償)이란 뜻을 갖고 있다. 따라서 블레셋 제사장들은 이스라엘의 신 여호와의 귀한 물건을 탈취한 데 대해 그 신에게 배상을 해야 한다는 차원에서 속건제를 말한 것이다.

"알겠소. 그러면 속건제 제물로 무엇을 이스라엘 신에게 바쳐야 하겠소?"

"블레셋 성읍의 숫자에 맞추어 금으로 다섯 개의 종기 형상과 다섯 개의 쥐 형상을 만드십시오. 그 까닭은, 모든 블레셋 성읍의 주민들과 지도자들이 모두 똑같은 재앙을 당했기 때문입니다."

"그러면 되겠소?"

"한 가지가 더 있습니다! 종기 형상과 함께 쥐 형상을 만들어 보내면서, 이스라엘 신에게 경의를 표하십시오. 그러면 우리를 치던 손길을 거둘 것입니다."

이런 말이 오간 것으로 미루어 보면, 블레셋 사람들에게 임한 악성 종기는 쥐에 의한 감염이었다. 그렇다면 악성 종기는 쥐에 의해 전염되는 고대 세계의 치명적인 질병인 흑사병(pest)의 일종이었으리라. 블레셋의 제사장들과 점쟁이들이 계속 말한다.

"새 수레를 마련한 뒤, 아직 멍에를 메어보지 않은 암소 두 마리로 그것을 끌게 하십시오. 이때 송아지들은 어미 소에게서 떼어내어 외양간으로 돌려보내야 합니다."

'새 수레'와 '멍에를 메어보지 아니한 소'는 어떤 목적으로도 사용된 적이 없는 순수하고 정결한 것들이다. 블레셋 제사장들은 이스라엘의 신 여호와의 진노를 가라앉히기 위해서는 이처럼 순수하고 정결한 것들이 법궤를 운반할 도구로 사용되어야 한다고 생각했다. 나름대로 그들은 유대인의 종교 풍습도 익히 알고 있었다.

"이스라엘 신의 법궤를 수레에 싣고, 속건제 제물을 상자에 담아 그 법궤 옆에 실으십시오. 그런 다음, 암소들로 수레를 끌고 가게 하십시오. 그런 뒤에 그 수레가 어디로 가는지는 잘 지켜보아야 합니다."

"어째서 수레를 지켜봐야 하는 것이오?"

"이 재앙이 어디로부터 왔는지 판단하기 위해섭니다. 수레가 본래 그 법궤가 있던 이스라엘 땅 벧세메스로 곧장 올라간다면, 우리에게 임한 악성 종기 재앙은 이스라엘의 신이 내린 것이 틀림없습니다. 그렇지 않다면, 우연히 그런 재앙이 일어난 것입니다."

블레셋 제사장들이 수레 끄는 소의 여부로 재앙의 출처를 판단한 이유는 이러하다. 수레를 끄는 소는 젖 빠는 새끼가 딸린 젖소였다. 그러기에 본능적으로 그 젖소들은 새끼가 있는 블레셋 땅으로 향할 것이다. 그런데 만일 수레 끄는 젖소들이 젖 빠는 송아지를 뒤로 한 채 이스라엘 땅으로 곧장 올라간다면, 그것은 동물의 본능까지도 지배하는 이스라엘의 신 여호와에 의해 블레셋 땅에 재앙이 임한 것이다.

"좋소! 당장 그리하리다!"

블레셋 지도자들은 제사장들과 점쟁이들이 일러준 대로 곧장 시행했다. 새끼 딸린 암소 두 마리로 새 수레를 끌게 하고, 송아지들은 외양간에 가두었다. 그런 다음, 이스라엘 신의 법궤를 수레에 싣고는 그 옆에 금으로 만든 쥐 형상 다섯 개와 종기 형상 다섯 개를 담은 상자를 실었다.

"앗, 보라! 수레 끄는 암소들이 뒤돌아보지도 않고 곧장 이스라엘 땅으로 가고 있다! 정녕 우리 땅에 임한 재앙은 이스라엘 신이 보낸 것이 틀림없구나!"

그랬다. 암소들은 수레를 끌고 이스라엘 땅 벧세메스 쪽으로 곧장 올라갔다. 새끼가 있는 블레셋 땅을 뒤돌아보지 않고 울음소리를 내면서 앞으로만 걸어갔다. 블레셋 사람들은 벧세메스 경계까지 졸졸 뒤따라가면서 줄곧 지켜보았다. 수레 끄는 두 암소는 왼쪽으로나 오른쪽으로 치우치지 아니하고, 한 번도 뒤를 돌아보지도 않고, 이스라엘 땅 쪽으로 앞으로만, 앞으로만 똑바로 올라갔다. 아직 젖 떼지 못한 새끼들의 울음소리에 눈물을 흘리면서….

"그래, 이스라엘 신 여호와가 우리를 치신 것이 분명해!"

▲ 벧세메스로 돌아오고 있는 언약궤

재앙의 원인이 확실해졌다. 이때 하나님은 블레셋 제사장들이 사용한 시험 방법을 용납하셨다. 수레를 끄는 암소들로 하여금 똑바로 이스라엘 땅 벧세메스 길로 올라가게 하심으로써 블레셋 사람들에게 자신의 뜻을 분명히 나타내셨다.

법궤를 잘못 다룬 죄로 벧세메스 주민들이 참화를 겪다 (6:13-21)

"엇? 저게 뭐지? 무슨 수레가 이쪽으로 오고 있네."

골짜기에서 밀을 베고 있던 벧세메스 주민들은 두 마리의 소가 수레를 끌고 주인도 없이 마을로 올라오고 있는 것을 보았다. 주민들은 조심스레 수레에 다가가 안을 들여다보고는 깜짝 놀라며 기뻐했다. 빼앗겼던 법궤가 아닌가!

"법궤다! 드디어 법궤가 우리에게로 돌아왔다!"

벧세마스 사람들은 하던 일을 모두 멈추고 주인의 인도함도 없이 소 두 마리가 스스로 운반해 온 법궤를 보며 개선장군 맞이하듯 환호성을 질렀다. 레위인들은 수레에서 여호와의 법궤와 금으로 만든 형상들이 담긴 상자를 내려 큰 바위 위에 올려놓았다. 그런 뒤, 그 날에 수레를 부수어 장작을 만들고는 수레를 끌고 온 암소 두 마리를 잡아 주님께 번제물로 바쳤다.

블레셋 지도자들은 멀리서 사실을 확인하고는 안도했다.

'이제야 살았다! 앞으로 더 이상 우리 땅엔 재앙이 임하지 않겠지.'

그들은 자기네 성읍인 에그론으로 돌아갔다. 그 후 블레셋 주민들을 괴롭히던 악성 종기들이 감쪽같이 사라졌다. 블레셋 사람들이 속건제 제물로 마련한 다섯 개의 금 종기는 블레셋의 다섯 성읍인 아스돗, 가사, 아스글론, 가드, 에그론을 위한 것이었다. 다섯 마리의 금 쥐들 역시 블레셋의 다섯 성읍과 그 주변 마을의 수효에 따른 것이었다.

한편, 법궤가 이스라엘 땅 벧세메스로 들어올 때 예상치 못한 비극이 벌어졌다. 벧세메스 주민들이 호기심으로 여호와의 법궤를 들여다보다 70명이 죽임을 당한 것이다. 법궤는 여호와의 임재를 상징하는 지극히 거룩한 성물이다. 그래서 율법에 규정된 절차에 따라 거룩하게 취급되어야 했다. 어떤 이유로도 법궤를 함부로 취급해서는 안 되었다. 하나님은 법궤를 전리품 취급했던 블레셋 사람들을 징벌하셨듯이, 법궤를 구경거리 삼아 호기심으로 들여다본 벧세메스 주민들도 징벌하신 것이다.

"아, 큰일이로다. 이 거룩한 법궤를 어찌하면 좋을꼬!"

큰 참화를 겪은 벧세메스 주민들은 공포심을 느꼈다. 왜 아니 그러겠는가! 법궤에 함부로 접근했다가는 언제라도 불상사가 일어날 것이다. 그래서 그들은 두려운 마음으로 법궤를 어디로 보내면 좋을지를 놓고 상의했다. 결국 인근의 '기럇여아림' 마을로 보내기로 결정했다. 그곳은 벧세메스 북동쪽 15km 지점, 예루살렘 북서쪽 13km 지점에 위치한 성읍이다.

7
사사 사무엘

블레셋이 이스라엘에 쳐들어오자
주께서 천둥번개로 물리치시네
사무엘이 있는 한 이스라엘에 패배는 없고
온 땅에 평화와 승리만 있네

여호와의 법궤가 기럇여아림에 머물다 (7:1-2)

"오, 여호와의 법궤!"

벧세메스 주민들에서 여호와의 법궤를 전달받은 기럇여아림 주민들, 그들은 그 법궤를 마을 언덕에 살고 있던 아비나답의 집에 모셨다. 그들은 아비나답의 아들 엘리아살을 거룩하게 구별하여 여호와의 법궤를 보살피도록 했다.

그로부터 법궤는 20년 동안(1075-1055년경) 기럇여아림 마을에 머물렀다. 법궤로 인해 블레셋 지역에 임한 무서운 전염병과 벧세메스 주민들이 당한 큰 참화를 보고, 사람들은 법궤를 두려워하여 다른 곳으로 이동시킬 엄두를 내지 못했다. 때가 되면 하나님께서 법궤에 대하여 언제, 어떻게 하라는 지시가 임할 것이라고 기대하고 마냥 기다렸다. 그렇게 세월은 흘렀고, 시시때때로 사방의 대적들에게서 압제와 고통을 겪고 있던 이스라엘 백성들은 하나님을 찾고 사모했다.

미스바 성회와 에벤에셀의 하나님 (7:3-14)

때에 사무엘은 사사로서, 선지자로서 이스라엘 백성들을 이끌고 있었다. 그는 최후의 사사요 최초의 정식 선지자였다. 그는 틈나는 대로 여러 성읍을 두루두루 시찰하면서 재판도 하고 설교도 했다.

"여러분, 진심으로 회개하려면 바알과 아스다롯 같은 이방 신상들을 없애버리고 오직 주님만 섬겨야 합니다. 그러면 주께서는 블레셋의 압제에서 여러분을 구해주실 것입니다."

당시 이스라엘 백성들은 블레셋의 압제하에 신음하고 있었다. 사무엘의 설교를 듣고, 백성들은 그 말에 순종하여 바알과 아스다롯 같은 이방 신상들을 치워버리고 오직 주님만 섬겼다. 그런 모습을 보고 사무엘이 백성들에게 말한다.

"여러분, 모두 미스바에 모이도록 하십시오. 주께서 우리를 도와주시도록 기도를 드리겠습니다."

이른바 '미스바 성회'가 개최되었다. '망대' 또는 '파수꾼'이란 뜻을 지닌 미스바, 이곳은 예루살렘 북쪽 13km 지점에 위치한 베냐민 지파의 성읍이다. 미스바로 모인 사람들은 물을 길어다 주의 제단에 부었다. 그것은 회개를 통해 자신의 마음 전부를 하나님 앞에 남김없이 쏟아낸다는 것을 나타내는 상징적 행위다. 미스바 성회가 열린 날, 사람들은 저마다 금식하며 자신들의 죄를 주님께 고백했다.

"오, 주님! 우리가 주님을 거슬러 죄를 지었나이다. 우리 죄를 용서해주시고, 블레셋의 압제에서 우리를 건져주소서!"

이스라엘 백성들의 미스바 성회 소식은 곧장 블레셋 땅에 전달되었다.

"뭐랏? 이스라엘 놈들이 다 함께 모여 대대적으로 뭔가를 꾸미고 있다고? 고얀 것들!"

블레셋 지도자들은 즉시 군대를 이끌고 미스바로 올라왔다. 지도자 사무엘의 주관하에 미스바에서 거국적인 모임을 갖고 민족 신앙을 고취하고 있다는 것은 블레셋의 영향력으로부터 정치적 독립과 종교적 자유를 선포한 일로 간주되었기 때문이다. 그들은 이를 그냥 넘길 일로 보지 않고, 힘이 더 커지기 전에 응징하는 것이 마땅하다고 여겼다.

"블레셋 군대가 이리로 공격해 온다!"

블레셋 군대의 침공 소식을 듣고, 미스바에 모인 이스라엘 사람들은 두려움에 사로잡혀 벌벌 떨었다. 사무엘은 동요하는 백성들을 진정시킨 뒤 제단을 쌓고, 젖 떼지 않은 어린 양을 잡아 통째로 주님께 번제물로 바쳤다. 그러면서 사무엘은 이스라엘의 구원을 위해 주님께 간절히 부르짖었다. 그러자 주께서는 사무엘의 기도를 들어주셨다.

사무엘이 어린 양을 불살라 주님께 번제물로 바치면서 간절히 기도하고 있을 때, 블레셋 군사들이 미스바까지 물밀듯이 밀어닥쳤다. 바로 그 순간, '우르르 쾅' 하는 천둥소리가 천지를 진동하듯 울려퍼졌다. 주께서 큰 천둥소리를 일으켜 블레셋 군사들을 혼란 속에 몰아넣으셨다.

공포에 사로잡힌 블레셋 군사들은 허둥지둥 도망치기에 바빴다. 천둥소리는 블레셋 군대가 공격하는 순간에 때맞춰 하늘로부터 터져 나왔기에, 블레셋 군사들은 그것을 이스라엘 신의 격노하는 소리로 간주하고 공포감에 사로잡혀 혼비백산했던 것이다.

▲ 미스바 성회와 하늘의 천둥소리

"보라, 적들이 도망친다! 추격하라!"

이스라엘 군사들은 미스바에서 벧갈 바로 아래까지 계속

추격하여 많은 블레셋 군사들을 쳐 죽였다. 어느 정도 전투가 끝났을 때, 사무엘은 돌을 가져다가 '주께서 여기에 이를 때까지 우리를 도와주셨다!'라고 말하면서, 미스바와 센 사이에 기념비를 세웠다. 그런 뒤 그 기념비를 '에벤에셀'이라 불렀다. '도움의 돌'이란 뜻이다.

이때 아주 크게 혼쭐이 난 블레셋은 이후로 이스라엘 영토를 넘보지 않았다. 이처럼 주께서는 사무엘이 살아 있는 동안에는 강력한 손길로 블레셋의 침공을 막아주셨다. 그 결과, 이스라엘은 블레셋이 그 전에 빼앗아갔던 에그론에서부터 가드에 이르기까지의 모든 성읍과 주변 마을까지 모두 되찾았다.

때에 이스라엘은 아모리 족속과도 평화를 유지했다. 이스라엘을 침공한 블레셋 군대가 도리어 크게 패해 쫓겨나는 것을 보고는, 아모리 사람들이 감히 이스라엘을 건들지 못했기 때문이다.

사무엘이 이스라엘을 다스리다 (7:15-17)

사사요 선지자인 사무엘, 그는 해마다 벧엘에서부터 길갈을 거쳐 미스바에 이르기까지 전국을 두루 순회하면서 이스라엘을 오랜 세월 동안 다스렸다(주전 1075-1017년경). 선지자로서 하나님의 말씀을 부지런히 전하며 가르쳤고, 사사로서 나라를 지키고 백성들을 다스렸다. 사사는 전쟁이 터지면 군대 지휘관의 역할을 감당했고, 평화 시에는 재판관의 역할에 더욱 치중했다.

사무엘은 무질서한 이스라엘 사회에 공의를 바로 세우기 위해 전국을 두루 순회하며 재판관 역할을 감당한 후에는 언제나 자기 집이 있는 라마로 돌아갔다. 그리고 주님께 희생제물을 바치는 제단을 고향 마을 라마에 쌓았다. 당시 법궤조차 없었던 실로 성막은 제 기능을 감당하지 못했기 때문이다.

8

왕을 세워 달라

사무엘이 사사로 세운 두 아들은
아버지와 달리 사리사욕을 추구하네
백성들은 다른 나라들처럼
강력한 왕을 세워달라고 조르네

이스라엘 백성들이 자신들의 왕을 요구하다 (8:1-9)

세월은 흘러갔고, 사무엘도 나이가 들었다. 사무엘은 자신의 두 아들을 사사로 세웠다. 큰아들은 '요엘', 둘째아들은 '아비야'다. 그들은 브엘세바에서 사사로 일하면서 이스라엘의 송사를 재판했다.

사무엘의 아들들은 아버지와는 많이 달랐다. 그들은 돈을 밝혔다. 사리사욕에 눈멀어 뇌물을 받고 재판을 굽게 했다. 공평하지도, 정의롭지도 못했다.

이스라엘 장로들은 사무엘의 두 아들을 아주 못마땅하게 여겼다. 그래서 그들을 자신들의 사사로 받아들이려 하지 않았다. 하루는 장로들이 작심하고 사무엘의 고향 집인 라마를 방문했다.

"선지자님, 당신의 아들들은 재판을 굽게 하고 사리사욕을 추구합니다. 당신을 이을 지도자로 자질이 아주 부족합니다. 그러니 다른 나라들처럼 우리를 이끌어갈 왕을 세워주십시오."

“아, 내 아들들이 그렇다면, 모두 내가 잘못 가르친 탓이오.”

사무엘은 자책했다. 자신이 아들들을 제대로 단속하지 못함으로써 백성들에게 하나님의 통치권에서 떠나 왕을 요구할 구실을 제공했음을 알고는 가슴 아팠다. 이제 이스라엘은 위기에 처하게 된 것이다. 이스라엘은 다른 민족들과 ‘같게’ 되기를 원하고 있는 것이다.

“선지자님, 이제는 우리에게도 왕이 꼭 필요합니다. 주변을 둘러보아도 우리 이스라엘에만 왕이 없습니다. 그러니….”

“자, 자, 그만들 하시오! 어찌 우리의 왕이신 여호와 하나님을 두고 다른 왕을 찾는단 말이오. 그건 옳은 일이 아니오.”

사무엘은 왕을 세워달라는 장로들의 말을 듣고 마음이 크게 상했다. 그들이 왕을 요구한 것 자체보다는 동기가 옳지 못했기 때문이다. 장로들은 사무엘의 아들들이 사사로서 적합하지 않은 점을 빌미 삼아, 하나님을 전적으로 의지하는 대신에 이방 민족들처럼 강력한 인물을 왕으로 세운 뒤 그가 자신들을 통치해 주기를 원했던 것이다. 보이지 않는 ‘하나님’ 대신에 눈에 보이는 ‘왕’을 더 선호했고, 그 왕이 전쟁에서 승리를 가져다줄 것으로 생각했다.

사무엘은 주님께 간절히 기도드렸다. 그러자 주께서 사무엘에게 응답하신다.

“사무엘아, 그들은 나를 왕으로 섬기는 것을 거부한 것이니라. 내가 이집트에서 그들을 데리고 나온 날부터 그들은 항상 나를 버리고 다른 신들을 섬겼느니라. 너는 그들의 말을 들어주어라. 하지만 그들을 통치할 왕이 장차 그들에게 무엇을 하게 될 것인지는 명백히 알려주어라.”

사무엘이 왕정제도의 폐해에 관해 알려주다 (8:10-22)

“여러분, 이제부터 내가 하는 말에 귀 기울이십시오!”

사무엘은 이스라엘 장로들을 불러 모았다. 그런 뒤, 왕을 세워 달라고 요구한 그들에게 주께서 주신 말씀을 그대로 전했다.

"여러분이 왕을 세우면 그 왕은 여러분의 아들들을 징발하여 그에게 갖가지 일을 시킬 것이고, 여러분의 딸들을 데리고 가서 강제로 요리시키고 빵을 굽고 향료를 만들게 할 것입니다. 여러분의 밭과 포도원과 감람원 중에서 제일 좋은 것을 빼앗아 그의 신하들에게 줄 것이며 여러분이 추수한 수확의 십일조를 거두어 자기 관리와 신하들에게 나누어 줄 것입니다. 마침내 여러분은 왕의 종이 되어야 할 것입니다."

하지만 장로들은 왕정제도에 관한 여러 폐해를 전해 듣고서도 모두가 잠자코 듣고만 있었다. 이제 사무엘은 강력한 말로 결론을 맺는다.

"그런 날이 오면, 여러분은 지금과는 반대로 왕의 횡포로부터 벗어나게 해달라고 주님께 울부짖을 것이오. 하지만 주께서는 여러분의 호소를 들어주지 않으실 것입니다. 그러니 다시 고려해 보시기 바랍니다."

하지만 이미 왕을 세우기로 마음을 굳힌 이스라엘의 장로들은 사무엘의 충고를 받아들이지 않았다. 그러자 주께서 사무엘에게 말씀하신다.

"알았노라. 너는 백성들의 말대로 그들 위에 왕을 세워주도록 하여라."

하나님께서 기쁘게 허락하신 것이 아니다. 백성들의 마음이 왕을 세우는 쪽으로 이미 기울어진 것을 보고서 그들의 결정에 내맡기신 것이다. 그리하여 하나님은 이스라엘 백성들로 하여금 인간 왕의 폐해를 깊이 체험토록 하여, 참되고 유일한 왕은 오직 여호와 하나님뿐임을 역설적으로 깨닫기를 원하셨다.

"와, 만세! 이제 우리에게도 왕이 있게 되었다!"

자신들의 요구가 관철되자, 이스라엘의 장로들과 백성들은 크게 만족해하면서 각자 자기네 성읍으로 돌아갔다.

9
사울과 사무엘의 만남

블레셋으로부터 이스라엘 구하고
백성을 다스릴 사람은 사울이다
주께서 사무엘에게 일러주시네
사울은 사무엘의 집을 찾아가네

기스의 아들 사울이 사무엘과 만나다 (9:1-27)

베냐민 지파의 경내에 '기브아'라는 성읍이 있고, 그 성읍에 '기스'라는 사람이 살았다. 부유하고 영향력 있는 인물이다. 그의 아버지는 아비엘, 그 아버지는 스롤, 그 아버지는 베고랏, 그 아버지는 베냐민 지파 사람인 아비아. 기스에게는 '사울'이라는 아들이 있었다. 인물이 훤칠하게 잘 생겼고 키가 무척 컸다. 보통 사람들은 그의 어깨 높이밖에 되지 않았다. 이스라엘 땅에서 누구도 견줄 만한 사람이 없을 정도였다. 하루는 아버지 기스가 사울에게 일을 시킨다.

"사울아, 나귀 몇 마리가 통 보이지 않는구나. 너는 없어진 나귀들을 한번 찾아보도록 하여라."

사울은 집안의 종을 데리고 나귀를 찾아 집을 나섰다. 그런 뒤 에브라임 산간지역과 살리사 지역을 두루 돌아다니며 열심히 찾았지만, 어디에도 잃어버린 나귀는 보이지 않았다. 멀리 사알림 지방까지 갔지만 역시 없었다. 이렇게 베냐민 지파의 여러 지방을 두루 헤맨 지 사흘째.

"거참, 이상하네? 대체 나귀가 어디로 사라졌지? 그것 참…."

숩 지방에 들어섰을 때, 사울은 데리고 다니던 종에게 말한다.

"이제 그만 집으로 돌아가자. 아버지께서 나귀들보다 우리를 더 걱정하시겠다."

그러자 종이 주인에게 자기 생각을 말한다.

"주인님, 근처 성읍에 하나님의 사람이 살고 계십니다. 크게 존경받는 분이신데, 한번 찾아뵙는 것이 어떨까요? 그분은 우리가 어떻게 해야 할지 가르쳐 주실 것입니다."

"좋구나, 그런데 어쩌지? 사흘을 헤매느라 먹을 것이 다 떨어졌다. 빈손으로는 그분을 찾아갈 수 없지 않느냐?"

당시에는 사회적으로 존경받는 어른을 방문할 때는 예물을 준비하는 것이 관례였다. 특히 하나님의 사람 곧 선지자에게 무엇을 여쭙기 위해서 방문할 때는 더욱 그러했다. 이때 종이 사울에게 대답한다.

"주인님, 마침 제 수중에 은전 한 푼이 있습니다. 그것을 하나님의 사람에게 드리면, 그분이 우리의 앞길을 가르쳐주실 것입니다."

"그래? 그렇다면 한번 찾아가 보자!"

그들은 '선견자'로 알려진 사무엘을 찾아 나섰다. '선지자'를 당시에는 '선견자'(先見者)라 불렀다. 선견자는 꿈이나 환상 등을 통해 하나님의 계시를 '보는' 측면을 강조한 표현이다. 때에 선견자 사무엘이 사는 성읍은 라마였다. 그곳은 사무엘의 고향으로, 그가 사사 직분을 수행하던 통치 근거지였다. 사울과 종은 라마 성읍으로 가는 언덕길을 올라가다 때마침 물을 길러 나온 성읍 처녀들을 만났다.

"말씀 좀 묻겠습니다. 이곳이 선견자께서 사시는 곳입니까?"

"네, 맞아요. 지금 앞서가고 계세요. 때마침 오늘 우리 마을에 오셨어요. 뒷산의 산당에 모여 제사를 드리는 날이기 때문이에요."

실로 성막에서 법궤가 옮겨진 이후, 사무엘 시대에는 하나님께 제사를 드릴 유일한 장소가 없어진 상태였다. 그래서 솔로몬 성전이 완공되기 전까지 얼마 동안은 산당 제사가 허용되었다.

사울과 종은 아가씨들의 친절에 감사를 표한 후 서둘러 마을로 올라갔다. 선견자 사무엘은 때마침 산당으로 올라가려고 마을을 빠져나오는 길이었다. 둘은 길 위에서 딱 만났다. 사무엘과 사울의 첫 만남이다! 사실은, 전날에 주께서 사무엘에게 미리 알려주셨다.

"사무엘아, 내일 이맘때쯤 베냐민 지파 사람을 네게로 보낼 것이다. 너는 그에게 기름을 부어 내 백성 이스라엘을 다스릴 지도자로 삼도록 하라. 그는 블레셋의 손에서 내 백성을 건져낼 사람이니라. 블레셋의 압제로 인해 내 백성이 울부짖는 소리를 내가 들었노라."

'아, 마침내 주께서 이스라엘의 왕 될 사람을 택하셨구나. 그가 누굴까? 부디 하나님의 뜻을 좇아 백성들을 잘 이끌어가야 할 텐데….'

사무엘은 기름을 부어 이스라엘의 초대 왕으로 삼을 인물이 사뭇 기대되었다. 구약시대에 사람이나 물건에 기름을 붓는 행위, 그것은 세속적인 용도로부터 거룩하게 구별한다는 상징적 의식이었다. 마을 입구에서 사울을 대면하는 순간, 주님의 말씀이 사무엘에게 임한다.

"사무엘아, 내가 말했던 자가 바로 네 앞에 있다! 그가 바로 내 백성을 다스릴 사람이니라."

사무엘은 가슴이 울렁였다. 알 수 없는 설렘이다. 이 같은 영문을 모른 채 사울은 자신 앞에 서 있는 사람에게 다가서며 묻는다.

"저…, 선견자께서 사시는 집이 어디인지 아십니까?"

그 청년 사울을 의미심장한 표정으로 바라보며 사무엘이 대답한다.

"내가 선견자요! 왜 날 찾으시는 것이오?"

"네에? 아이고, 몰라뵈어 죄송합니다!"

사울은 얼른 땅에 엎드렸다. 선견자 사무엘은 워낙 유명했다. 그렇게 말로만 듣던 선견자를 직접 만나게 되다니, 신기하기도 하고 가슴이 떨렸다. 사무엘은 상상했던 이상이었다. 얼굴에는 자상함과 단호함이 서려 있었다. 평생의 서원자(나실인)답게 긴 머리가 허리까지 내려와 있었다. 희끗희끗 흰머리가 보였다. 사울을 바라보는 눈빛이 예사롭지 않았다.

지금까지 사울은 누구 앞에서도 자신감을 잃은 적이 없었다. 그도 그럴 것이, 사울은 남들보다 키가 컸고 용모도 뛰어났다. 그래서 처음 사울을 본 사람들은 그에게서 사사의 모습을 찾았다. 그런데 사무엘을 마주 대하니, 그 고상한 위엄 앞에 차마 고개를 들 수가 없었다. 그런 사울에게 사무엘의 음성이 들린다. 음성조차 신비스럽다.

"자, 일어나 앞장서서 산당으로 올라가시오. 오늘은 나와 함께 음식을 먹고, 내일 아침에 집으로 돌아가도록 하시오."

"네, 네, 선지자님!"

"그대는 사흘 전에 잃어버린 나귀들을 찾고 있는 중이지요? 걱정할 필요 없소. 그대의 부친께서 나귀들을 벌써 다 찾았소."

사울은 깜짝 놀랐다. 뒤에 엎드려 있던 종도 화들짝 놀랐다.

"아, 제가 나귀를 찾고 있다는 것은 어찌 아시는지?"

사무엘은 대답하지 않는다. 대신에, 그보다는 엄청난 말을 한다.

"그건 그렇고, 지금 온 이스라엘 백성들이 기대하고 있는 사람이 누구인지 아시오? 바로 그대와 그대의 집안이라오."

사울은 그 말의 뜻을 단번에 알아들었다. 그건 '왕'에 대한 이야기였다. 그러면 사울 자신이 왕이 된다는 말인가!

"네에? 지금 무슨 말씀이신지요? 저는 이스라엘에서도 가장 작은 베냐민 지파가 아닙니까. 더구나 베냐민 지파 중에서도 저희 집은 가장 보잘것없는 집안입니다. 그런데도 어찌 그런 일이 저와 제 집안에…."

"모두 주께서 정하신 일이라오. 이제 그대는 나와 함께 산당으로 올라갑시다. 자, 날 따라오시오."

사무엘은 사울과 그의 종을 데리고 산당의 모임 장소로 들어간다. 거기엔 30명가량이 모여 있다.

"그대들은 여기 앉도록 하시오."

"네에? 이 자리는… 가장 상석이 아닙니까? 어찌 저희가…?"

그렇다. 그 자리는 상관이나 어른이 앉는 상석이었다. 사무엘은 사울과 그의 종을 가장 윗자리에 앉혔던 것이다. 선견자(선지자) 사무엘은 하나님의 계시로 말미암아 사울이 왕으로 세움 받을 것을 분명히 알았기에 그를 왕으로 예우해 준 것이다. 또한 사무엘은 희생제물 가운데서 가장 좋은 부분인 넓적다리를 사울 앞에 갖다놓았다.

그 날, 사울은 사무엘과 함께 식사를 했다. 그런 다음, 두 사람은 산당에서 내려갔다. 성읍으로 돌아온 사무엘은 자기 집의 지붕에서 사울과 이런저런 이야기를 나눈 뒤 잠자리에 들었다. 날이 밝자, 사무엘은 일찍 일어나 사울을 부른다.

"자, 이제 집으로 떠날 준비를 하시오. 내가 그대를 배웅해 드리겠소."

사울이 길 떠날 준비를 마치자, 사무엘은 함께 바깥으로 나왔다. 두 사람은 함께 걸었고, 어느새 마을 끝자락에 이르렀다. 사무엘이 힐끔 종을 쳐다본 후 사울에게 말한다.

"그대는 종을 앞서 보내도록 하시오."

사울이 종을 앞서가도록 하자, 사무엘이 말한다.

"잠시 그대로 서 있으시오. 주께서 그대에게 전하라 하신 말씀을 들려주겠소."

사울은 어안이 벙벙했다. 단지 잃어버린 나귀들을 찾으려고 선견자를 찾았을 따름인데, 사무엘은 자신을 왕처럼 예우해 주고 있기 때문이다. 사울은 대체 어찌된 영문인지 속으로 궁금할 뿐이다.

'이게 어찌 돌아가는 일이지? 대체 무슨 일일까?'

10

왕이 된 사울

사무엘은 미스바에 백성을 모아 선언하네
왕을 세워 달라 했으니 여길 보시오
그리고는 잠짝 틈에 숨은 사울을 데려와 말하네
주께서 뽑은 왕이 여기 있습니다.

사무엘이 사울에게 기름을 붓다 (10:1-16)

사울이 무릎을 꿇자, 사무엘은 그의 머리에 기름을 부은 뒤 뺨에 입을 맞추었다. 머리에 기름을 붓는 행위! 그것은 하나님께서 중요한 직책을 맡기실 때, 예컨대 왕이나 선지자나 제사장을 세우실 때, 엄숙하게 거행된 의식이다. 사울에게 기름 붓는 의식을 마친 뒤, 사무엘이 말한다.

"잘 새겨들으시오. 오늘 주께서 기름을 부어 그대를 이스라엘의 지도자로 세우셨소."

'아, 내가 왕으로 세움 받다니…. 중차대한 그 직임을 어찌 감당할 수 있을까.'

사울은 속으로 크게 놀라고 당황했다. 책임감이 어깨를 짓눌렀다. 이때 사무엘이 사울에게 장차 일어날 세 가지 징조를 말한다. 그 징조의 성취는 사울이 왕으로 세움을 받았다는 증표다. 사무엘이 첫 번째 징조를

▲ 사무엘이 사울에게 기름을 붓다

말한다.

"이제 그대는 베냐민 지파의 지역으로 들어가는 입구의 셀사에 있는 라헬의 무덤 근처에서 두 사람을 만나게 될 것이오. 그러면 그들은 그대에게 '나귀들은 벌써 찾았습니다. 아버지는 나귀가 아니라 당신을 걱정하고 계십니다.' 할 것이오."

이어 사무엘은 사울에게 두 번째 징조에 대해 말한다.

"그대가 또 다볼의 상수리나무에 이르면, 벧엘 성소로 올라가는 세 사람을 만나게 될 것이오. 한 사람은 세 마리의 염소 새끼를 안고, 한 사람은 빵 세 덩이를 들고, 다른 한 사람은 포도주 가죽부대를 메고 갈 것이오. 그들이 그대를 보게 되면, 그대에게 인사하면서 빵 두 덩이를 줄 터이니 그대는 그것을 받도록 하시오."

계속해서 사무엘은 사울에게 세 번째 징조에 대해 말한다.

"그런 다음에, 그대는 고향인 기브아로 올라가시오. 기브아에는 블레셋의 수비대가 있소. 거기서 그대는 산당에서 제사 드리고 내려오는 선지자들의 무리와 마주치게 될 것이오. 그 무리 앞에서는 비파와 소고와 피리와 수금을 든 사람들이 연주를 하고 춤을 추면서 예언을 할 것이오.

그러면 여호와의 영이 그대에게 내릴 것이고, 그대도 그들과 함께 예언을 하게 될 것이오. 그때부터 그대는 변하여 새 사람이 될 것이오."

여기 '선지자들의 무리'는 사무엘의 지도하에 선지자 수업을 받던 선지학교의 훈련 생도들이다. 한편, 구약시대에 성령은 특별한 목적을 이루기 위해 특별한 사람에게 일시적으로 임했다가 떠나가셨다. 성령이 영구적으로 임하여 믿는 자들에게 내주하게 된 때는 신약시대의 '오순절 성령강림 사건' 이후다. 이제 사무엘은 말을 마무리한다.

"이 같은 징조들이 일어나거든, 그대는 망설이지 말고 하나님께서 인도하시는 대로 행하도록 하시오. 하나님께서는 그대와 함께 하실 것이오. 그대는 또 나보다 앞서 길갈로 내려가, 거기서 나를 기다리시오. 나도 일주일 후에 번제와 화목제를 드리러 그리로 내려갈 것이오. 그대가 그 다음에 해야 할 일은 내가 그때 가서 모두 알려주겠소."

"네, 선견자님! 잘 알겠습니다. 다시 뵐 때까지 안녕히 계십시오."

사울이 인사를 마치고 막 돌아설 때, 주께서 새 마음을 주셔서 그를 변화시키셨다. 또한 사무엘이 말한 세 가지 징조들도 그 날에 다 이루어졌다. 과연 사울이 종과 함께 기브아에 이르렀을 때 한 무리의 선지자들과 마주치게 되었고, 바로 그때에 하나님의 영이 갑자기 사울을 사로잡아 사울도 그들과 함께 예언을 했다.

"어라? 저 사람은 기스의 아들 사울이 아닌가?"

예전부터 사울을 잘 알던 기브아 사람들은 사울이 선지자들의 무리와 함께 예언을 하는 광경을 보고는 크게 놀랐다. 그리고 서로 수군거린다.

"도대체 어떻게 된 거지? 사울도 선지자가 되었단 말인가?"

"그런데 저 선지자들 무리의 스승은 누구지? 사무엘 사사님이신가?"

여기서부터 "사울도 선지자가 되었단 말인가?"라는 말이 이스라엘 사회에서 일종의 속담이 되었다. 어떤 사람의 인격이나 생활이 이전의 상태와는 갑자기 몰라보게 달라진 상황, 곧 하룻밤 사이에 완전히 다른 사람이 된 것과 같은 상황을 묘사할 때 적용되는 속담이다.

사울은 예언하기를 그친 후에 기브아 산당으로 올라갔다. 자신에게 일어난 일에 대하여 하나님께 감사드리고 경배하기 위함이다. 그런 뒤 산당에서 내려올 때 숙부를 만났다. 숙부는 산당에서 내려오는 사울과 종을 보고 묻는다.

"어? 너는 사울이 아니냐? 너희는 지금 어디를 갔다 오는 길이냐?"

"네, 숙부님. 저희는 잃어버린 나귀들을 찾으러 두루 돌아다녔습니다. 하지만 찾을 수가 없어 라마 성읍에 살고 계시는 선견자에게로 갔었습니다. 그런데 사무엘 선견자님은 잃어버린 나귀들을 이미 찾았다고 말하더군요."

"알았다. 그럼, 가던 길을 계속 가거라. 네 부친께 안부도 전하고!"

이때 사울은 사무엘이 자신에게 이스라엘의 지도자가 될 것이라는 말과 자신의 머리 위에 기름을 부은 행위에 대해서는 일절 말하지 않았다. 그런 일은 아주 중차대한 사안으로, 당분간은 사무엘과 자신만 알고 있어야 할 아주 비밀스러운 일이라고 판단했기 때문이다.

사울이 이스라엘의 왕으로 제비 뽑히다 (10:17-27)

사울을 돌려보낸 뒤 얼마 후, 사무엘은 이스라엘 백성들을 미스바로 모이게 했다. 미스바는 가나안 땅 중앙부에 있어서 백성들이 모이기에 유리한 지리적 이점이 있었다. 그래서 일전에도 이곳에서 큰 성회를 열어, 주께로부터 크신 은혜와 놀라운 기적적인 도움을 받기도 했다.

"여러분, 여러분이 바라던 대로 왕을 세우기는 하겠지만…."

사무엘은 백성들의 요구대로 왕을 세워주기 전에, 왕을 요구한 사실이 하나님을 거부한 일이라는 사실을 밝히 일깨워주었다. 왕을 요구한 백성들의 마음 자세, 그것은 하나님의 통치를 받는 '신정제도'를 불신하고, 이방 나라들처럼 인간 왕의 통치를 받는 '왕정제도'를 더 선호하는 것을 뜻했기 때문이다. 그런 다음, 사무엘은 본격적으로 왕을 세우는 작업에 들어간다.

"각 지파별, 가문별로 주님 앞에 줄을 서시오. 제비 뽑아 왕을 세우겠소."

사무엘은 '제비뽑기'의 방식을 통해 왕을 뽑았다. 구약시대의 이스라엘 사회에서 제비뽑기는 하나님의 뜻이 전달되는 계시의 주요 방편이었다. 그래서 당시 이스라엘 백성들은 제비뽑기의 결과 속에 하나님의 뜻과 섭리가 개입되었다고 의심 없이 믿었다.

"자, 이제 한 명씩 나와 차례대로 제비를 뽑도록 하시오."

이스라엘 열두 지파의 우두머리들이 앞으로 나와 제비를 뽑자, 주께서는 그중에서 베냐민 지파를 뽑으셨다.

"보다시피, 베냐민 지파가 뽑혔소. 이제 베냐민 지파 소속의 각 가문의 지도자들은 앞으로 나와 차례대로 제비를 뽑도록 하시오."

베냐민 지파 소속의 각 가문 지도자들이 차례대로 제비를 뽑으니 그중 마드리 가문이 뽑혔다. 그래서 사무엘은 마드리 가문의 남자들을 전부 불러내 제비를 뽑게 했다. 그 결과, 기스의 아들 사울이 최종적으로 뽑히게 되었다.

이때의 제비뽑기는 지파, 가문(가족), 당사자의 순으로 진행되었다. 그 결과, 베냐민 지파 → 마드리 가문 → 기스의 아들 사울 순으로 제비 뽑혔다.

"사울! 사울은 어디 있소? 지금 어디에 있는 것이오?"

사람들이 크게 술렁이며 사울을 찾았지만 사울은 보이지 않았다. 아무리 불러도 사울이 나타나지 않자 사람들은 주님께 여쭈어 본다.

"주님, 우리의 왕이 될 그 사람이 여기에 와 있습니까?"

"그러하니라. 그는 지금 짐짝들 사이에 숨어 있느니라."

사람들이 주변을 자세히 살펴보니, 과연 짐짝들 사이에 사울이 숨어 있었다. 그들은 우르르 몰려가서 사울을 데리고 앞으로 나왔다. 사울이 사람들 사이에 서자, 다른 사람들보다 머리 하나 정도가 더 컸다.

"와, 대단한 인물이다! 역시 우리의 왕이 될 만한 사람이다!"

이때 사무엘이 온 백성들에게 말한다.

"자, 보십시오! 이 사람이 바로 주께서 뽑으신 그 사람입니다. 여러분이 요구한 이스라엘의 왕입니다. 온 백성 가운데 이만한 인물은 없을 것입니다."

"우리 왕 만세! 사울 만세!"

이스라엘 백성들은 환호했다. 환호가 어느 정도 그치자, 사무엘은 나라와 왕의 제도에 관해 설명해 주고는 그 사실을 두루마리에 기록하여 주님 앞에 보관하게 했다. 나라와 왕의 제도, 그것은 신정국가인 이스라엘의 왕 된 자가 나라를 잘 이끌기 위해 지켜야 할 의무 조항들이다. 이스라엘의 왕이 된 자는 만왕의 왕이신 하나님의 주권을 겸손히 인정하는 가운데, 오직 하나님의 말씀으로 백성들을 올바로 지도해야만 하는 것이다.

왕을 뽑은 후, 사무엘이 백성들을 해산시키자 그들은 각자 자기 집으로 돌아갔다. 왕으로 뽑힌 사울도 기브아 성읍에 있는 자기 집으로 돌아갔다. 이때 하나님께서 감동을 주신 일부 사람들은 사울을 따라갔다. 그러나 몇몇 불량배들은 사울을 왕으로 받아들이지 않고 멸시했다.

"베냐민 지파, 기스의 아들? 대체 그가 누구야? 어떻게 그런 같잖은 자가 대적의 손에서 우리를 구할 수 있단 말인가? 그런 자를 우리의 왕으로 받아들일 수 없어!"

불량배들은 떠들고 소란을 피웠다. 사울을 아주 얕잡아 보고는, 사울에게 아무런 예물도 바치지 않았다. 아니, 예물을 바치기는커녕 불평불만을 거침없이 쏟아내면서 사울을 대놓고 멸시했다. 사울은 그런 불량배들의 모습을 묵묵히 지켜볼 뿐 아무런 말도 하지 않았다.

11
암몬을 물리친 사울

암몬이 야베스를 포위하고 위협하자
분통이 터진 사울은
한 쌍의 소를 토막내어 전국에 보내
자신을 따라 일어서라고 하네

사울이 암몬 족속을 쳐부수다 (11:1-11)

오래 전 사사 입다에게 크게 패한 암몬 족속(주전 1085년경), 그들은 대략 30-40년 후에 다시 세력을 키워 이스라엘을 침공했다(주전 1050년경). 암몬 왕 나하스, 그는 자신의 온 군대를 이끌고 수도 랍바에서 북쪽으로 50km가량 진격하여 길르앗 지역으로 밀고 들어와 야베스 성읍을 공격했다. 하지만 야베스 성읍은 암몬 군대에 맞서 싸울 힘이 없었다. 그러자 야베스 주민들이 나하스 왕에게로 나아가 엎드려 빈다.

"왕이시여, 제발 우리와 화친조약을 맺읍시다. 그러면 우리가 항복하고 왕을 섬기면서 복종하겠습니다. 부디 너그러운 아량으로 우리에게 은혜를 베풀어주십시오."

"하하하, 그래? 그렇다면 한 가지 조건이 있다! 너희의 오른쪽 눈알을 빼내어 온 이스라엘을 욕보이겠다. 너희가 그렇게 하겠다면, 화친조약을 맺어주마! 어찌 하겠느냐?"

암몬 왕은 한껏 기세를 떨었다. 화친조약의 조건으로 야베스 주민들의 오른쪽 눈을 요구한 것이다. 이는 오른쪽 눈을 뽑아내어 군사 구실을 못하도록 만들기 위해서다. 오른손잡이가 대부분인 군사들은 방패를 왼손으로 붙잡고 왼쪽 눈을 방패 뒤에 숨긴 채 오른쪽 눈을 사용하여 전투를 수행했기 때문이다.

"네엣? 우리의 오른쪽 눈을 전부 빼라고요? 아, 어찌 그런 조건을…. 제발 다른 조건을 주시면 안 되겠습니까? 어찌 우리의 오른쪽 눈을 전부 빼야한단 말입니까."

"뭣이라? 안 그러면 당장이라도 죽을 놈들이 뭔 말이 그리 많은 게냐! 다른 조건은 일절 없다! 택일하라! 오른쪽 눈알이냐, 아니면 전쟁이냐?"

그러자 야베스 성읍의 장로들이 암몬 왕에게 제안한다.

"그렇다면 왕이시여, 우리에게 7일 동안만 말미를 주십시오. 이스라엘 전역에 전령을 보내 누구도 우리를 구해주러 오지 않는다면, 왕의 조건에 응하고 항복하겠습니다."

"핫핫핫, 이스라엘 땅에 너희를 도와줄 자가 있을 것 같으냐? 오냐, 좋다! 7일 동안 말미를 주마! 핫핫핫! 바보 같은 작자들 같으니라구!"

암몬 왕 나하스가 큰소리 땅땅치며 이레 동안의 말미를 허락해주었다. 그 까닭은, 아무 희생 없이 고스란히 길르앗 야베스 주민들의 항복을 받아내기 위해서다. 또한 당시에 이스라엘에는 중앙 정부도 없고 연합 군대도 없었기에, 야베스 주민들을 구원해줄 세력은 아무도 없을 것이라고 판단했기 때문이다.

"동포 여러분, 우리의 오른쪽 눈이 전부 잃게 될 처지에 놓였으니, 제발 우리를 도와주십시오. 우리를 암몬 왕 나하스의 손에서 구해주십시오!"

야베스 성읍의 전령들은 이스라엘 각처에다 자기들의 딱한 사정을 부지런히 알렸다. 듣는 이들마다 크게 격분했지만, 선뜻 도와주겠다고 나서는 자들은 없었다. 강력한 암몬 군대의 위세에 눌렸기 때문이다.

사울이 살고 있던 기브아 성읍에도 전령들이 위기 상황을 알렸다. 아주 모욕적이고도 어처구니없는 소식에 기브아 주민들 역시 침통한 기색이 되었다. 더러는 분을 못 이겨 울음을 터뜨리기도 했다.

이때 사울은 겨릿소 두 마리를 몰고 밭에서 집으로 돌아오다가 울음소리를 들었다. 기름부음을 받고 이스라엘의 왕으로 뽑히긴 했지만, 그때까지 이스라엘은 중앙정부를 구성할 여건을 갖추지 못한 탓에 사울은 고향 집에서 예전처럼 생활하고 있었던 것이다. 또한 사무엘은 앞서 사울에게 왕이 될 것임을 예고하면서 당부하기를, 당분간은 평소처럼 지내면서 기회를 보아 행동하라고 충고한 적이 있었다. 그러던 중에 사울은 야베스 주민들이 처한 상황을 전해 듣는다.

"뭐, 뭐라고요? 화친의 조건으로 오른쪽 눈을 다 빼라고 했다고요? 아니, 세상에! 어찌 그런 만행을 요구할 수 있단 말이오! 이스라엘이 그런 모욕을 당하고도 어찌 참을 수 있겠소! 잔인무도한 놈들 같으니라고!"

전후 사정을 전부 알게 된 사울은 크게 의분을 터뜨렸다. 바로 그 순간, 하나님의 영이 사울을 강력하게 사로잡았다. 사울은 밭에서 몰고 오던 겨릿소(겨리를 끄는 소. 오른쪽에 맨 소는 마라소, 왼쪽에 맨 소는 안소) 두 마리를 그 자리에서 잡아 여러 토막으로 자른 다음, 야베스 성읍의 전령들에게 나누어주며 말한다.

"여러분은 이 고기토막을 이스라엘 전역에 전해주며 선포하시오. 지금 사울과 사무엘을 따르지 않는 자들이 있다면, 그 집안의 소들도 이런 꼴을 당할 것이라고!"

사울은 사무엘의 권위를 빌어 이번 전쟁이 하나님의 뜻에 부합하는 것임을 내세웠다. 그래서 야베스 성읍을 구하러 가는 징집에 응하지 않을 경우, 그자는 죽은 소의 운명과 같은 처지가 될 것이라 강력하게 경고했다. 그러자 여호와의 두려움이 이스라엘 백성들에게 크게 임했고, 하나같이 사울과 사무엘을 따르겠다고 나섰다.

사울이 베섹에서 그 수효를 세어보니 유다 지파가 3만이요, 나머지 지파 사람들이 30만, 합쳐서 전부 33만이었다. 요단강 서편에 있는 베섹은 요단강 동편에 있는 길르앗 야베스 성읍으로부터 23km가량 떨어져 있었다. 사울이 길르앗 야베스에서 온 전령들에게 말한다.

"즉시 성읍으로 돌아가시오. 돌아가서 주민들에게 전하기를 '내일 해가 중천에 뜰 무렵이면, 모두가 암몬 군대의 손아귀에서 구원받게 될 것이다!' 하시오."

야베스 성읍의 전령들은 신속히 달려가 사울이 전하라는 소식을 알렸고, 전령들에게서 그 소식을 전달받은 야베스 주민들은 모두가 크게 기뻐했다.

"됐다! 정말 다행이다. 이제 우리는 오른쪽 눈을 빼지 않아도 되겠구나! 주여, 감사합니다. 사울 왕이여, 고맙습니다."

▲ 사울이 암몬 족속을 격파하다

"잠깐만! 암몬의 군사들이 이 소식을 알게 되면 안 되므로, 저들이 방심하도록 거짓 정보를 흘립시다!"

야베스 주민들은 암몬 사람들에게 일부러 거짓 정보를 흘린다.

"아, 절망적입니다. 우리가 이스라엘 전역에 도움을 요청했지만 우리를 구하러 오겠다는 사람들이 하나도 없군요. 어쩔 수 없이 내일 항복하겠으니 우리에게 좋을 대로 행하십시오. 오른쪽 눈을 빼라면 빼겠습니다."

"핫핫핫! 처음부터 그렇게 나올 일이지! 무슨 되지도 않을 헛된 희망을 품더라니! 어리석은 자들 같으니라구!"

나하스 왕이 이끄는 암몬 군대는 '그럼, 그렇지!' 하는 마음으로, 완전 방심한 상태로 있었다. 그러는 사이, 사울 왕이 이끄는 이스라엘 군대는 요단강을 건너 암몬이 진치고 있는 야베스 길르앗으로 빠르게 진격해갔다. 다음 날 동트기 직전, 암몬 왕은 야베스 주민들에게 자신에게 항복받는 흐뭇한 광경을 상상하며 음흉한 미소를 지었다. 바로 그때였다!

"으악! 아아악! 악! 사람 살려!"

나하스 왕의 입에 아직도 미소가 머물고 있을 때, 웬 비명소리가 이곳저곳에서 연신 터져 나왔다. 사울 왕이 이끄는 이스라엘 군사들이 세 부대로 나뉘어 완전 방심하고 있던 암몬 진영으로 갑자기 들이닥쳤던 것이다. 사울 왕의 군사들은 새벽에 기습적으로 공격하여 해가 한창 뜨거울 무렵까지, 닥치는 대로 암몬 군사들을 쳐 죽였다. 기습을 당한 암몬 군대는 속절없이 무너졌다.

암몬 왕 나하스는 '걸음아, 날 살려라!' 하면서 달아나기에 바빴고, 잠결에 놀라서 눈뜬 암몬 군사들은 무기조차 제대로 잡아보지 못한 채 이스라엘 군사들이 휘두르는 칼에 추풍낙엽처럼 쓰러졌다. 겨우 살아남은 군사들은 이리저리 뿔뿔이 흩어져, 두 사람이 함께 있는 경우조차 없었다. 사울의 일방적인 승리요, 이스라엘 군대의 대승이었다.

사울이 이스라엘의 왕으로 공식 인준을 받다 (11:12-15)

"와! 이겼다! 우리 하나님 여호와 만세! 사울 왕 만세!"

이스라엘 백성들이 승리의 환호성을 질렀다. 그때 백성들이 사무엘에게 우르르 몰려와서 강한 어조로 말한다.

"선지자님, 이전에 '사울은 우리의 왕이 될 수 없다!' 하고, 소란을 피우던 자들이 누구입니까? 오늘 우리가 그 불량자들을 끌어내어 처단하겠습니다!"

그 말을 들은 사울이 무리를 말리며 말한다.

"안 됩니다! 오늘은 주께서 우리 이스라엘에게 큰 구원을 주신 날이니, 누구도 죽이면 안 됩니다."

그런 사울을 사무엘이 흐뭇한 표정으로 바라보며 백성들에게 말한다.

"자, 여러분! 이제 모두 길갈로 올라갑시다. 거기서 사울을 이스라엘의 왕으로 옹립합시다."

사울은 제비뽑기를 통해 이스라엘의 왕으로 뽑히긴 했지만 왕의 자질을 입증할 기회가 없었다. 백성들 중에는 막내지파 베냐민 출신이라고 배척하는 자들이 많았다. 하지만 강력한 암몬과의 전쟁을 큰 승리로 장식함으로써 명실공히 왕으로서의 지도력을 인정받으면서 공식적인 대관식을 치를 수 있게 된 것이다.

사울이 왕의 대관식을 치를 장소인 길갈! 이곳은 이스라엘 백성들이 가나안 땅에 입성해서 맨 처음 진영을 구축한 숙영지로, 요단강을 건넌 사실을 기념하는 이스라엘 열두 지파의 기념비가 세워진 장소다. 사무엘의 인솔하에 온 이스라엘 백성들이 길갈로 올라갔다. 거기서 사울은 왕의 대관식을 치르고 이스라엘 열두 지파의 왕으로 공식 인준을 받았다. 당시 사울의 나이 40세(주전 1050년경), 이스라엘의 초대 왕이 된 그는 이후로 40년 동안 이스라엘을 통치하게 된다(주전 1050-1010년경).

"사울 왕 만세! 이스라엘 만세!"

길갈에서 사울 왕의 대관식을 치른 뒤에 이스라엘 백성들, 그들은 주께 번제와 화목제를 드리며 충성과 헌신을 다짐하고 상호 친교와 화합을 다졌다. 이로써 이스라엘은 본격적인 왕정체제로 진입하였다. 그 날에 사울 왕과 온 이스라엘 백성들이 크게 기뻐하였다.

12
사무엘의 고별사

사무엘이 사울을 왕으로 세우고
백성들 앞에서 선언하네
주를 거역하지 말고
주를 섬기며 바른 길을 가시오

사무엘의 회고 (12:1-5)

사울이 이스라엘의 왕으로 공식 즉위하고 얼마쯤 시간이 흐른 뒤, 하루는 사무엘이 온 이스라엘 백성들을 불러 모았다. 물론, 온 이스라엘 백성들을 대표하는 지도자급 사람들이다.

"여러분, 이제 나는 늙어 머리가 하얗게 되었고, 나의 두 아들도 이 자리에 있습니다. 나는 일찍부터 사사로 세움 받아 젊었을 때부터 오늘날까지 여러분을 이끌어 왔습니다."

대제사장 엘리가 죽은 직후부터 사무엘은 이스라엘을 이끌었다. 무려 25년 동안이다(주전 1075-1050년경). 이제 이스라엘을 이끌 왕이 세워졌으니, 사무엘 자신은 사사 직분을 내려놓고 정치 일선에서 은퇴해야 할 때가 이른 것이다.

"내가 그동안 사사의 직분을 남용하여 여러분의 소나 나귀를 빼앗은 일이 있습니까? 또 누구를 속이거나 억압한 일이 있습니까? 뇌물을

▲ 사사이며 선지자인 사무엘

받고 재판을 굽게 하거나 부정을 눈감아 준 일이 있습니까? 그런 일이 하나라도 있다면, 오늘날 나는 모든 책임을 기꺼이 지겠습니다."

"아닙니다! 사사님은 언제나 올바르고 공명정대했습니다. 확실합니다!"

"좋습니다. 오늘 여러분의 확언대로 내게서 아무런 잘못을 찾지 못했다는 것에 대해 주께서 증인이시고, 주께서 기름 부어 세우신 왕이 증인이 되었습니다."

"아멘! 확실히 그렇습니다!"

이처럼 사무엘은 이스라엘의 사사로서 직무를 수행하는 동안 공평무사하고 청렴결백하게 모든 일을 처리했다. 사무엘 스스로도 자신을 적극적으로 변호한다. 이는, 사울에게 통치권을 이양하면서 자신의 마지막 당부에 권위를 더하기 위해서였다.

사무엘의 고별 설교와 마지막 당부 (12:6-25)

사무엘은 자신의 청렴결백을 변호하고 인정받은 뒤, 사사 직분에서 물러나는 고별 설교를 시작한다.

"여러분, 일찍이 우리 하나님은 모세와 아론을 기름 부으시고…."

사무엘은 먼저 출애굽 사건을 거론한다. 이집트에서 종살이를 하던 미천한 신분이 하나님의 은혜로 해방되어 큰 구원을 누리게 된 사실을 상기시킨다. 이는 이스라엘의 참된 왕은 오직 여호와 하나님뿐임을 일깨워주기 위해서다.

이어 사무엘은 이스라엘이 이방 나라들에게 압제당한 원인도 분명히 명시한다. 그것은 이스라엘이 여호와 하나님을 버리고 이방 우상들을 섬기는 범죄를 저질렀기 때문이라고 역설한다. 이는 이스라엘의 굴복과 패배가 이방 나라들처럼 강력한 왕이 없었기 때문이라고 판단한 백성들의 진단이 잘못되고 어리석은 것임을 지적하는 말이다. 하지만 이제 왕이 세워진 만큼, 왕을 중심으로 하나님의 명령에 충실히 따라야 한다고 당부한다. 그렇게 하면, 하나님은 왕을 통해 일하실 것이기 때문이다. 왕과 백성들은 결코 이 사실을 잊지 말아야 했다.

"여러분, 지금은 밀을 수확하는 시기입니다. 저는 천둥과 비를 보내 달라고 주님께 간구하겠습니다. 그 간구가 이루어지면, 여러분이 만왕의 왕이신 주님을 제쳐놓고 인간 왕을 요구한 것이 주님 앞에 얼마나 큰 죄악이었는지를 똑똑히 깨닫게 될 것입니다."

가나안 땅에서 밀을 수확하는 일반적인 시기는 4월 중순쯤부터 6월 중순쯤, 비가 전혀 오지 않는 건조기(乾燥期)다. 따라서 이 시기에 사무엘의 기도 직후에 곧바로 비가 내린다면, 그것은 기도에 대한 하나님의 응답이라고 생각할 수밖에 없다.

이때 사무엘이 천둥과 비를 하나님께 요청한 것은, 하나님의 초자연적인 기상 현상을 보여줌으로써 자신이 전달한 메시지가 곧 하나님의 뜻임을 백성들의 마음속에 분명히 심어지기를 바랐기 때문이다. 이제 사무엘은 주님께 간구한다.

"주여, 지금 이곳에 천둥과 함께 비를 내려주소서. 그리하여 오늘 내가 이 백성들에게 전하는 모든 말들이 주님의 뜻임을 보여주소서."

사무엘이 간구하자, 주께서는 그 날로 비를 내려주셨다. 요란한 천둥소리와 함께 억수같은 비가 주룩주룩 쏟아졌다.

"보라, 비가 온다! 천둥소리와 함께 많은 비가 내린다. 이는 분명 주께서 내리시는 비다. 주께서 사무엘의 기도에 응답하셨다!"

백성들은 쏟아지는 비를 보고 하나님과 사무엘을 크게 두려워했다.

"오, 사사님! 저희가 죽지 않도록 기도해 주십시오. 우리가 왕을 요구함으로써 지금까지의 모든 죄에 또 하나의 죄를 더했습니다."

백성들이 큰 두려움에 떨며 사무엘에게 매달린다.

"여러분이 악한 일을 저지른 것은 사실이오. 하지만, 이제라도 주님을 거역하지 말고 온 마음을 다해 섬기시오. 아무짝에도 쓸모없는 우상들은 더 이상 섬기지 마시오. 우상은 절대로 여러분을 구해줄 수 없습니다."

하나님을 잘 섬기는 첫 단계는 이방의 모든 우상들을 철저히 배격하는 일이다. 사무엘은 이 점을 일깨워준다.

"여러분, 주께서는 여러분을 자기 백성으로 삼으셨기에 자신의 이름과 영광을 위해서라도 버리지 않을 것이오. 나도 주님께 계속 기도하겠소. 만일 내가 기도하기를 멈춘다면, 그건 주께 죄를 짓는 일이오. 나는 무엇이 선하고 옳은 길인지를 여러분에게 힘껏 가르쳐 드리겠소."

하나님과 백성들 사이에 중보(仲保) 임무를 띤 사무엘, 그는 기도하기를 게을리 하는 것은 죄라는 인식을 분명히 가졌다. 백성들이 왕을 요구한 일이 자신의 기도 부족 때문이라 자책했던 것 같다. 사무엘에게 기도생활은 직무에 따른 부속물이 아니라 생명 자체였다. 국가의 위기에서 그가 첫번째 택한 수단은 언제나 '기도'였다. 그의 기도는 어머니 한나에게서 대물림된 것이다. 기도하는 지도자는 기도하는 가정에서 나오고 있음을 보여준다. 사무엘은 이제 당부를 마무리한다.

"여러분, 온 마음을 다해 주님을 경외하고 신실하게 섬기십시오. 주께서 얼마나 크고 위대한 일을 하셨는지를 항상 생각하십시오. 그런데도 주님을 떠나 계속해서 악을 자행한다면, 주께서는 여러분과 여러분의 왕을 다 망하게 하실 것이오. 내 말을 꼭 명심하길 바라오!"

13
블레셋과의 전쟁

제사를 맡은 사무엘은 나타나지 않는데
사울의 병사는 사방에 흩어지네
초조한 사울이 번제를 드리자
뒤늦게 온 사무엘이 사울을 꾸짖네

사울의 불법적인 제사와 사무엘의 책망 (13:1-15)

사울이 이스라엘의 왕이 된 때는 그의 나이 40세 되던 해였다(주전 1050년경). 즉위 2년째 되던 해, 사울은 3천 명의 정규 군사를 선발했다. 그중 2천 명은 자신과 함께 믹마스와 벧엘 산지에 주둔하게 했고, 1천 명은 베냐민 지파의 기브아 언덕에 주둔하게 하여 아들 요나단의 지휘를 받게 했다.

하루는 요나단이 자기 군사들을 이끌고 게바에 주둔해 있던 블레셋 수비대를 공격했다. 블레셋 수비대는 이스라엘을 감시하고 통제하기 위해 이스라엘 땅의 요충지에 세운 블레셋군의 파견 진지다. 그런 파견 진지가 이스라엘 땅의 깊숙한 곳인 게바 지역에도 있었다는 것은, 당시 이스라엘이 얼마나 철저하게 블레셋의 지배와 통제 아래에 있었는지를 잘 보여준다.

"뭐라? 햇병아리 왕자가 우리 수비대를 공격했다고? 이런 괘씸한…!

다시는 그런 짓을 못하도록 본때를 보여주마!"

블레셋 지도자들은 곧바로 전쟁을 준비했다. 블레셋 군대는 3천 대의 전차, 기마병 6천 명에, 군사들은 모래알처럼 많아 셀 수조차 없었다. 그들은 벧아웬의 동쪽 믹마스에 진을 치고는 사울이 이끄는 군사와 대치했다. 믹마스는 예루살렘 동북쪽 13km 지점의 산지에 위치한 베냐민 지파의 성읍으로 전술적으로 중요한 지역이었다.

"저 블레셋 군대 좀 보게나. 참으로 막강하고 어마 무시하구나! 우린 아예 상대조차 되질 않겠어."

이스라엘 군사들은 블레셋의 막강한 군사력을 보자 두려움에 사로잡혔다. 제대로 군사훈련을 받지 못한 그들은 지레 겁을 먹고 굴 속이나 숲속, 바위틈이나 구덩이 속으로 기어들어가 숨기 바빴다. 일부는 요단 강을 건너 멀리 갓 지역과 길르앗 지역으로 도주하기도 했다. 사울은 길갈에 남아 있었지만, 그를 따르던 군사들도 사기를 잃은 채 큰 두려움에 빠져 있었다.

'아, 왜 이렇게 선지자님이 나타나지 않는 거지? 빨리 주님께 제사를 드리고 군사들의 사기를 올려야 할 텐데…. 이거 정말 큰일이로군.'

사울은 초조하고 답답했다. 7일 뒤에 오겠다던 사무엘이 여태 나타나지 않고 있었다. 사무엘이 약속한 날짜에 도착하지 않자, 블레셋 군대에 잔뜩 겁먹은 이스라엘 군사들이 하나둘 흩어지기 시작했다.

'이거야 원! 아무래도 안 되겠다. 계속 꾸물거리다간 군사들이 다 떨어져 나가겠다. 까짓, 내가 직접 집전해서라도 빨리 주님께 제사를 드리고 싸울 준비를 마쳐야겠다.'

조급함과 초조함을 더는 견디지 못한 사울, 그는 자신이 직접 주관하여 주님께 번제를 드렸다. 제사는 반드시 사무엘이 드리기로 되어 있는데, 사울이 제멋대로 제사를 집전한 것이다. 사울이 막 번제를 드리고 나자, 이내 사무엘이 도착했다.

사무엘이 오기로 한 날짜에 늦은 것은 아니었다. 약속한 날짜를 가까스로 넘기지 않았다. 이는 사울이 번제 드리기를 마치자마자 곧 도착한 사실로 미루어 알 수 있다. 사무엘이 늦은 것은 아니라, 사울이 정한 날짜의 해가 저물 때까지 기다리지 못하고 초조한 마음에 성급하게 행동했던 것이다.

"왜 이리 늦으신 것입니까? 무슨 일이라도 있었습니까?"

"아니, 지금 왕께서는 무엇을 한 것입니까? 주님께 제사를 이미 드린 것입니까?"

사무엘은 왕의 영접에는 아랑곳없이 대뜸 사울의 제사 행위에 대해 책망하듯 묻는다. 사무엘의 당찬 물음에 사울이 흠칫 놀라며 궁색하게 변명한다.

"제, 제사 말입니까? 그게… 블레셋 군사들은 금세라도 길갈로 쳐들어올 것 같은 기세인데, 선지자님은 오시지 않고… 그래서 부득이 내가

▲ 사울을 책망하는 사무엘 (존 싱글턴 코플리 작)

대신해서 제사를….”

“아, 왕은 참으로 어리석은 짓을 했소이다. 주님의 명령만 잘 따랐더라면, 그대의 왕국은 길이길이 번영했을 것입니다. 그러나 왕께서 이렇게 주님의 명령을 어겼으므로 왕의 나라는 오래 가지 못할 것입니다.”

“그, 그건, 하나님의 도움을 구하기 위한 부득이한 제사였습니다!”

“모든 것이 끝났소이다! 주께서는 이미 마음에 드는 사람을 뽑아서 주의 백성을 다스릴 지도자로 정해 놓으셨소이다. 참으로 비통하고 애석한 일이외다.”

사무엘은 사울에게 폐위의 메시지를 선포했다. 블레셋과의 전쟁을 앞둔 상태에서 드려지는 그 제사는 반드시 하나님의 선지자인 사무엘에 의해 드려져야 했고, 그래서 사무엘을 통해 하나님에게서 전쟁에 관한 지시를 받았어야 옳았다. 하지만 사울은 상황이 급박하다는 핑계로 사무엘을 끝까지 기다리지 않고 자신이 직접 제사를 드렸다. 결국 그것은 하나님의 주권을 침해한 악하고 어리석은 행위로서 이스라엘의 왕으로 합당치 못했다. 이때 사울은 부득이한 일이었다고 변명했지만 통하지 않았다.

“주께서 다음 왕을 정해 놓으셨다고요? 정말입니까? 그자가 대체 누굽니까?”

사울은 크게 놀라고 당황해하며 물었다. 그러나 사무엘은 대답 없이 곧장 길갈을 떠나 기브아로 올라갔다. 그러자 사울도 블레셋과 싸우기 위해 베냐민 땅 게바로 올라갔다. 게바는 베냐민 지파의 성읍으로 예루살렘 북쪽 9km, 믹마스 서남쪽 3km 지점에 위치했다. 오늘날의 예바(Jeba)다. 게바에 이르러 사울이 남아있는 군사들을 점검해 보니 겨우 6백 명 정도였다.

‘아, 큰일이다. 이 적은 숫자로 어떻게 블레셋 군대와 맞서 싸우지?’

사울 왕은 군사들의 숫자에 크게 실망했다. 그는 벌써부터 하나님을 의뢰하는 대신에 군사들의 수효에 의지하는 세속적이고 불신앙적인 왕으로 변해가고 있었다.

이스라엘과 블레셋이 교전을 준비하다 (13:16-23)

당시 이스라엘 전역에는 대장장이가 한 명도 없었다. 오랫동안 블레셋의 지배와 압제 하에 있었기에 이스라엘의 철공들이 모두 잡혀갔기 때문이다. 블레셋은 이스라엘을 영구적으로 예속화하기 위해 제철 산업을 독점했다. 그들은 이스라엘 사람들이 칼이나 창 같은 군사 무기를 제조할까봐 철저히 단속했다.

그래서 이스라엘 사람들은 보습, 곡괭이, 도끼, 낫 등을 벼리려고 해도 일일이 블레셋 지역을 찾아가야 했다. 보습과 곡괭이를 벼리는 값은 은화 3분의 2세겔이었고, 도끼나 낫을 벼리는 값은 은화 3분의 1세겔이었다. 당시 은화 1세겔은 노동자 4일치의 품삯에 해당되는 값어치다.

사정이 이렇다보니, 이스라엘 군사들에게는 칼이나 창이 없었다. 오직 사울 왕과 그의 아들 요나단만이 무기를 지니고 있을 뿐이었다. 창칼이 없는 이스라엘 군사들은 주로 괭이, 도끼, 낫 같은 농기구를 사용하여 싸웠다. 어떤 자들은 활이나 물매를 사용하기도 했다.

이처럼 이스라엘 군사들의 무장은 아주 형편없었다. 창칼은 물론이고 병거와 마병으로 무장한 블레셋 군대의 전력에 비하면 상대조차 되지 않았다. 그래서 이스라엘 군사들은 블레셋 군대를 두렵게 생각했고, 블레셋 군사들은 이스라엘 군대를 얕잡아 보았다. 때에 블레셋의 한 부대는 이미 믹마스 어귀까지 진격해오고 있었다. 사울 왕은 근심이 깊어졌다.

14
요나단의 용맹

주께서 도우시면 겁날 게 없네
수효와 상관없이 블레셋을 치리라
요나단이 부하와 적을 기습하자
블레셋 병사가 벌벌 떠네

요나단이 블레셋 초소를 기습적으로 공격하다(14:1-15)

각각 게바와 믹마스에 진을 친 이스라엘 군대와 블레셋 군대, 두 진영 간에는 대략 3km가 떨어져 있었고, 각 진영 앞에는 여러 초소들이 있었다. 두 진영 간에는 얼마간 소강 국면이 유지되었다.

하루는 사울 왕의 아들 요나단이 부관 병사에게 말한다.

"우리가 건너편에 있는 블레셋 초소로 건너가 몰래 습격하자."

"왕께 먼저 허락을 받아야 하지 않을까요?"

"아니다! 너는 나만 따라오너라. 자, 가자!"

요나단은 괜찮다며 왕에게 알리지 않고 진영을 빠져나왔다. 사울 왕은 기브아 외곽 지역의 미그론에 있는 석류나무 아래에 600명의 군사들과 함께 진을 치고 있었다. 그들 중에는 대제사장 아히야도 있었다. 이가봇의 형제 아히둡의 아들이다. 또 아히둡은 비느하스의 아들이었는데, 비느하스는 실로에서 대제사장 직분을 수행하던 엘리의 아들이다. 사울 왕과 함께 있던 이스라엘 군사들은 누구도 요나단이 진영에서 빠져나간 사실을 알아차리지 못했다.

요나단은 몰래 블레셋 초소로 침투했다. 길목 양편에는 절벽 바위가 양옆으로 버티고 서 있었다. 한쪽 바위 이름은 '보세스', 다른 쪽 바위는 '세네'라 불렸다.

요나단은 자신의 무기를 들고 다니는 병사에게 말했다.

"조금도 겁먹지 마라! 저 할례 받지 않은 블레셋 사람들의 초소를 습격하자. 주께서는 분명 우리 편이 되어주실 것이다. 그러면 수효가 많고 적음이 무슨 상관이겠느냐?"

"알겠습니다! 왕자님이 앞서 나가시면, 제가 그 뒤를 따르겠습니다."

"우리가 저들에게 다가가서 일부러 저들의 눈에 띄게 하는 거다. 저들이 만약 '거기 멈춰!' 하면 그대로 멈추고, '이리 올라올 테면 올라오라!'라고 외치면 그들에게로 올라간다. 이것은 주께서 그들을 우리에게 넘겨주셨다는 표시다."

요나단과 부관 병사가 미리 짜둔 작전대로 자신들의 정체를 드러내자 블레셋 초소의 군사들이 그들을 발견하고 소리친다.

"저것 봐라! 히브리놈들이 숨어 있던 구덩이에서 기어나와 이리로 올라오고 있다!"

그들은 요나단과 병사를 향해 외쳤다.

"올라올 테면 올라와 봐. 우리가 한수 가르쳐주지."

▲ 블레셋 초소를 기습하는 요나단

요나단이 바위 언덕을 기어오르자 부관 병사도 뒤따라 올라갔다. 설마하니 가파른 바위 언덕을 기어 올라와 공격하리라곤 전혀 예상치 못한 블레셋 군사들은 크게 당황했다. 블레셋 군사들은 '올라오라!'는 자신들의 호통에 겁을 집어먹고 그들이 구덩이로 다시 숨어들 줄로 생각했던 것이다.

요나단과 부관 병사는 블레셋 군사들과 접전을 벌였다. 그 결과, 한 쌍의 소가 반나절 동안 갈아엎을 만한 땅 안에서 무려 20여 명을 죽였다. 고대 중근동에서는 면적을 계산할 때, 한 쌍의 소가 하루 동안에 갈 수 있는 분량인 1에이커(대략 4 km^2)를 기준 단위로 삼았다.

따라서 '반나절 동안 갈아엎을 만한 땅'은 한 쌍의 소가 반나절 동안에 밭을 갈 수 있는 분량으로, 대략 1/2에이커(대략 2 km^2)의 면적이다. 요나단은 초인적인 용맹무쌍함을 발휘해서 단 시간 내에 20명이나 죽였다. 그러자 하나님께서 보내신 무시무시한 공포가 블레셋 진영을 일순간에 덮쳤다. 혼비백산한 블레셋 군사들은 우왕좌왕, 허둥지둥 어쩔 줄 몰라 했다.

이스라엘 군대가 블레셋 군대를 격파하다(14:16-23)

베냐민 지파 지역의 기브아에서 적진의 망을 보고 있던 이스라엘 파수꾼들, 그들은 블레셋 진영에서 군사들이 사방으로 이리저리 흩어지는 것을 보았다. 그 사실은 즉각 사울 왕에게 보고된다.

"폐하, 누군가가 블레셋 진영을 습격한 듯합니다. 블레셋 진영이 심하게 요동치고, 지금 블레셋 군사들이 허둥대며 사방으로 도망치고 있습니다."

"무엇이? 그게 사실이냐?"

파수꾼의 보고를 받은 깜짝 놀란 사울 왕, 이스라엘 군사들을 소집해서 조사해보니 요나단과 부관 병사가 없어진 사실이 밝혀졌다. 왕은 대제사장 아히야에게 에봇을 가져오게 했다. '에봇'은 흉패 아래에 받쳐 입는 대제사장의 의복 가운데 하나로, 조끼처럼 팔 부분이 없으며 앞치마처럼 무릎까지 내려오는 옷이다. 그 에봇의 주머니 안에는 '우림'과 '둠밈'이라는 제비뽑기 도구가 들어 있었다. 사울은 제비뽑기 도구를 통해 요나단의 안전 여부와 블레셋에 대한 공격 여부를 하나님께 여쭙고자 했다.

그런데 사울 왕이 대제사장 아히야와 말하는 동안에 블레셋 진영의 소동이 더 심해져 갔다. 마음이 다급해진 사울 왕은 즉시 모든 군사들을 이끌고 블레셋 진영으로 달려 나갔다. 블레셋 진영은 그야말로 소란과 혼란의 도가니였다. 칼을 빼 들고 서로 자기편들끼리 죽이고 있었다.

사울의 군대는 닥치는 대로 블레셋 군사들을 쳐 죽였다. 상황이 이리 돌아가자 블레셋 군대의 강력한 기세를 보고 에브라임 산지로 도망쳐 숨었던 히브리 사람들도 모두 달려 나와 사울 왕의 군대에 합세했다. 블레셋 군사들이 도망치고 있다는 소식에 숨었던 자리에서 뛰쳐나와 블레셋 군사들을 추격하며 쳐 죽였던 것이다. 그 날에 주께서는 블레셋 군대를 이스라엘의 손에 넘겨주셨다. 이스라엘의 대승이었다.

사울 왕의 무모한 맹세와 죽을 위기에 처한 요나단(14:24-46)

그 날의 전투는 믹마스를 거쳐 벧아웬 너머에까지 번져갔다. 블레셋 군사들이 그곳까지 달아난 것이다. 싸움이 길어지다 보니, 이스라엘 군사들은 굶주리고 지쳐 있었다. 전쟁을 치르기 전, 사울 왕이 이렇게 단단히 일러두었기 때문이다.

"모두 금식하라! 오늘 해가 지기 전까지는 아무것도 먹지 말라. 그때까지 무엇이든 먹는 자는 저주를 받으리라. 우리의 원수를 모두 쳐부술 때까지 누구도 무엇이든 입에 대서는 절대로 안 된다. 이를 어기면 결단코 처형을 면치 못하리라!"

이때 사울 왕이 내린 금식 명령은 적절하지 못했다. 그것은 여호와께 대한 신앙심에서 비롯된 것이 아니라 자신의 공명심에서 비롯된 무모한 명령이었다. 실제로 이스라엘 군사들이 제대로 먹지 못한 결과, 그들은 적군을 완전히 소탕할 수 있는 좋은 기회를 그만 놓치고 말았다.

한편, 요나단은 적군을 추격하다 꿀을 발견하고는 막대기 끝으로 찍어 핥아먹었다. 그러자 기운이 확 솟고 눈이 환해지는 기분이었다. 그때 요나단은 사울 왕의 금식령을 듣지 못했다. 이스라엘 군사들은 요나단이 꿀을 찍어 먹는 것을 보고는 크게 당황했다.

"왕자님, 왕께서 우리에게 맹세시키기를 '해지기 전까지 무엇이든 먹어선 안 된다. 이를 어기는 자는 저주를 받고 처형될 것이다!' 했습니다. 우리 군사들이 굶주리고 지친 이유가 바로 그 때문입니다."

그 말을 듣고 깜짝 놀란 요나단이 크게 탄식하며 말한다.

"아, 전쟁에서 어찌 그런 맹세를…. 왕께서 모두를 불행에 빠뜨리는구나. 살짝 찍어 먹었는데도 힘이 솟구치는데, 모두가 대적에게서 빼앗은 것으로 요기를 했더라면 얼마나 더 좋았겠는가? 그랬더라면 블레셋 군사들을 훨씬 더 많이 죽일 수 있었을 텐데…. 참으로 안타깝구나."

정말로 그랬다! 사울 왕이 무모하게 금식령을 내린 결과, 이스라엘 군사들은 탈진 상태에 놓였고, 달아나는 블레셋 군사들을 철저하게 추격하여 섬멸하지 못함으로써 승리를 불완전하게 만들었다. 어쨌든 그 날 이스라엘 군사들은 믹마스에서 아얄론까지 블레셋 군사들을 추격하며 쳐 죽였다.

하루해가 저물고 금식령이 풀렸다. 그러자 이스라엘 군사들은 약탈한 짐승들을 끌어다가 잡은 후에 허겁지겁 먹느라 피째 먹었다. 고기를 피째 먹는 행위는 율법의 엄격한 금지 조항이었다. 구약의 제사제도에서 '피'는 생명과 동일하게 취급되어 속죄의 유일한 도구로 간주되어 누구든지 피는 절대로 먹을 수 없었고, 오직 하나님의 거룩한 목적을 위해서만 사용되어야 했다. 부하의 보고를 접한 사울 왕이 펄쩍 뛰었다.

"고기를 피째 먹고 있다고? 저런, 주께 죄를 지었다! 큰 돌 하나를 굴려오너라."

사울 왕의 명령에 따라 군사들이 힘을 합쳐 큰 돌 하나를 굴려서 가져왔다.

"소와 양을 이리로 끌고 와서, 이 돌 위에서만 잡아먹도록 하라. 누구든지 피째 고기를 먹어서 주께 죄를 지으면 안 된다!"

그 날 밤, 이스라엘 군사들은 사울 왕의 명령에 따라 약탈한 짐승들을 큰 돌 있는 데로 끌고 와 거기서 잡아먹었다. 이때 사울 왕은 주께 제단을 쌓았다. 제단을 쌓은 후 사울 왕이 말한다.

"자, 모두 음식을 배불리 먹어 기운을 차렸으니, 오늘 밤에 블레셋 군사들을 추격하여 내일 해가 뜰 때까지는 한 사람도 남기지 말고 모조리 쳐 죽이자!"

대제사장 아히야가 사울 왕에게 말한다.

"폐하, 이 일에 대해 하나님께 여쭈어보는 것이 어떨는지요?"

"좋소! 그리하시오."

아히야가 에봇 속의 우림과 둠밈으로 하나님께 여쭈었다. 그러나 아무런 응답이 내려오지 않았다. 요나단이 왕의 금식령을 어겼기 때문이다. 비록 사울 왕이 경솔하고 어리석게 맹세했어도, 어디까지나 그 맹세는 여호와의 이름으로 된 것이다. 사울 왕이 크게 흥분하며 소리친다.

"누군가 주께 죄를 범한 것이 틀림없다! 살아계신 주 앞에 맹세

▲ 우림과 둠밈으로 추정되는 두 개의 돌

하건대, 그가 누구인지 밝혀지면 내 아들 요나단이라도 필히 처형하고 말리라!"

이스라엘 군사들은 침묵했다. 요나단이 장본인이라는 것을 알았지만 모두가 침묵했다. 범인을 가리기 위해 제비뽑기가 시행되었다. 왕과 요나단은 한편에, 나머지 이스라엘 군사들은 다른 편에 섰다. 제비를 뽑자, 사울과 요나단 쪽이 뽑히고 나머지는 결백하다는 것이 밝혀졌다. 사울 왕은 당황한 기색이 역력했다. 그러나 왕의 체통을 지키며 근엄하게 말한다.

"어서 제비를 뽑아 나와 요나단 중 누가 범인인지를 최종적으로 가려라."

대제사장이 제비를 뽑으니 요나단이 걸렸다. 요나단이 사실을 숨김없이 자백하자, 그 말을 듣고 있던 사울 왕이 침통한 어조로 말한다.

"요나단, 어쩔 수 없구나. 너를 살린다면, 내 맹세를 스스로 깨뜨리는 일이 되므로 주께서 내게 천벌을 내리실 것이 아니냐."

사울 왕은 정말로 요나단을 죽이려 했다. 이는 사울이 자신의 공명심과 독선에 스스로 빠져버린 어리석은 행위다. 요나단은 사울 왕이 맹세로 발한 금식령을 일부러 어긴 것이 아니다. 그 명령을 듣지 못했기에 알지 못하고 음식물을 취했을 뿐이다. 이런 경우, 율법에 따르면 합당한 희생제물로 하나님께 속건제를 드리면 용서받을 수 있었다. 그래서 모든 군사들이 마치 자신의 일인 양 왕에게 간청한다.

"폐하, 고정하소서! 왕자님은 오늘 싸움에서 큰 전과를 올렸습니다. 왕자님의 머리카락 하나조차도 땅에 떨어뜨려선 안 됩니다. 왕자님을 죽여선 절대로 안 됩니다. 통촉하소서!"

모든 군사들이 하나같이 입을 모아 적극적으로 말렸다. 만일 요나단을 처형하면 무슨 일이라도 터질 것 같은 분위기였다. 그러자 왕도 더 이상 고집을 피울 수 없었다. 그리하여 요나단은 겨우 처형을 면했다.

그 날, 사울 왕은 이 같은 일로 인해 더 이상 블레셋 군사들을 뒤쫓지 않았다. 그러자 블레셋의 패잔병들도 목숨을 건져 자기들의 땅으로 돌아갔다. 이처럼 사울 왕의 경솔하고 어리석은 맹세는 블레셋과의 전쟁을 불완전한 반쪽 승리로 만들고 말았다.

사울 왕의 치적과 그의 가족 관계(14:47-52)

40세에 이스라엘 왕이 된 사울, 그는 이후로 사방의 적들과 크고 작은 전쟁을 치렀다. 요단강 건너 동쪽으로는 모압과 암몬, 지중해 연안의 서쪽에는 블레셋, 사해 남쪽으로는 에돔과 아말렉, 그리고 갈릴리 바다 위의 북쪽에는 아람과 소바가 사방의 적들이었다. 어찌되었건 사울은 군사적 방면에서는 탁월한 왕이었다. 그래서 전쟁을 치를 때마다 자주 이겼다. 그 결과, 사울 왕은 사방의 대적들에게서 이스라엘 영토를 지키고 백성들을 구해냈다.

사울에게는 요나단, 리스위, 말기수아라는 아들들이 있었고, 메랍과 미갈이라는 딸들이 있었다. 그의 아내는 아히마아스의 딸 아히노암이었다. 군사령관인 아브넬은 사울의 숙부인 넬의 아들이었다. 사울의 아버지 기스와 아브넬의 아버지 넬은 아비엘의 아들들이었다.

사울이 왕으로 있는 동안 이스라엘의 최대 숙적은 블레셋이었다. 당시 블레셋 군대는 강력한 철제 무기를 소유한 반면, 이스라엘은 변변한 무기조차 없었다. 그래서 사울 왕은 블레셋과의 전쟁에 대비해서 이스라엘 백성들 가운데 용감한 사람이나 힘센 사람을 발견하면 데려다가 자기 휘하에 두었다.

15
버림받은 사울

주께서 사울을 세우시고 후회하시네
악한 일 했다고 책망하는 사무엘,
약탈만 하지 말고 주께 순종해라
사울이 제멋대로라 사무엘이 우네

사울 왕이 주님의 명령을 거스르다 (15:1-9)

"주님의 명령입니다. 왕께서는 아말렉 족속을 진멸하십시오."

어느 날, 사무엘 선지자가 사울 왕을 찾아와 아말렉 족속을 진멸하라는 주님의 명을 전달했다. 광야의 약탈자인 아말렉 족속! 그들은 출애굽 직후에 이스라엘을 공격한 첫 번째 족속으로, 뒤에 처진 이스라엘 백성의 연약한 자들을 기습적으로 공격하여 막대한 손실을 입힌 자들이다. 이런 그들의 행위는 하나님의 주권에 대한 정면 도전이며 아주 비열한 짓이었다. 그래서 하나님은 아말렉 족속을 천하에서 진멸시킬 계획을 세우셨다. 그런 계획하신 때로부터 4세기가량이 흘러, 제대로 군사력을 갖춘 사울 왕에 의해 하나님은 그 계획을 실현시키고자 하신다.

뿌우우 뿌 뿌우! 사울 왕은 즉시 전쟁 나팔을 불게 하여 군사들을 들라임에 모이게 했다. 들라임은 이스라엘 남방의 국경지대에 있는 성읍으로, 아말렉 족속과의 경계 지점에 위치했다. 모여든 군사들을 점검해 보니 보병이 20만이었고, 유다 지파에서 지원한 군사들도 1만이나 되었다.

"자, 모두 나를 따르라!"

사울 왕은 군대를 이끌고 아말렉 성읍에 이르렀다. 마른 개울 골짜기에 군사들을 매복시킨 뒤, 겐 사람들에게 즉시 아말렉 성읍을 떠나라고 통보했다. 겐 사람들은 본래 아라비아 지역의 유목민들로, 출애굽 당시에 겐 사람인 호밥이 길 안내자로 이스라엘 백성들의 가나안 여정을 도운 적이 있었다. 그래서 겐 사람들에게 그 성읍에서 떠날 것을 통보한 것이다. 전갈을 받은 겐 사람들은 아말렉의 성읍에서 모두 피신했다.

사울은 겐 사람들이 떠난 것을 확인하고는 아말렉 족속을 공격했다. 하윌라 지역에서 이집트 동쪽 술 지역에 이르기까지 아말렉 족속의 모든 성읍을 공격하여 쳐부수고 아각 왕을 사로잡았다. 양 떼와 소 떼 중에서 좋은 것들과 기름진 것들을 골라 남기고, 비쩍 야위고 볼품없는 것들은 전부 죽였다. 이는 아말렉에 속한 것들은 사람이든 짐승이든 하나도 남기지 말고 모조리 없애라는 주님의 명령을 거스른 것이다.

사울이 아말렉 왕을 죽이지 않고 사로잡은 까닭은 공명심 때문이다. 포승줄에 묶인 아말렉 왕을 이스라엘 백성들 앞에 보여주는 승전 퍼레이드를 통해 자신의 공적을 과시하려 한 것이다. 또한 기름지고 살진 가축을 도륙하지 않고 남겨둔 것은 자기 재산으로 삼고자 한 탐욕 때문이다.

사울 왕이 주님께 버림받다 (15:10-35)

그때 주께서 사무엘을 불러 말씀하신다.

"사무엘아, 후회스럽구나. 사울을 이스라엘의 왕으로 세운 것이 실로 후회스럽도다. 그가 나를 등지고 나의 명령을 따르지 않는구나."

사무엘은 크게 상심하고 근심하였다. 가슴이 미어지듯 아팠다. 백성들의 요구로 왕을 세울 때, 우려했던 일이 결국 일어난 것이다. 사무엘은 밤새도록 주님 앞에 엎드려 기도하고 울고, 또 기도했다.

다음 날 이른 아침, 사울을 찾아가던 사무엘은 왕의 소식을 들었다. 사울이 아말렉을 쳐부순 뒤 갈멜로 내려가서 자신의 공적을 기념하는 승전비를 세우고 길갈로 내려갔다는 것이다. 사무엘은 황급히 발길을 돌려 길갈로 향한다.

"오, 선지자님! 주께 복 받으시길 빕니다. 아말렉 족속을 진멸하라는 주님의 명령을 내가 잘 수행하고 돌아왔습니다."

사울 왕은 기분 좋게 웃으며 사무엘을 영접했다. 그는 아말렉을 쳐부순 일로 칭찬을 들을 줄로 생각했다. 그런데 어디선가 양떼와 소떼들의 소리가 들려왔다. 소리만 들어도 한두 마리 정도가 아니라 아주 많은 수다. 사무엘은 사울 왕의 영접에는 전혀 관심이 없다는 듯 굳은 표정으로 묻는다.

"지금 내 귀에 들려오는 양 떼와 소 떼의 울음소리는 대체 무엇입니까?"

"가축들의 소리 말입니까? 아말렉 사람들에게서 취한 것들입니다. 주님께 제물로 바치려고 기름지고 살진 것들만 골라서 끌고 왔습니다. 나머지는 모조리 죽였습니다. 정말입니다. 하하하."

사울은 아무렇지도 않다는 듯 태연하게 대답했다. 하지만 그건 거짓된 핑계였다. 사무엘이 정색하며 사울을 책망한다.

"그만! 그만하시오! 왕은 아말렉 족속의 모든 것들을 남김없이 진멸하라는 주의 명령을 기억하지 못하는 것입니까? 지난밤에 주께서 내게 말씀하셨소이다!"

"그래요? 주께서 무슨 말씀을 하시던가요? 말씀해 보십시오."

"왕은 한때 스스로를 하찮고 미약하게 여겼지만 이제는 이스라엘 모든 지파의 우두머리가 되었습니다. 주께서 당신을 이스라엘의 왕으로 세우셨기 때문입니다. 그런데 이제 왕은 주님의 말씀에 불순종하고 있습니다!"

사무엘의 책망을 듣고 크게 당황한 사울, 손을 크게 내저으며 말한다.

"선지자님, 나는 분명 주님의 명령에 순종했습니다. 주께서 명하신 대로 아말렉 족속과 싸워, 그들에게서 빼앗은 양들과 소들 중에서 가장 기름지고 좋은 것들을 가져오긴 했지만, 그것은 길갈 성소에서 주님께 제물로 바치기 위한 것입니다. 대체 내가 무얼 잘못했다는 것입니까?"

사울은 억울하다는 표정을 지으며 자신의 행동에 대해 극구 변명했다. 아직도 자신이 무엇을 잘못했는지 모르고 있었다. 이런 사울을 보노라니, 그가 여호와께 버림받았다는 사실이 더욱 드러났다.

"왕이시여, 주께서 진정 좋아하시는 것이 번제물과 화목제물이겠습니까, 아니면 주님의 말씀에 전적으로 순종하는 것이겠습니까? 주님께 전적으로 순종하는 것이야말로 모든 제사보다 낫고, 주님의 말씀에 전적으로 따르는 것이 숫양의 기름보다 낫습니다. 주님을 거역하는 것은 점쟁이에게 점을 치는 것과 같은 죄악이고, 하나님의 뜻을 버리고 자기 고집을 내세우는 것은 우상숭배와 같은 죄악입니다! 왕께서 주님의 뜻을 저버리고 그분의 명령을 거역하였으니, 이제 주께서도 왕을 저버릴 것입니다. 당신은 이제 더 이상 이스라엘의 왕이 될 수 없을 것입니다."

사무엘의 말에 사울은 사태가 심각한 것을 눈치챘다. 그래서 얼른 자신의 잘못을 인정한다.

"아, 내가 그만 주님께 죄를 지었습니다. 주님의 명령을 어기고, 선지자님의 지시에 따르지 않았습니다. 나는 그저 백성들을 두려워하여 그들이 하자는 대로 따랐을 뿐입니다. 그러니 부디 나의 허물을 용서하시고, 나와 함께 나아가서 주님께 제사를 드리도록 합시다."

이 같은 사울의 태도는 자기 잘못을 진심으로 뉘우치는 참된 회개가 아니었다. 그저 군사들과 백성들 앞에서 자신의 체면 좀 세워달라는 말이었다. 사무엘은 단호하게 거절한다.

“나는 당신과 함께 갈 수 없습니다. 당신이 주님의 명령을 거역했기 때문에, 주께서도 당신을 버려 더 이상 이스라엘을 다스리지 못하게 하셨소. 그리 아시기 바랍니다.”

“아니, 아니, 왜 이러십니까? 나를 떠나지 말고 나와 함께….”

사무엘이 말을 마치고 돌아서서 떠나려 하자, 사울은 그의 옷자락을 꽉 붙잡았다. 그러자 사무엘의 옷이 북 하고 찢어졌다.

“지금 내 옷을 찢은 것처럼, 주께서도 오늘 당신에게서 이스라엘 왕국을 찢어내어 당신보다 더 자격이 있는 사람에게 넘겨주셨소. 이스라엘의 영광이신 하나님께서는 절대로 거짓말을 하시지 않고 뜻을 바꾸시지도 않습니다. 그분은 사람처럼 이랬다저랬다 변덕을 부리지 않습니다. 한번 작정하신 일은 반드시 이루시고야 마는 분입니다.”

사무엘이 사울보다 낫다고 말한 그 사람은 누굴까? 그는 후일 사울을 이어 이스라엘의 왕이 된 ‘다윗’을 가리킨다. 청천벽력 같은 사무엘의 말을 듣고 더욱 마음이 불안하고 초조해진 사울, 그는 더욱 애타는 목소리로 간청한다.

“내 죄가 큽니다. 하지만 지금은 백성들 앞에서 제발 왕의 체면을 살려주십시오. 나와 함께 가셔서, 내가 주님께 제사를 드리도록 해주십시오. 선지자님, 이렇게 부탁합니다.”

사무엘은 잠시 침묵했다. 그런 뒤 사울과 함께 길갈 성소로 올라갔다. 사무엘이 마음을 돌이켜 사울을 따라간 까닭은, 아직까지 살아있는 아말렉 왕 아각을 직접 처형하기 위해서였다. 사울이 완수하지 못한 하나님의 명령을 자신이 손수 처리해야 할 필요성을 느꼈기 때문이다.

‘흐흠, 이젠 목숨을 건질 수 있겠구나….’

아말렉 왕 아각은 자신이 종교 지도자인 사무엘에게 넘겨지는 것을 알고는 너그러운 선처를 기대했다. 하지만 착각이었다. 선지자 사무엘은 하나님의 진멸 명령을 철저히 집행하는 자였다.

“아각은 들어라! 지금껏 네 칼은 뭇 여인들에게 자식 없는 슬픔을 안겨주었다. 그러니 이제는 네 어미도 자식 없는 쓰라림을 당해야 마땅할 것이다!”

▲ 사무엘이 아말렉 왕 아각을 처형하다

이렇게 말한 뒤 사무엘은 모든 백성들이 보는 가운데 아각을 칼로 내리쳐 죽였다. 이스라엘의 오랜 원수에 대하여 하나님의 공의를 집행한 것이다. 그런 뒤에 사무엘은 고향 라마로 돌아갔고, 사울은 자신의 통치 거점인 기브아 궁전으로 돌아갔다.

사무엘은 탄식하며 기도했다. 고향집 라마에 칩거해 살면서 하나님을 등진 사울로 인해 크게 슬퍼하며 괴로워했다.

‘사울이 나를 거역하다니…. 어찌하다가 저리 되었을꼬! 주여, 이스라엘의 왕을 불쌍히 여겨주소서. 속히 주께로 돌이키게 하소서. 자신의 힘을 의지하지 말고, 오직 주님만 의지하게 하소서.’

사무엘은 왕을 위해 쉬지 않고 기도하되, 죽는 날까지 사울을 만나러 가지 않았다. 주께서도 사울을 왕으로 세우신 것을 후회하셨다. 그런데 하나님의 후회는 사람의 후회와는 본질적으로 다르다. 하나님의 후회는 자신의 어떤 행위가 잘못된 데 따른 뉘우침이나 탄식이 아니다. 다만 자신을 떠나간 인간의 불순종과 타락에 대하여 느끼는 신적인 슬픔을 의인법적으로 묘사한 것일 뿐이다.

16
기름부음을 받은 다윗

이새의 일곱 아들이 왕의 후보로 나서지만
주께서는 아무도 택하시지 않네
들에서 양치는 막내아들 다윗이 돌아오자
사무엘은 그에게 기름을 붓네

다윗이 차기 왕으로 기름부음을 받다 (16:1-13)

"오, 주님! 이를 어쩌면 좋겠습니까? 사울 왕을 어쩌면…."

사무엘이 이스라엘과 왕을 위해 눈물 흘리며 기도하고 있던 어느 날, 주님의 말씀이 사무엘에게 은밀하게 임한다.

"사무엘아, 언제까지 사울 때문에 슬퍼할 작정이냐? 나는 이미 그를 버렸노라. 그러니 너는 뿔에 기름을 가득 채운 뒤 베들레헴으로 내려가라. 내가 이새의 아들들 가운데서 왕이 될 사람을 이미 뽑아 놓았느니라."

사무엘의 귀가 번쩍 뜨였다. 사무엘은 자타가 인정하는 신생 이스라엘의 국부(國父)로서 홀로 나라 걱정을 하고 있는 줄 알았는데, 정작 하나님께서는 자신보다 더욱 이스라엘의 장래를 계획하고 있었다. 그동안 하나님은 사울을 대신하여 자신의 마음에 맞는 합당한 사람을 왕으로 세우기 위해 온 이스라엘을 샅샅이 찾고 계셨던 것이다. 힘을 얻은 사무엘, 그는 즉시 기도의 자리를 정리하고 뿔에 기름을 채운 뒤 베들레헴으로 출발했다.

"선지자님! 어찌 연락도 없이 오셨습니까? 무슨 중한 일로…?"

예고 없는 방문에 베들레헴 성읍의 장로들이 두려워하는 기색으로 사무엘을 맞았다. 선지자이며 사사의 책무를 지닌 사무엘은 주로 죄를 징치하는 일로 성읍을 방문하곤 했기 때문이다. 그래서 지레 겁먹은 것이다. 사무엘이 장로들을 안심시키며 대답한다.

"걱정하지 마시오. 나는 주께 희생제물을 바치러 온 것이오. 그러니 어서 몸을 깨끗이 씻은 뒤, 나와 함께 제사를 드리도록 합시다. 제사에는 이곳 성읍에 살고 있는 이새와 아들들도 참석시키도록 하세요!"

베들레헴의 장로들이 몸을 정결하게 한 뒤 속속 모여들었다. 이때 이새도 아들들을 데리고 함께 제사를 드리러 나왔다. 모두가 영문을 알 수 없다는 표정들이다. 이새의 아들들을 눈여겨보던 사무엘, 일단 큰아들 엘리압이 눈에 쏙 들어왔다. 용모가 준수하고 키가 훤칠했다.

'흠, 사울에게 조금도 뒤지지 않는 용모다. 그가 다음 왕이 될 자인가…?'

그때 주님의 말씀이 사무엘의 마음속에 임한다.

"사무엘아, 용모와 키로 사람을 판단하지 마라. 사람은 눈에 보이는 외모를 보지만, 나는 사람의 마음속을 들여다보느니라."

사무엘은 이새의 다른 아들들을 살펴보았다. 사무엘은 장남 엘리압에 이어 차남 아비나답, 셋째 삼마, 그리고 일곱째까지 차례대로 자기 앞으로 지나가게 했다. 하지만 그때마다 사무엘의 반응은 한결같았다. 고개를 가로저으며 아쉽다는 표정이다.

"흠, 이 아들도 주께서 뽑으신 사람이 아니오."

일곱째를 끝으로 더 이상 지나가는 사람이 없자, 사무엘이 이새에게 묻는다.

"그대의 아들들은 모두 일곱뿐이오?"

이새가 난감한 표정을 지으며 대답한다.

"여덟째, 막내아들이 아직 남아 있긴 하지만 그 아인… 아직 어린데다… 노래를 좋아하고 수금을 좋아합니다. 지금도 들판에서 수금 타면서 양 떼를 치고 있는 중입니다."

"아, 그래요? 그럼, 막내아들도 하나님 앞에 세워 봅시다."

"선지자님, 그 아인 지도자 자질이 없어 보입니다. 만나봐야…."

"그건 주님께서 결정하실 일이오!"

사무엘이 사람을 보내어 이새의 막내아들을 데려오게 했다. 막내아들이 사무엘 앞에 섰다. 양을 치다 급한 부름을 받고 한걸음에 달려왔는지 얼굴에 송송 땀방울이 맺혔다. 여린 것처럼 느껴졌지만, 자세히 보니 눈에 총기가 가득했고 용모가 잘생긴 소년이다. 그 순간, 주께서 사무엘에게 말씀하신다.

"사무엘아, 이 사람이니라! 바로 그가 내 마음에 맞는 자니라. 그러니 너는 그에게 기름을 붓도록 하여라."

"네, 주님! 주님 말씀대로 행하겠나이다."

사무엘은 기름 담긴 뿔을 가져다가 아버지와 형들이 보는 앞에서 소년에게 기름을 부었다. 그 소년의 이름은 다윗! 기름부음을 받는 그 날부터 주님의 영 곧 성령이 다윗을 강력하게 사로잡았다. 이처럼 다윗은 사람들에게 선택되기 오래전에 하나님에 의해 이미 선택받았다. 다윗에게 기름을 부은 뒤, 사무엘은 즉시 베들레헴을 떠나 고향 라마로 돌아갔다. 그 날 이후로 사무엘의 마음에서 사울은 점점 사라지고 다윗이 그 자리를 채워갔다.

이때 다윗과 그의 가족들은 기름을 붓는 사무엘의 행동이 무엇을 의미하는지 제대로 알지 못했다. 사울을 의식한 사무엘이 아무 설명도 없이 떠나버렸기 때문이다. 그래서 사람들은 다윗이 하나님의 일을 위해 어떤 특별한 역할을 맡게 될 것이라는 정도로만 이해했다. 그러기에 다윗은 평소에 하던 일을 게을리하지 않았다. 아버지의 양떼를 돌보는 중에 수금과 하프를 켜곤 했다. 또한 사나운 들짐승들로부터 양떼를 지키기 위해 늘상 돌팔매 던지는 연습을 하면서 놀았다.

다윗이 사울 왕의 궁중 악사가 되다 (16:14-23)

"아악! 악! 으아악!"

사울 왕의 비명이다. 주께서 주의 영(성령)을 거두어가시자, 악령이 사울을 사로잡았다. 악령에게 사로잡힐 때면, 사울은 미친 사람처럼 고래고래 고함지르며 괴로워했다. 우울증이나 피해망상, 또는 강박증 같은 증세였다. 어느 날, 사울이 어느 정도 맑은 정신 상태에 있을 때 신하들이 진언한다.

"폐하, 수금 소리가 정신을 맑게 한다고 합니다. 그러니 수금 잘 켜는 자를 데려와 수금을 타게 하시면, 기분이 한결 좋아지실 것입니다."

수금은 소리통 본체에서 뻗은 두 개의 가지 위쪽 끝에 가로대를 매고, 본체와 현을 이어 만든 악기로, 히브리 사회에서 가장 오래된 현악기다. 현은 주로 양의 창자로 만들었는데, 보통 7현으로 이루어졌지만 때로는 음역 확대를 위해 30현까지 만들기도 했다. 신하의 말에 사울 왕이 말한다.

"그래? 그거 좋은 생각이다. 당장 수금 연주자를 내게로 데려오라."

왕의 말에 시종장은 베들레헴 성읍에 수금을 아주 잘 켜는 소년이 있다고 아뢰고, 왕의 허락을 받은 시종들이 베들레헴으로 달려간다.

"아, 아니? 이게 무슨 일입니까?"

왕궁에서 신하들이 들이닥치자 이새는 당황했다. 며칠 전에는 사무엘이 다윗의 머리에 기름을 붓더니, 이젠 또 난데없이 왕의 호출을 받았기 때문이다. 이런 일들이 도대체 좋은 일인지 나쁜 일인지 분간할 수가 없었다. 조용했던 이새의 집안은 흥분과 두려움이 교차했다.

▲ 사울 왕 앞에서 수금을 켜는 다윗

이새는 나귀에 빵과 포도주 한 가죽부대와 숫염소 새끼 한 마리를 딸려서 다윗을 왕궁으로 보냈다. 왕궁의 부름을 받고 집을 떠나는 막내를 바라보는 이새의 마음은 못내 착잡하다. 뭔가 불길한 예감이 든다. 사울 왕이 악신에 걸렸다는 소문을 들었기 때문이다.

다윗은 베들레헴을 떠나 기브아 왕궁으로 갔다. 기브아는 베들레헴에서 북쪽으로 10km가량 떨어진 지점에 위치해 있다. 소년을 보는 순간, 사울은 한눈에 그가 좋아졌다. 맑고 청명한 눈매는 아직 때가 묻지 않았다. 순수했다. 붉은 얼굴은 타오르는 건강을 보여주었다. 그때는 악신이 사울에게서 일시적으로 나가 있던 상태였기에, 사울 역시 옛날의 총명을 회복했다.

"그래, 네 이름이 무엇이더냐?"

"다윗이라 하옵니다."

"다윗? 이름이 좋구나! 그래, 네 수금 연주를 한번 들어보자!"

왕의 명령에 따라 다윗은 수금을 켠다. 다윗이 켰던 수금, 그것은 오늘날 '하프'에 해당한다. 아름다운 음색, 섬세한 표현을 특징으로 하는 하프는 예나 지금이나 심금을 울린다.

사울 왕은 눈을 지그시 감은 채 흐뭇한 모습을 짓는다. 왕 앞에서 조심스레 수금을 켰던 시골 소년 다윗, 왕의 칭찬을 듣고 미소를 짓는다. 그런 다윗을 바라보는 왕의 얼굴에 따스함이 깃들어 있다.

"얘야, 오늘부터 내 옆에 있는 것이 어떠냐? 나를 위해 수금을 켜고 내 무기를 들고 다니는 호위병이 되도록 하라!"

"성은이 망극하옵니다, 폐하!"

다윗은 졸지에 궁중악사가 되었다. 자신이 돌보던 양들이 걱정되었지만 왕의 명령을 거역할 수 없었다. 사무엘에게서 기름부음 받은 이후, 다윗의 머릿속에는 자신의 장래에 대해 많은 생각들이 오갔다. 그러던 차에 왕에게서 궁중악사 임명을 받으니 하나님의 계획이 더 구체적으로 드러나는 것 같은 느낌을 받았다.

다윗은 궁중악사 겸 왕의 무기를 들고 다니는 자가 되었다. 고대에는 왕이나 군대장관 등 주요 지휘관 밑에는 무기를 관리하는 사람이 따로 있었다. 가장 신뢰받는 유능한 인물이 그런 임무를 맡았다.

사울 왕은 감정의 기복이 심했다. 신하들은 왕의 충동적인 변덕에 애를 많이 먹었다. 왕이 악신에 들려 발악할 때마다 다윗은 부랴부랴 수금을 연주했다. 그러면 맑고 청아한 소리가 궁궐에 가득 울려 퍼졌다.

다윗이 수금을 타면, 거짓말같이 사울에게서 악한 영이 떠나가고 그의 머리가 상쾌하게 맑아졌다. 여호와의 영에 크게 감동된 다윗의 수금 연주, 그것이 일시적이나마 사울에게서 악령을 떠나가게 했던 것이다.

17

다윗과 골리앗

블레셋의 거인 골리앗이 나타나
주를 모독하는 말을 하지만 아무도 나서지 않자
조약돌 다섯 개와 무릿매를 든 다윗이
골리앗을 물리치겠다고 나서네

블레셋의 거인 장수 골리앗이 이스라엘을 모욕하다 (17:1-11)

뿌우! 뿌우우! 뿌!

전쟁 나팔이 요란스럽게 울렸다. 블레셋이 또 다시 이스라엘을 침공한 것이다. 블레셋 지도자들은 전 병력을 이끌고 이스라엘을 침공, 유다의 소고 지역에 군대를 집결시킨 후에 소고와 아세가 사이의 에베스담밈에 진을 쳤다. 소고는 예루살렘 서쪽 22km 지점에 있는 유다 지파의 성읍이다. 그리고 블레셋 군대가 진영을 이룬 에베스담밈은 소고 북동쪽 2.5km 지점에 있다.

"어휴, 블레셋이 또 침공하다니! 대체 저 놈들은 왜 우리를 못 잡아먹어 안달인지 모르겠네! 지겹다, 지겨워!"

사울 왕의 소집령에 투덜대며 이스라엘 군사들이 모여들었다. 그런 군사들을 이끌고, 이스라엘의 사울 왕도 엘라 골짜기에 진을 치고 맞서 싸울 준비를 했다. 엘라 골짜기는 예루살렘 서남쪽 23km 지점에 위치해 있다. 골짜기를 사이에 두고 블레셋 군대가 한쪽 언덕을 차지하고, 이스라엘 군대가 맞은편 언덕을 차지하고 있었다.

"와! 저런 무시무시한 거인이 실제로 있다니!"

이스라엘 군사들은 놀라서 벌린 입을 다물지 못한다. 블레셋의 거인 장수 골리앗 때문이다. 그는 가드 출신으로, 키가 얼마나 큰지 여섯 규빗(270cm)하고도 한 뼘(13cm)이 더 있었다. 머리에는 커다란 청동 투구요, 5천 세겔(대략 57.5kg)이나 되는 청동비늘 갑옷으로 무장하고 있었다. 다리에는 청동 각반을 차고, 어깨에는 청동으로 만든 창을 메고 있었다. 손에는 베틀의 용두머리만큼 굵은 창자루가 들려 있었는데, 창날은 600세겔(대략 7kg)이나 되는 쇠로 만들어져 있었다. 호위병 한 사람이 큰 방패를 들고 따라다녔다.

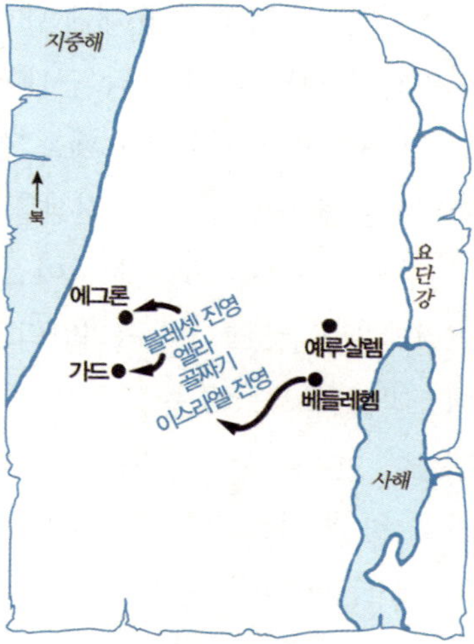

▲ 다윗과 골리앗의 싸움

이렇게 골리앗은 특출하게 장대한 자였다. 누구도 감히 그와 맞서 싸울 상대가 없어 보였다. 그러했기에 블레셋 군사들은 골리앗을 믿고 의기양양했다. 큰 방패 든 자를 앞세우고 이스라엘 진영 앞으로 뚜벅뚜벅 걸어 나온 골리앗, 그는 거대한 신상처럼 떡 버티고 선 채로 이스라엘 군사들을 향해 크게 소리친다.

"핫핫핫! 가소로운 놈들! 너희들 중 싸울 만한 사람을 한 놈 골라서 내게로 보내라! 만일 그자가 나를 쳐 죽인다면, 우리 모두가 너희 종이 되겠다! 그러나 내가 이겨서 그를 쳐 죽이면, 너희가 우리 종이 되어 우리를 섬겨야 한다. 그리 하겠느냐? 으핫핫핫!"

골리앗은 이스라엘 군대에 대해 일대일 싸움을 제안한다. 고대에는 전면적인 전투 대신에 각 군대의 최고 용사를 통해 일대일로 싸워 그 결과에 따라 전쟁의 승패를 결정짓기도 했다. 그러한 전투 방식의 이면에는 승자의 신이 그 전쟁을 주관한다는 생각이 전제되어 있었다.

이런 의미에서 골리앗은 이스라엘의 신 여호와를 모욕한 것이다. 그런데 문제는, 그러한 골리앗의 모욕적인 도전을 받고서도 사울 왕과 이스라엘 군사들이 침묵을 지킨 것이다. 이는 하나님께 대한 그들의 믿음이 얼마나 부족한지를 여실히 보여준다. 골리앗의 거센 도전 앞에 사울 왕과 이스라엘 군사들은 겁에 질려 벌벌 떨고만 있다.

"저자는 사람이 아니다. 저런 괴물을 대체 누가 이길 수 있단 말인가!"

이스라엘 진영에 도착한 다윗이 골리앗에게 도전하다(17:12-39)

블레셋 군대가 침공할 당시, 다윗은 베들레헴에서 양떼를 돌보고 있었다. 수금 타는 궁중악사로 사울 왕을 시중들고 있었지만, 왕이 회복되면 집으로 돌아가 있곤 했다. 때에 다윗의 형들인 엘리압, 아비나답, 삼마는 소집령에 응해 전쟁터에 출정 중이었다. 그때 다윗은 나이가 17세 안팎 정도여서, 전쟁터에 나가지 않았다.

"뭣들 하는 게냐! 이 겁쟁이들아! 아직도 나와 싸울 놈이 없는 것이냐!"

골리앗은 아침저녁으로 온갖 조롱을 퍼붓고 화를 돋우면서 싸움을 걸어왔다. 그런 날들이 40일이나 계속되었다. 하루는 아버지 이새가 다윗에게 심부름을 시켰다. 전쟁터에 나가 있는 형들에게 음식물을 전달하고 오라는 것이었다. 심부름 차 전쟁터로 달려간 다윗, 오랜만에 형들을 만나 집안 소식을 들려주고 또 형들의 안부를 물으며 이런저런 이야기를 나누고 있었다. 그때였다!

"으핫핫핫! 겁쟁이 이스라엘 놈들아, 너희의 신도 그렇게도 무능한 것이냐? 나 하나 감당 못하는 겁쟁이더냐? 왜 아직까지 나와 싸울 놈이

나오지 않는 것이냐? 나와 싸울 용기가 정 없다면, 얼른 항복하고 우리의 종이 되어라! 핫핫핫!"

거인 골리앗이 늘 하던 대로 이스라엘의 신을 모욕하며 사울 왕과 그의 군사들을 멸시하는 말을 마구 내뱉었다.

'아니, 저 덩치가 무슨 말을 저렇게 지껄인단 말인가!'

소년 다윗도 그 소리를 들었다. 그런데 이스라엘 군사들은 골리앗의 도발에 잔뜩 겁을 집어먹고는 모두가 멀찌감치 물러나 있었다. 사태가 다급하자, 사울 왕은 골리앗을 죽이는 자를 위해 상급을 내걸었다.

첫째, 많은 재물을 하사함. 둘째, 자신의 딸을 주어 왕의 사위로 삼음. 셋째, 그의 가족에 대하여 세금(징집과 부역도 포함)을 면제함.

그러나, 사울 왕의 파격적인 상급 약속에도 40일이 지나도록 누구도 골리앗과 싸우겠다고 나서는 사람이 없었다. 도대체 엄두가 나지 않았기 때문이다. 골리앗의 거대한 풍채를 보고 이스라엘 군사들이 얼마나 그를 두려워했는지 잘 알 수 있다. 때에 이 모든 말을 전해들은 다윗, 곁에 서 있는 군사들에게 말한다.

"아니, 저 할례 받지 못한 블레셋 사람이 우리 하나님 여호와와 여호와의 군대를 감히 조롱하는데, 왜 모두들 가만히 있는 것입니까?"

아브라함 시대 이래로, 이스라엘 백성들에게 있어 할례(割禮)는 하나님의 선민임을 나타내는 언약의 증표였다. 따라서 '할례 받지 않은 자'라는 말은, 오늘날 소위 말하는 포경수술을 했느냐 안 했느냐의 의미가 아니라, 그자가 하나님과의 언약 관계 하에 있지 않은, 이른바 우상을 섬기는 '이방 사람'이라는 의미다.

"다윗! 그만둬! 넌 곧장 집으로 돌아갈 일이지, 주제도 모르고 날뛰다니 건방을 떠는구나! 넌 지금 싸움판을 구경하러 온 거지? 이게 장난으로 보여? 당장 집으로 돌아갓!"

다윗의 말을 들은 맏형 엘리압, 그는 필요 이상으로 화를 내며 다윗을 꾸짖었다. 아마도 이전에 사무엘이 집안 장자인 자신을 제쳐두고 막내인 다윗에게 기름을 부은 일로 심사가 뒤틀려 있었는지도 모른다. 그러자 다윗은 조금도 기죽지 않고 형들과 주변에 있는 군사들에게 말한다.

"아니에요, 내가 저 할례 받지 못한 블레셋 거인과 싸워 그를 쳐죽이겠어요! 더 이상 그가 우리 주 하나님을 조롱하고 이스라엘을 모욕하는 행태를 보고 있을 수가 없어요!"

"너, 너, 다윗, 정말!"

형들은 어이없어 하며 깜짝 놀랐다. 그런데 입 밖으로 나간 다윗의 말이 바람처럼 퍼져 갔다. 사울 왕에게까지 즉시 보고되었다. 40일 동안 날마다 골리앗의 모욕적인 도전을 받고서도 전전긍긍 궁지에 몰려 있던 싸움판에 선뜻 나서겠다는 용사가 나타나자 사울 왕이 금방 불러들였다.

"어? 다윗! 너냐? 네가 정말 블레셋 장수와 싸우겠다고 말했느냐?"

"네, 폐하, 저 블레셋 사람 때문에 사기를 잃어선 결코 안 됩니다. 저를 보내주십시오. 제가 저자와 싸워 그를 쓰러뜨리겠습니다!"

"아하, 네 용기는 가상하다만, 어찌 저 거인과 맞붙을 수 있겠느냐? 넌 아직 너무 어려."

누군가 큰 용사를 기대했다가 다윗인 줄 알고는 사울 왕이 실망하며 점잖게 타이른다. 그래도 다윗은 뜻을 굽히지 않고 더욱 자신 있게 주장한다. 그 모습이 소년답지 않게 아주 당당하다.

"폐하, 저는 어려서부터 베들레헴 들판에서 아버지의 양떼를 지켜왔습니다. 사자나 곰이 나타나 양을 물어 가면, 저는 당장 추격해서 그 짐승을 쓰러뜨리고 그 입에서 양을 구했습니다. 맹수가 덤벼들면 그 머리채를 붙잡고 때려죽이기도 했습니다. 그러니 저깟 골리앗도 제겐 조금도 무섭지 않습니다!"

"흐음…. 그래?"

"그렇습니다. 저 할례 받지 못한 블레셋 놈은 살아계신 우리 주 하나님의 군대를 계속 조롱하고 모욕했습니다. 주께서 저를 사자의 발톱과 곰의 발톱으로부터 구해주셨으니, 틀림없이 저 블레셋 사람의 손에서도 구해주실 것입니다. 당장 절 보내주십시오! 반드시 저자를 쳐 죽이고, 하나님의 영광과 이스라엘의 명예를 회복하겠습니다!"

참으로 당찼다. 다윗은 자신의 경험을 거짓 없이 말했기에 그의 말에는 힘이 있었고 확신으로 가득 찼다. 그제야 사울 왕도 자세를 고쳐 앉으며 다윗에게 진지하게 말한다.

"그래? 참으로 당차고 용감한 소년이로다. 그렇다면 한번 나가서 저 블레셋 장수와 싸워보도록 하라. 부디 주께서 너와 함께 하시길 빈다."

그러면서 사울 왕은 자기 군복을 다윗에게 입혀 주었다. 갑옷을 입혀 주고, 청동 투구를 씌워 주었다. 왕의 군복을 입은 다윗은 허리에다 왕의 칼을 차고 몇 걸음을 걸어보았다. 제대로 걸을 수 없었다. 군복이 너무 컸고, 무기도 무겁고 거추장스러웠다.

"폐하! 너무 무거워 이대로는 도무지 걸을 수조차 없습니다. 제가 사자와 곰과 싸울 때처럼 늘 하던 대로 하겠습니다."

다윗은 무겁고 거추장스러운 군복을 벗고 무기를 다 내려놓았다. 다윗의 활약을 기대하는 사람은 단 한 명도 없었다. 다윗 역시 누구의 기대도 바라지 않았다. 오직 하나님만 바라보고 의지할 뿐이었다.

다윗이 무릿매와 돌로 골리앗을 쳐 죽이다(17:40-58)

'음, 이게 좋겠군! 그래, 이 정도면 쓰러뜨릴 수 있을 거야!'

다윗은 냇가에서 다섯 개의 조약돌을 신중하게 골랐다. 그런 뒤 양치기가 메고 다니는 자루 속에 그것들을 집어넣은 다음, 손에 무릿매를 들고 블레셋 거인 앞으로 당당하게 나아갔다.

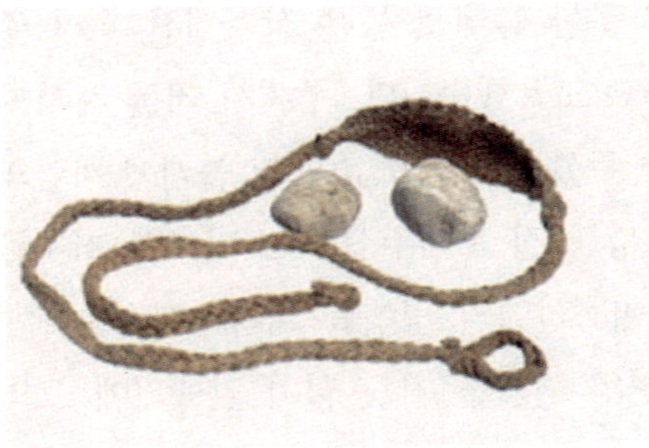

▲ 성경시대의 무릿매와 돌

투석기의 일종인 무릿매, 사실 그것은 치명적인 무기다. 양가죽으로 된 무릿매는 돌을 넣을 수 있도록 가운데 부분이 넓게 엮어져 있고, 염소 털로 짠 두 개의 튼튼한 끈을 가지고 있었다. 그것을 빙빙 힘차게 돌리다가 최고조에 이르렀을 때 두 개의 끈들 중 한 끈을 놓는다. 그러면 그 돌이 마치 총알처럼 목표물을 향해 힘차게 날아갔다. 그래서 사사 시대에 베냐민 지파에는 오직 무릿매로만 무장한 왼손잡이 병사 700명의 부대가 있었다.

"아니, 저거 뭐야? 웬 꼬맹이?"

골리앗은 실로 어이가 없다는 듯 코웃음을 친다. 이스라엘 진영의 대표라고 내세운 자가 기껏 소년 병사라니! 아직 어린 티가 남아 있는, 얼굴이 불그스름하고 잘 생긴 소년이라니! 골리앗은 호통부터 친다.

"이런 싸가지 없는 놈! 기껏 막대기를 가지고 설치다니! 이 철부지 놈아, 지금 네가 나를 개로 여기는 것이냐? 이걸 그냥 확!"

골리앗은 블레셋 신들의 이름으로 다윗에게 저주를 퍼부으며 계속 말한다.

"오냐, 어서 내 앞으로 와라! 하룻강아지 범 무서운 줄 모른다더니! 어리다고 봐줄 줄 아느냐? 나를 모욕한 대가로 네 살점을 뜯어 공중의 새와 들짐승의 밥으로 주마!"

9척 장신의 골리앗은 쩌렁쩌렁한 목소리로 소년 다윗을 겁박했다. 그러나 다윗은 조금도 겁먹은 기색 없이 당당하게 대답한다.

"골리앗, 너는 칼과 창과 단창을 의지하고 나왔다! 하지만 나는 전능하신 여호와, 네가 모욕한 이스라엘 군대의 하나님을 의지하여 그 이름으로 네게 나간다!"

골리앗이 다윗에게 그랬듯이, 다윗도 자신이 섬기는 신의 이름으로 응수했다. 고대 세계에서 전쟁은 단순히 개인과 개인, 또는 국가와 국가 간의 싸움만으로 보지 않았다. 각자가 섬기고 숭배하는 신(神)의 대결로 보았다. 따라서 전쟁에서 승리하는 쪽의 신이 상대방의 신보다 더욱 우세하고 능력 있는 신으로 간주되었다.

다윗은 골리앗과의 싸움을 사람 대 사람이 싸우는 힘의 대결로 보지 않았다. 참 신과 거짓 신의 대결로 보았다. 그래서 다윗은 사울 왕이나 다른 이스라엘 군사들과는 전혀 다른 자세로 임했다. 이것이 불가능한 것처럼 보이는 일에 과감히 도전하고, 또한 모든 두려움을 쫓아내는 비결이다.

다윗은 조금도 꿀리지 않고 당당하게 말하면서 골리앗의 허점을 예리하게 관찰한다. 당연히 골리앗은 엄청난 거구(巨軀)다. 거구는 골리앗의 최대 강점이다. 하지만 그의 거대한 몸은 온통 무거운 쇳덩이 갑옷으로 채워져 있다. 그런 모습에서 다윗은 단박에 골리앗의 최대 약점을 알아차린다.

▲ 다윗과 골리앗 (오스마 쉰들러 작)

'아하! 저놈은 너무 무거운 갑옷을 입었기에 기동력이 전혀 없구나. 그러니 도리

어 물맷돌로 맞히기엔 과녁이 넓고 커서 더 좋은 조건이 된다….'

그렇다. 골리앗은 대단한 장수처럼 보이지만, 알고 보면 싸움을 모르는 자다. 큰 칼과 무거운 갑옷은 상대방을 겁먹게 할 수는 있겠지만, 정작 싸움에서는 방해물이 된다. 상대방이 겁을 먹어주면 그의 기를 꺾어놓는 무기가 되지만, 상대방이 겁을 먹지 않으면 그냥 무기 패션쇼에 불과할 뿐이다.

골리앗은 그의 무거운 군복과 무기로 움직임이 둔했다. 당연히 기동력과 공격성은 떨어질 수밖에 없다. 방패 든 자가 골리앗 앞에 섰다는 것은, 장수 앞에 그런 배치가 늘 있는 일이긴 하지만, 어쨌든 그만큼 둔중하고 신속성이 떨어진다는 증거였다.

골리앗은 다윗의 도전적인 말을 더 이상 듣지 못하겠다는 듯 버럭 화를 내며 공격 태세를 취하면서도, 앞으로 냅다 달려오지는 못했다.

고대 군대에는 세 종류의 군인이 있다. 말을 타거나 병거를 타고 달리는 기병, 갑옷과 창과 칼을 들고 전진하거나 뛰는 보병, 궁수와 투석의 포병. 골리앗의 병과(兵科)는 보병이고, 다윗은 포병이라 할 수 있다. 포병은 투석질로 싸워야 한다.

사울 왕은 다윗을 내보내면서 자기 군복을 입혀 주려고 했었다. 골리앗이 보병이니까 너도 보병으로 싸우라는 뜻이었다. 그러나 다윗은 상대방의 강점과 자기 약점을 알았고, 또한 상대방의 약점과 자기 강점을 알았다. 상대방의 강점은 창과 칼로는 뚫을 수 없는 갑옷이다. 그때까지 다윗은 칼을 제대로 써본 적이 없었다. 그러니 골리앗에 맞서 칼로 싸우는 것은 어리석은 일이다.

다윗의 강점은 포병, 즉 투석(投石)이다. 투석은 가까이 가면 안 된다. "날 잡아봐라!" 하고 상대방을 놀려야 하고, 그러면서도 잡히지 않고 흥분시켜야 상대방이 허점을 노출시키게 된다. 그래서 다윗은 살살 약을 올린다.

"이 덩치야! 오늘 주께서는 너를 내 손에 넘겨주실 것이다. 그래서 나는 너를 쳐 죽이고 네 목을 벨 것이다. 블레셋 군사들의 시체도 공중의 새와 들짐승에게 밥으로 주겠다. 그러면 온 세상 사람들이 이스라엘의 주 하나님께서 살아계신 것을 똑똑히 알게 될 것이다. 오늘 주께서 직접 싸우셔서 너희 블레셋을 몽땅 우리 손에 넘겨주실 것이다. 자, 덤벼라!"

다윗의 말에 골리앗이 크게 흥분했다. 얼굴이 붉으락푸르락 시뻘겋게 달아올랐다. 길길이 날뛰며 공격 태세를 취한다.

"닥쳐랏, 내 너를 갈기갈기 찢어 죽이리라! 요 건방진 놈!"

드디어 골리앗이 큰 칼을 휙휙 휘두르며 다가왔다. 커다란 과녁이 다윗 가까이로 다가오고 있었다. 한 마리 거대한 곰처럼 보였다. 다윗은 그동안 무릿매로 곰을 많이 맞혀 죽였다.

"주여, 제가 던지는 물맷돌이 빗나가지 않게 하소서! 오늘 제가 던지는 이 물맷돌로 주님의 크신 권능을 드러내소서!"

다윗은 속으로 기도하며 골리앗과 맞서 싸우려고 앞으로 달려 나갔다. 달려 나가면서 자루에서 돌멩이를 꺼내 무릿매에 넣은 다음 힘차게 빙빙 돌렸다. 무릿매를 여러 차례 휙휙 돌려 그 힘이 최고조에 이르렀을 때, 마침내 한쪽 끈을 탁 놓았다. 무릿매를 떠난 성난 돌멩이가 바람을 세차게 가르며 골리앗을 향해 쭉쭉 날아갔다.

'딱!' 하는 소리와 함께 세차게 날아간 돌멩이가 골리앗의 이마 중앙 곧 미간 위에 정통으로 맞았다. 졸지에 주먹만한 돌멩이를 이마 중앙에 정통으로 맞은 골리앗, 그는 단말마의 신음소리를 내며 앞으로 푹 고꾸라졌다. 톱질 당한 큰 나무가 우지직 넘어지듯, 거대한 덩치가 산처럼 무너졌다. 주변 땅이 크게 진동했다.

"뭐, 뭐··· 저, 저··· 저런 일이?"

너무도 싱겁게 끝난 싸움이었다. 모든 이들의 예상을 뒤엎은 반전이었

▲ 골리앗을 쓰러뜨린 다윗 (기욤 쿠르투아 작)

다! 양쪽 진영의 군사들은 벌린 입을 다물지 못했다. 모두가 잠시 넋을 놓았다. 다윗의 일방적인 승리였다.

오늘날 성서 고고학자들은 그 당시의 싸움터 주변에서 물맷돌이 될 만한 돌들을 발견했다. 그것의 크기는 직경 5-7cm가량으로 테니스공이나 야구공만한 것이었다. 이만한 크기의 단단한 돌이 매우 빠른 속도로 날아가 사람의 이마 중앙에 정통으로 맞을 경우, 아무리 장대한 거인이라도 푹 거꾸러질 수밖에 없다. 최소한 기절할 수밖에 없다.

다윗은 기회를 놓치지 않고 쏜살같이 달려가 쓰러진 골리앗을 발로 밟고 선 뒤, 그의 칼집에서 칼을 뽑아 골리앗의 목을 잘랐다. 고대 전쟁에서 적장을 죽이면, 그의 머리를 베어 승전의 기념물로 왕에게 바치는 것은 보편적인 관례였다.

"와! 와! 골리앗이 죽었다! 다윗이 이겼다! 이스라엘 만세!"

다윗이 적장 골리앗의 머리를 베어 높이 들어 올리자, 이스라엘 진영에서 승리의 환호성이 크게 터져 나왔다. 반면, 블레셋 진영의 군사들은 철석같이 믿은 골리앗이 허무하게 죽임당한 모습을 보자, 사기가 왕창 꺾여 모두가 창칼을 버리고 달아나기 시작했다. 사울의 군사들은 추격했다. 가드 입구와 에그론 성문에 이르기까지 계속 추격하면서 블레셋 군사들을 닥치는 대로 쳐 죽였다. 엘라 골짜기에서 치른 그 날의 전쟁은 이스라엘의 대승으로 마무리되었다.

다윗은 골리앗의 머리를 예루살렘으로 가져갔고, 골리앗이 쓰던 무기는 자신의 장막에 간직해두었다. 이처럼 다윗이 골리앗의 칼을 고향집에 가져다둔 것은, 승리가 불가능하게 보이는 상황에서 큰 승리를 가져다주신 하나님의 도우심을 기억하기 위한 기념물로 삼기 위해서였다. 이후에 골리앗의 칼은 여호와의 성막에 기증되었다.

한편, 군사령관 아브넬이 막 싸움을 마친 소년 다윗을 데리고 사울 왕에게로 나아갔을 때(그때 다윗의 손에는 골리앗의 머리가 들려 있었다), 사울 왕이 다윗에게 물었다.

"참으로 장하다! 그래, 네 아버지는 누구냐?"

사울이 이렇게 물은 것은 다윗을 몰라서가 아니었다. 자신의 병을 치유해 주는 궁중 악사이자 자신의 무기 드는 자가 아닌가. 출전하기 전에도 서로 이야기를 나누었지 않은가. 이때 사울은 다윗에게 어느 지파, 어느 가문 소속이고, 어떤 신분인지를 물은 것이다.

"네, 저는 베들레헴 성읍에 살고 있는 유다 지파 소속인 이새의 아들입니다."

"유다 지파 소속의 이새의 아들?"

유다 지파라면…? 일찍이 야곱과 모세의 예언에 따르면 장차 왕이 나올 지파가 아닌가! 순간, 사울은 막연한 불안감을 느낀다. 강박증이 재발한 것인가? 도대체 이 불안감의 정체는 무얼까. 소년 다윗을 바라보는 사울 왕의 눈빛이 예사롭지 않다.

18

다윗과 요나단

골리앗을 죽인 후 다윗이 왕궁에 살게 되자
왕자 요나단은 다윗을 사랑하여
자신의 겉옷을 벗어주고
칼과 활에 허리띠까지 주네

다윗과 요나단의 뜨겁고 순수한 우정(18:1-9)

'다윗이라… 참으로 뜨겁고도 순수한 신앙을 가진 자로구나….'

다윗이 블레셋의 거인 장수 골리앗을 죽인 뒤, 사울 왕의 아들인 요나단 왕자는 혜성처럼 나타난 소년 영웅에게 저절로 마음이 끌렸다. 시간이 지날수록 더욱 가까워져서 요나단은 다윗을 자기 목숨처럼 아끼고 사랑하게 되었다. 다윗 역시 신앙심 깊고 신실한 요나단을 친형처럼 따르고 존경하며 좋아했다. 신분과 나이의 차이를 초월하여, 둘 사이에 뜨겁고 순수한 우정이 깊이 뿌리내렸다.

"다윗, 너는 이제부터 내 곁에 머물며 왕궁에서 살도록 하여라."

다윗이 골리앗을 쳐 죽인 날 이후로 사울 왕은 다윗을 집으로 돌려보내지 않고 왕궁에 붙잡아두었다.

요나단은 왕위를 이을 고귀한 왕세자 신분이었음에도 불구하고 베들레헴 목동 신분인 다윗을 아무런 격의 없이 형제처럼 신실하게 대했다.

어느 날, 요나단은 자신이 입고 있던 겉옷을 벗어서 다윗에게 주고, 칼과 활과 허리띠도 기꺼이 건네주었다.

왕궁의 신하들 사이에서 다윗에 대한 칭송이 자자했다.

"다윗이 어쩌다 우연히 골리앗을 이긴 줄 알았더니, 가만 지켜보니 그게 아니더만! 여러 면에서 다윗은 참으로 대단한 인물이야! 앞으로 나라를 위해 큰일을 할 사람이야!"

다윗은 왕이 시키는 일마다 실수나 착오 없이 아주 깔끔하게 성공적으로 수행했다. 또한 군사를 이끌고 나가서 대적과 싸울 때마다 연전연승, 그야말로 백전백승이었다.

사울 왕은 그런 다윗을 신임하여 군대의 높은 자리에 앉혔다. 자리에 어울리지 않게 나이가 어린 셈이었지만 그의 공적이 워낙 특출했으므로 불평불만을 제기하는 사람은 아무도 없었다. 도리어 백성들은 물론이고, 신하들도 마땅히 수긍했고 기뻐했다.

그런데, 심각한 문제가 생겼다. 다윗에 대한 사울 왕의 신임과 사랑이 언젠가부터 질투와 미움으로 바뀌기 시작한 것이다.

다윗이 골리앗을 쳐 죽이고 돌아올 때였다. 이스라엘 여인들이 거리에 쏟아져 나와 이스라엘의 승전을 대대적으로 환영해 주었다. 여인들은 탬버린과 트라이앵글과 꽹과리를 들고 나와 즐겁게 노래하고 춤을 추며 이렇게 노래했다.

"사울이 죽인 자들은 천천이요,
다윗이 죽인 자들은 만만이로다!"

이스라엘 왕 사울은 수천 명의 블레셋 군사들을 죽인 반면, 소년 다윗은 그 열 배인 수만 명을 죽였다는 내용이다. 그러니까 사울이 세운 공적보다 다윗이 세운 공적이 훨씬 크다는 뜻이다.

'뭐라? 나는 천천, 다윗은 만만? 아니, 이럴 수가! 이스라엘의 왕인 나를 감히 어린 다윗과 비교하다니!'

여인들의 노랫소리를 듣고, 사울 왕은 기분이 몹시 상했다. 이때부터 사울 왕은 질투와 미움과 의심에 가득 찬 눈으로 다윗을 바라보게 되었다. 자신의 왕권을 노리는 강력한 정적(政敵)으로 다윗을 보기 시작한 것이다. 이런 경향은 그의 강박증과 우울증이 상승효과를 일으켜 날이 갈수록 심해져 갔다.

사울 왕이 다윗을 시기하여 그를 죽이려 하다 (18:10-30)

다음 날, 사울 왕은 갑자기 악령에 사로잡혀 고래고래 소리치며 날뛰었다. 신하들은 서둘러 다윗을 찾았고, 다윗은 급히 수금을 타기 시작했다. 그런데 그 날은 수금이 별 효과를 나타내지 못했다. 때에 사울 왕의 손에는 창이 쥐어져 있었다.

"네 이놈, 다윗! 네가 감히 나를 죽이려 하다니! 내가 네 놈을 벽에

▲ 악령에 사로잡혀 다윗을 죽이려 하는 사울 왕

박아버리고 말 테다! 에잇, 받아랏!"

사울 왕은 정말로 다윗을 벽에 박으려고 그를 향해 힘껏 창을 던졌다. 단순히 위협하는 것이 아니라 진짜로 죽이고 말 기세였다.

"아, 폐하! 어찌 이러시는 것입니까? 고정하옵소서!"

다윗은 잽싸게 몸을 움직여 두 번이나 창을 피한 뒤 겨우 그 자리를 벗어났다. 시간이 흐르자, 사울 왕의 광기는 진정되었고 언제 그랬냐는 듯이 다윗을 아주 살갑게 대했다.

신하들은 사울의 광기 뒤에 숨어 있는 무서운 질투심과 증오심을 눈치 채지 못했다. 사울은 다윗을 자기 옆에 두고 보는 것이 공연히 싫었다. 그래서 다윗을 군대의 천부장으로 임명하여 멀리 떠나보냈다. 천부장은 수하에 천 명의 부하를 거느린 고위급 지휘관이다.

다윗이 어디를 가든 주께서 그와 함께 하셨기에, 다윗의 모든 일이 형통했고 싸움마다 승리했다. 그래서 온 백성들은 더욱더 다윗을 사랑했다. 하지만 사울만은 심기가 편치 못했다. 다윗이 전쟁에서 이길 때마다 다윗의 인기는 더욱 치솟았다. 그런 것을 볼 때마다 사울은 시기심이 발동하여 다윗을 더욱 미워했다. 앞서 사무엘은 불순종한 왕에게 폐위를 선언하면서 주께서 사울보다 더 나은 사람에게 나라를 넘겨주실 것이라고 선언하지 않았던가.

'그래, 더 크기 전에 싹을 자르자!'

마침내 사울 왕은 다윗을 죽일 계교를 꾸민다. 앞서 골리앗을 죽인 자는 자신의 사위로 삼겠다고 했던 명령을 꺼내들고, 블레셋과의 전쟁에서 다시 승리하고 돌아오면 자신의 맏딸 메랍을 주겠다고 약속했다. 힘겨운 전투에 다윗을 내보내어 그가 블레셋 군사들의 칼에 죽임당하기를 바랐던 것이다. 그러나 다윗이 목숨 걸고 블레셋과의 전투에서 승리를 일구고 돌아오자, 왕은 갑자기 마음을 바꾸어 메랍 공주를 므홀랏 사람 아드리엘에게 주어 그와 결혼시켰다.

다윗은 어이없었다. 하지만 애초부터 왕의 사위가 될 생각은 없었다. 또한 메랍을 사랑한 적도 없었다. 그런데 사울 왕의 작은 딸인 미갈 공주가 다윗을 사랑하게 되었다. 그 소문이 사울의 귀에 들어가자 사울은 '옳다구나!' 생각했다. 사울은 다윗에게 왕의 사위가 되게 해주겠노라고 제안했다. 다윗은 사양했다. 공주를 데려올 때 지불해야 하는 막대한 결혼 지참금을 마련할 방도가 없었기 때문이다. 사울은 바로 그 점을 노리고, 자신의 뜻을 다윗에게 전하게 했다.

"다윗, 왕께서는 결혼 지참금을 전혀 원하지 않으시네. 다만 블레셋 사람의 포피 100개를 베어 와서 왕의 대적에게 원수를 갚아주기만 하면 된다고 하셨네!"

포피(包皮)는 남성 생식기의 귀두(龜頭) 부분을 둘러싸고 있는 살가죽으로, 할례 때 베어내는 부분을 말한다.

"그게 정말입니까? 왕께서 요구하시는 결혼 지참금이 블레셋 사람의 포피 100개뿐이라고요?"

다윗은 솔깃했다. 그래서 부하들을 거느리고 나가 200명의 블레셋 사람들의 포피를 베어 와서 사울 왕께 바쳤다. 이제는 사울도 어쩔 수 없었다. 하는 수 없이 미갈을 다윗에게 주어 아내로 삼게 했다.

사울은 자신이 점점 고립되어 가는 것 같았다. 그래서 더욱더 다윗을 시기하고 미워하며 두려워하게 되었다. 자신의 왕권을 차지할 자가 다윗이라는 정황이 여러 방면에서 속속 드러나고 있었기에 사울은 죽기 살기로 다윗을 없애려 들었다.

그 무렵, 블레셋이 자주 이스라엘에 싸움을 걸어왔다. 그럴 때마다 다윗은 전쟁에 나가 거침없이 승리함으로써 다른 장수들보다 혁혁한 전과를 올렸다. 다윗의 명성은 날로 높아졌다.

19
쫓기는 다윗

사울이 다윗을 죽이려고 하자
요나단이 다윗을 옹호하지만
사울이 또 다시 다윗을 죽이려 하자
다윗은 피해 달아나네

요나단이 다윗을 위해 중재하다 (19:1-7)

다윗을 죽이려는 사울 왕의 결심은 더욱 확고해져 갔다. 집착적인 증세를 띠기 시작했다. 사울은 마침내 왕자 요나단과 심복들에게 다윗을 죽여 없애라고 노골적으로 지시했다.

"하지만… 아버지. 다윗이 무얼 잘못했기에 그를 죽여야 한단…."

"닥쳐라! 요나단, 네가 무얼 안다고 감히 나서느냐! 왕좌를 물려받고 싶으면, 네가 앞장서서 다윗이란 놈을 죽여야 해! 이 미련한 녀석아!"

요나단은 죄 없는 다윗을 죽이려는 아버지가 못마땅했다. 요나단은 다윗에게 아버지의 살해 계획을 귀띔해주었다.

"다윗! 부왕이 자네를 죽이려고 호시탐탐 엿보고 있네. 그러니 내일 아침에 몸을 피해 외진 곳에 숨어 있게. 그러면 내가 아버지와 함께 자네가 숨어 있는 곳으로 가서, 아버지에게 자네에 관한 이야기를 꺼내어 아버지의 속마음을 알아내겠네. 그래서 내가 알아낸 것들을 자네에게 그대로 말해주겠네."

그런 뒤 요나단은 아버지 사울에게로 돌아가 다윗에 관해 좋게 말한다.

"아버님, 다윗은 참으로 신실하고 좋은 신하입니다. 국가가 어려움에 처했을 때 죽음을 무릅쓰고 골리앗을 쳐 죽인 충성스런 신하입니다. 그런데 어째서 아버님은 아무런 이유도 없이 다윗 같이 죄 없는 사람을 죽이려 하십니까?"

그 날따라 멀쩡한 정신으로 돌아온 사울, 그는 아들의 말을 묵묵히 듣고 있다가 뭔가를 결심한 것처럼 불현듯 맹세했다.

"그렇다. 다윗은 정말로 충성스런 신하다. 그러니 살아계신 주 하나님을 두고 맹세한다. 나는 절대로 다윗을 죽이지 않겠다! 이젠 더 이상 핍박하는 일도 없을 것이다!"

"오, 아버지! 정말 잘 생각하셨어요. 감사합니다. 정말 감사합니다."

요나단은 아버지의 말을 그대로 믿고 다윗을 데리고 왕에게로 나아갔다. 그래서 다윗은 예전처럼 사울 왕 옆에서 시중을 들었다. 하지만 오래 가진 못했다. 사울 왕이 또다시 발작을 일으켰기 때문이다.

미갈이 남편 다윗을 피신시키다(19:8-17)

사울 왕이 다시 발작을 일으킨 것은 다윗이 블레셋을 공격해서 승리했다는 소식을 들은 이후부터다. 다윗이 개선장군으로 입성할 때 환영 인파가 엄청 몰리자, 사울은 다시 두려움과 시기심에 빠진다. 발작이 시작되자, 왕은 손에 들었던 창을 다윗에게 던졌다. 다윗을 벽에 박아버리려 한 것이다. 하지만 다윗은 얼른 몸을 피했고, 창만 벽에 꽂혀 부르르 떨었다.

그 날 밤, 다윗은 왕궁에서 도망쳐 나왔다. 그러자 사울은 부하들을 다윗의 집으로 보내면서 명령한다.

"너희는 밤새도록 다윗의 집을 사방으로 둘러싼 채 지키고 있어라!

그러다가 아침 해가 밝아오면 일시에 들이닥쳐 그를 죽여라! 반드시 죽여야 한다!"

그런데 신하들 중에 다윗을 위하는 누군가가 미갈에게 그 사실을 알려주었다. 그 날 밤, 미갈은 집 창문을 통해 남편 다윗을 아래로 내려 피신시켰다. 그런 뒤, 가정 수호신으로 간직하고 있던 '드라빔' 우상을 침대 위에 눕혀 다윗의 겉옷을 입히고 염소 털로 짠 그물을 머리에 씌워 놓았다. 그러자 영락없이 침대 위에 다윗이 잠들어 있는 모습처럼 보였다.

▲ 창문을 통해 다윗을 피신시키는 미갈

다음 날 아침, 해가 밝자마자 사울 왕이 보낸 군사들이 다윗의 집으로 들이닥쳤다. 그런데 다윗의 침대엔 사람은 없고 드라빔 우상이 염소 털로 짠 그물을 머리에 뒤집어쓴 채 누워 있는 게 아닌가! 군사들은 왕궁으로 되돌아가서 사울 왕에게 그대로 보고했다. 그러자 왕은 미갈을 불러 호통을 쳤다.

"미갈, 이 못난 것! 네가 어찌 그럴 수가 있느냐! 넌 어쩌자고 나를 속이고 그런 짓을 했느냐? 내 원수를 도망치게 하다니, 그게 대체 무슨 짓이냐?"

"아버님, 저도 어쩔 수가 없었어요. 그이가 나를 위협했어요. 자기를 도망치게 해주지 않으면 나를 죽이겠다고 협박했단 말이에요!"

"에잇! 보기 싫다! 썩 물러가라!"

미갈은 아버지 앞을 물러나오면서도 온통 다윗 걱정뿐이었다. 그만큼 미갈은 다윗을 사랑하고 있었다.

사무엘이 다윗을 도와주다 (19:18-24)

아내 미갈의 도움으로 한밤중에 창문을 통해 간신히 목숨을 건져 달아난 다윗, 그는 그 길로 곧장 라마에 있는 사무엘 선지자를 찾아갔다. 라마는 왕궁이 있는 기브아에서 북쪽으로 3km가량 떨어진 곳에 위치한 작은 마을이다. 그곳엔 사무엘이 세운 선지학교가 있었다.

사울의 추격으로부터 우선 몸을 피하기 위해서다. 사울 왕이 선지자 사무엘이 있는 곳까지는 추격대를 보내지 않을 것으로 판단한 것이다. 다윗은 또, 앞으로 자신이 어떻게 해야 할지 사무엘의 현명한 충고를 듣고 싶었다. 사무엘을 만난 다윗은 사울 왕이 자기에게 한 일들을 모두 이야기했다.

"흐흠… 그런 일이 있었다니! 쯧쯧, 사울이 어쩌다 그렇게까지 되었는지…. 아무래도 안 되겠다. 다윗아, 나를 따라오너라."

사무엘은 근처에 있는 선지 생도들의 기숙학교인 '나욧'으로 다윗을 데리고 가서, 거기서 함께 지냈다. 다윗이 라마 지역의 나욧에 피신해 있다는 정보를 입수한 사울은 즉시 체포령을 내렸다. 군사들이 나욧에 도착해보니, 선지 생도들이 황홀경에 빠져 예언을 하고 있었다. 그 순간, 사울의 군사들도 하나님의 영에 사로잡혀 예언을 하느라 모두가 자기 임무를 잊어버렸다. 왕은 다시 군사들을 보냈으나, 그들 역시 하나님의 영에 사로잡혀 예언을 했다. 세 번째도 똑같은 상황이 벌어졌다.

이때 사울 왕의 군사들이 행한 예언은 하나님의 계시를 받아 미래의 일을 선포하는 선지자의 예언이 아니다. 하나님의 영 곧 성령에 감동된 상태에서 하나님을 찬양하는 신령한 노래를 부른 것뿐이다. 그러니까 다윗을 잡으러 온 사울의 군사들은 성령에 의해 강권적으로 감동을 받아 자신들의 임무를 잊은 채 신령한 노래를 부르는 선지 생도들의 무리에 합세하여 함께 하나님을 찬양했던 것이다.

"에잇, 머저리 같은 놈들! 좋다, 그렇다면 내가 직접 가마!"

마침내 사울 왕이 군사들을 이끌고 직접 라마로 향했다. 기브아와 라마 사이에 위치한 세구 지역을 지나 곧장 라마 지역의 나욧으로 내려갔다. 그런데 라마로 가는 도중에 하나님의 영이 사울에게도 임했다. 그러자 사울도 황홀경에 빠져 중얼중얼 예언을 했다. 그러다가 사무엘 앞에 이르자, 사울은 겉옷까지 벗어던지고 예언을 했다. 그리곤 그대로 쓰러져 온종일 벗은 채로 누워 있었다.

이런 일이 있고 나서, 이스라엘 사람들 사이에 속담이 생겼다. "사울도 예언자가 되었느냐?"라는 말이다. 어떤 사람이 이전 상태와는 갑자기 몰라보게 달라져 있는 모습을 표현할 때 쓰는 속담이다.

20
우정의 언약

아무 잘못도 없는 다윗을
사울 왕이 자꾸만 죽이려고 하자
요나단은 다윗을 에셀 바위 뒤에 숨기고는
화살을 쏘아 아버지 사울의 뜻을 알려주네

다윗과 요나단의 변함없는 우정(20:1-23)

사울 왕이 황홀경 상태에서 예언하는 틈을 타서, 다윗은 라마 지역의 라욧을 무사히 벗어날 수 있었다. 다윗은 그 길로 요나단을 찾아간다.

"요나단, 자네 아버지는 도대체 내가 무슨 잘못을 저질렀길래 나를 죽이지 못해서 그렇게 안달이시지? 내일은 초하루라서 내가 이대로 있다가는 왕의 식탁에 나가, 왕과 함께 식사를 해야만 하네. 그러니 나를 왕궁 밖으로 피신시켜 주게. 모레 저녁까지는 들판에 숨어 있겠네. 그렇지 않으면, 내가 잡혀 죽을지도 몰라."

매달 초하루 곧 월삭은 새로운 달의 시작을 기념하는 축제로 지켜졌다. 그래서 왕의 사위인 다윗도 왕의 가족으로서 함께 식사를 나누면서 축제에 참여하는 것이 마땅했다.

요나단은 아버지와 다윗이 어찌하여 이런 지경이 된 것인지, 너무나 가슴이 아팠다. 다윗이 요나단에게 말했다.

"초하룻날인 내일, 자네 아버님이 내 자리가 비어 있는 것을 보고 나를 찾으시면, '다윗은 고향인 베들레헴에 갔습니다. 마침 제사가 있어서 급히 가 보아야 하겠다기에 제가 그러라고 했습니다'라고 대답해 주게. 만일 왕께서 '잘했구나!'라고 대답하시면, 이 몸은 안전하다고 할 수 있겠지만, 만일 크게 화를 내시면, 나를 죽이려고 작정하신 것이겠지. 우리는 주 앞에서 우정을 맹세한 사이가 아닌가. 만일 내가 무슨 죄를 진 것이라면, 차라리 자네가 나를 죽이게."

"다윗, 그런 일은 절대로 있을 수 없어! 아버님이 자네의 생명을 해치려고 결심한 기색이 조금이라도 비친다면 내가 반드시 알려주겠네. 주께서 나의 아버님과 함께 하셨던 것처럼, 자네와도 함께 해주시기를 빌겠네."

요나단은 작별을 고하는 다윗의 손을 꼭 잡고 두 가지를 맹세하게 했다. 장차 다윗이 왕위에 오르게 되면 첫째, 자신의 생명을 보호해 줄 것. 둘째, 자신의 가문을 지켜줄 것. 요나단이 이런 부탁을 한 것은, 고대 사회에서는 새로운 왕에 의해 축출된 왕의 가문이 몰살당하는 일이 곧잘 일어났기 때문이다. 요나단은 하나님의 뜻에 따라 다윗이 이스라엘의 왕위에 오를 것으로 확신했다.

"다윗, 주께서 자네의 모든 원수들을 벌하여 주시기를 비네."

요나단과 다윗, 둘은 다시금 변치 않은 우정을 확인하고 주의 이름으로 맹세했다. 요나단과 다윗은 둘만이 알 수 있는 사전 신호를 짰다. 그런 뒤 둘은 헤어졌다. 심란했다. 이런 상황까지 이른 데 대해, 요나단이나 다윗 모두가 마음이 착잡하기는 마찬가지였다.

요나단이 다윗의 피신을 도와주다(20:24-42)

달의 초하루 곧 월삭이 되자, 사울 왕은 가족들에게 모습을 드러냈다. 절기를 맞아, 가족과 가까운 친척이 함께 모여 식사를 하기 위해서였다.

왕은 늘 그렇듯 벽을 등진 자리에 앉았다. 맞은편엔 아들 요나단이 앉았고, 사촌형제이며 군대장관인 아브넬은 사울 곁에 앉았다. 왕의 사위인 다윗의 자리는 비어 있었다.

그 날, 사울은 다윗에 대해 아무런 말도 하지 않았다. 다윗에게 부정(不淨)을 탈 만한 일이 있어서 잔치에 나오지 못한 모양이라고 생각했다. 그런데 다음 날에도 다윗의 자리가 비어 있자 왕은 요나단에게 묻는다.

"요나단아, 다윗의 자리가 비어 있구나. 어제도, 오늘도 다윗이 식사 자리에 나오지 않는 이유가 무어냐?"

"집안에 제사가 있다면서 다녀오기를 청하기에, 제가 허락해 주었습니다."

그 말을 듣자마자 사울의 얼굴이 벌게지더니 요나단을 향해 버럭 소리를 지른다.

"요나단! 이 사악하고 못된 계집의 자식아! 네가 이새의 아들놈하고 한패인 줄을 내가 모를 줄 알았더냐! 이 일은 너뿐만 아니라, 너를 낳아준 네 어미까지 수치스럽게 하는 일인 줄 정녕 모르느냐! 이새의 자식 놈이 세상에 살아있는 한, 너와 네 나라는 결코 세워지지 못할 것이다. 당장 다윗을 잡아오너라!"

사울 왕이 크게 화를 내며 악담을 퍼붓자, 요나단도 굴하지 않고 항의한다.

"아버지는 왜 다윗을 기어코 죽이려 하십니까? 어째서 다윗이 죽어야만 합니까? 도대체 그가 아버지께 무슨 죽을죄를 지었단 말입니까?"

"뭐야? 이, 이놈이, 감히 내게 대들어! 이 죽일 놈, 내 이놈을 당장!"

사울은 화를 참지 못해 단창을 집어 들고 요나단에게 던져 죽이려 했다. 곁에 있던 가족들이 겨우 말려 요나단은 위기를 극복할 수 있었다.

'아, 아버님은 기어코 다윗을 죽이려 하는구나. 어떻게 이럴 수가!'

요나단은 분을 참지 못하여 식탁을 박차고 일어났다. 그는 온종일 아무것도 먹을 수 없었다. 아버지가 자신의 가장 사랑하는 친구, 목숨까지 내주어도 전혀 아깝지 않을 친구 다윗에게 차마 못할 짓을 하고 있다는 사실이 너무나도 슬펐기 때문이다.

다음 날 아침, 요나단은 다윗과 미리 약속한 들판으로 나갔다. 어린 시종 한 명만 데리고 나갔다. 요나단이 시종에게 말한다.

"얘야, 너는 저만치 달려가서 서 있다가 내가 쏘는 화살을 다 주워 다시 내게로 가져오너라."

시종이 달려 나가 저만치 서 있자, 요나단은 시종의 머리 위로 화살을 멀리 쏘았다. 시종이 화살이 떨어진 지점에 이르자 요나단이 등 뒤에 대고 외친다.

"화살은 더 먼 곳에 떨어졌다. 거기서 멈추지 말고, 빨리 더 앞으로 달려가라!"

요나단이 화살을 멀리 쏜 것은 다윗과 미리 정한 신호 때문이다. 만일 왕이 다윗을 해치려는 마음을 품었을 경우, 요나단은 화살을 멀리 쏘아 화살 줍는 시종에게 '화살이 네 앞쪽에 있다!'라고 소리치기로 했다. 그러면 다윗은 요나단의 그 말을 신호로 사울 왕을 피해 멀리 도망가기로 사전에 서로 비밀리에 약속해놓았다.

"찾았다! 화살이 여기 있다!"

시종은 더 멀리 가서 화살을 주워 들고 상전에게로 돌아왔다. 시종은 아무것도 눈치채지 못했다. 요나단은 활과 화살을 시종에게 주면서 말한다.

"너는 먼저 궁으로 돌아가서, 이것들을 제자리에 다시 갖다 놓아라."

아무것도 모르는 시종이 돌아가자, 이를 줄곧 지켜보던 다윗이 숨어 있던 바위 뒤에서 나왔다. 다윗은 얼굴을 땅에 대고 요나단을 향해 세 번이나 엎드려 절했다. 친구이자 왕자인 요나단이 베풀어준 크나큰 호의에 대한 감사의 표시였다. 또한 마지막 작별인사이기도 했다. 다윗

▲ 요나단과 다윗의 애틋한 작별

은 모든 위험을 무릅쓰고 부왕의 의도를 자신에게 알려준 요나단에게 목숨을 빚졌다고 생각했던 것이다.

“다윗, 이제 우리 어찌해야 할까.”

“요나단, 참으로 고맙네. 이 은혜 잊지 않겠네.”

다윗과 요나단은 서로 꽉 끌어안고 엉엉 울었다. 왕의 추격을 피해 정처 없이 도망 다녀야 하는 다윗이 더욱 서럽게 울었다. 한참 후, 요나단이 울음을 삼키며 말한다.

“다윗, 잘 가게. 주의 이름을 걸고 맹세한 우정을 부디 잊지 말게나. 주께서 자네와 나 사이뿐만 아니라, 자네의 자손과 내 자손 사이에도 증인이 되어주실 것이네. 부디… 부디 몸조심하게. 언젠가는 기쁨으로 우리 다시 만날 수 있을 것이네.”

“고맙네, 요나단! 자네도 잘 있게나. 자네가 내게 베풀어준 호의, 자네와 맺은 언약은 영원히 잊지 않겠네.”

아쉬운 석별의 정을 나눈 뒤, 다윗은 차마 떨어지지 않는 무거운 발걸음을 떼어 자기 길을 떠났고, 요나단도 흐르는 눈물을 훔치며 궁으로 돌아갔다. 사방은 고요했다. 강한 바람이 불어올 것 같은 우중충한 날씨, 잿빛이다. 요나단을 떠나 광야로 들어가는 다윗의 마음 또한 그렇게 잿빛이다. 우리 인생에도 종종 잿빛 광야의 시기가 있다. 다윗은 바야흐로 그런 암울한 시기를 시작하고 있다. 언제쯤 잿빛 구름이 거두어지고 밝고 화창한 날이 올 것인가.

21
다윗의 도피 생활

블레셋의 가드로 피신한
다윗은 위기를 당하자
미치광이처럼 침을 질질 흘려
간신히 죽음을 모면하네

다윗이 대제사장 아히멜렉의 도움을 받다(21:1-9)

요나단과 헤어진 다윗, 곧장 '놉'으로 향했다. 예루살렘 북쪽 2km 지점에 있는 작은 성읍 놉, 당시 이곳엔 성막이 있었다. 놉으로 들어간 다윗은 대제사장을 찾아갔다. 사울 왕 당시의 대제사장은 아히멜렉, 그는 불안한 기색으로 다윗을 맞았다. 아니, 떨고 있었다. 그도 그럴 것이, 다윗은 왕의 사위이고 주요 지휘관이다. 그런데 호위병도 없고, 사전 연락도 없이 혼자서 갑자기 나타났기에 뭔지 모를 불안감을 느꼈던 것이다. 다윗이 안심시킨다.

"대제사장님, 이건 비밀 작전입니다. 그래서 부하들은 따라오지 않았으니 불안해하지 마십시오. 그런데, 무슨 먹을거리가 있으면 빵 다섯 덩이만 주세요. 아니면, 다른 것도 괜찮습니다."

때에 다윗은 왕에게 쫓기는 처지를 숨기기 위해 부하들을 부근에 남겨두었다. 대제사장이 여전히 불안한 기색으로 대답한다.

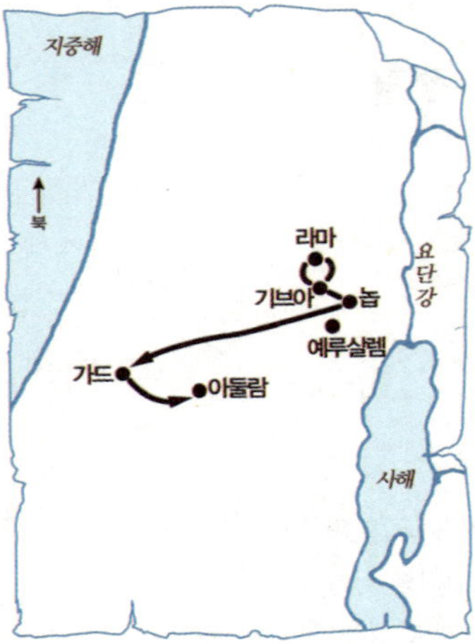

▲ 다윗의 도피

"보통 빵은 없소. 하지만 제사 드릴 때 쓰는 빵이 좀 있소. 만일 그대와 부하들이 여자를 가까이하지 않았다면 그 빵을 드릴 수 있소."

"아, 그래요? 우린 원정길에 나서면서 사흘 전부터 여자를 가까이 하지 않았습니다. 지금은 특수 임무 중이니 오죽 깨끗하겠습니까? 그러니 그 제사용 빵을 주실 수 있겠습니까?"

대제사장은 이내 거룩한 빵을 가져와 다윗에게 건네주었다. 성소에 차려놓았던 빵이었다. 고운 밀가루로 만든 이 빵을 '진설병'이라 부르는데, 하나님께 바치는 거룩한 빵이다. 성막에서 일하는 제사장은 성소 안의 상 위에다 두 줄로 6개씩, 모두 12개의 빵을 하나님께 바쳐야 했는데, 이 빵은 매 안식일마다 새로운 빵으로 교체되었다.

아, 그런데… 아까부터 이 장면을 줄곧 엿보는 자가 있었다. 사울의 양치기들 가운데 우두머리인 에돔 사람 '도엑'이다. 그는 사울의 심복으로, 하필이면 그 날 주의 성소에 와서 머물고 있었던 것이다. 그런 사실을 눈치채지 못하고서 다윗이 또 한 가지를 부탁한다.

"대제사장님, 혹시 제게 주실 어떤 창이나 칼이 있습니까? 왕의 명령을 급히 따르다 보니, 칼이나 창을 따로 챙겨서 가져올 겨를이 없었습니다."

"가만…. 예전에 엘라 골짜기에서 그대가 쳐 죽인 블레셋 장수 골리앗의 칼이 여기에 보관되어 있소. 저기 에봇 뒤에 있는 보자기에 그 칼이 싸여 있소. 원하신다면, 그 칼을 가져가시오. 여기엔 그것 외에는 다른 칼이 없소."

골리앗의 칼, 그것은 다윗이 개인 소장품으로 간직하고 있다가 하나님의 성소에 기증했던 것이다. 다윗이 반색을 하며 대답한다.

"골리앗의 칼이요? 그걸 제게 주십시오. 그보다 더 좋은 칼이 어디에 있겠습니까!"

다윗이 블레셋 왕 아기스에게로 도피하다 (21:10-15)

'됐다. 이젠 여기를 어서 벗어나자. 우물쭈물하다간 꼬리를 밟힐지 모른다. 아니지, 이번 기회에 아예 이스라엘 땅을 벗어나야겠다.'

사울에게서 도망친 다윗은 놉에서 빵과 칼을 얻은 후 이스라엘 땅을 벗어났다. 그 길로 블레셋 땅으로 건너가서, 가드 성읍의 아기스 왕에게로 갔다. 이스라엘의 적국인 블레셋 땅의 가드로 도피한 이유는, 그곳이야말로 사울 왕의 추격으로부터 안전한 장소라고 판단했기 때문이다. '가드'는 블레셋의 5대 성읍 가운데 하나로, 이스라엘 땅과 가장 인접한 블레셋 국경의 첫 번째 큰 도시였다. 그런데 아기스의 신하들이 다윗을 알아보았다.

"폐하, 저자는 이스라엘의 장수 다윗입니다. 이스라엘 여인들이 '사울은 블레셋 사람 수천을 죽였고, 다윗은 블레셋 사람 수만을 죽였네.'라고 노래했던, 바로 그자입니다! 틀림없습니다!"

다윗의 오판이었다!오랜 세월이 흘렀기에 골리앗을 죽인 자신을 알아보지 못할 줄로 알았다. 사울의 핍박을 피해 블레셋 땅으로 귀순한 사람으로 알고 자신을 환영해 줄 것으로 생각했다. 하지만 블레셋 사람들은 골리앗을 죽인 다윗을 한눈에 알아보았다.

'아차, 저들이 나를 알아보는구나. 이거 큰일이다! 사울 왕에게 붙잡혀 죽기 전에 저들에게 먼저 죽게 생겼구나. 아, 이를 어쩐다?'

다윗은 가슴이 뜨끔했다. 위기를 모면하려면 무슨 짓이라도 해야 했다. 다윗은 아기스 왕과 그의 신하들이 보는 앞에서 미친 사람 행세를

▲ 가드 왕 아기스 앞에서 쫓겨나는 다윗 (마르턴 드 보스 작)

하기 시작했다.

"헤헤. 이게 뭐야? 헤헤. 킥킥. 야, 이것들아! 모두 덤벼랏! 헤헤헤."

다윗은 헤픈 웃음을 실실 날리며 뭔가 알지 못할 말을 연신 지껄였다. 머리를 풀어헤친 채 문짝을 긁적거리며 수염에 침까지 질질 흘렸다. 그런 다윗의 모습을 잠시 물끄러미 쳐다보던 아기스 왕, 이내 짜증나는 목소리로 신하들에게 말한다.

"저자는 미치광이가 분명하지 않느냐! 나에게 미치광이가 부족해서 이런 자까지 내 앞에다 끌어다 놓았느냐? 당장 저자를 내쫓아라!"

사울 왕에게 쫓기고, 아기스 왕에게 쫓겨난 다윗! 미친 짓까지 해대며 겨우 목숨을 건진 자신의 모습이 참으로 처량했다.

'아, 이 고달픈 도피 생활은 언제나 끝나려나?'

해 저문 광야의 찬바람이 다윗의 가슴 속으로 서늘하게 파고든다.

22
사울의 악행

아둘람 굴로 도망친 다윗에게
추종자들이 몰려오네
사울은 다윗을 도왔다는 이유로
85명의 제사장과 그들의 자녀까지 죽이네

다윗의 추종자들과 그의 도피 생활 (22:1-5)

미친 자 행세로 블레셋 땅 가드를 겨우 벗어난 다윗, 그는 고달픈 몸을 이끌고 다시 이스라엘 땅으로 들어와 아둘람 지역의 큰 동굴로 피신했다. 아둘람은 가드와 베들레헴의 중간 지점쯤으로, 가드에서 동남쪽으로 14km가량 떨어진 곳에 위치한 성읍이다. 이스라엘 성읍이지만, 당시엔 블레셋 사람들의 지배 아래 있었다.

다윗이 아둘람 동굴에 피신해 있다는 소식을 어찌 들었는지, 다윗의 형들과 집안 식구들과 친척들이 다윗을 만나러 왔다. 또한 고통 받는 사람들, 빚에 시달리는 사람들, 원통하고 억울한 처지에 빠진 사람들도 다윗에게로 몰려들었다. 그리하여 4백 명 정도가 다윗을 따르며 다윗과 함께 지내게 되었다. 하지만 그들은 아직 오합지졸에 불과했다. 때는 사울 왕이 이스라엘을 다스린 지 대략 30년째가 되던 해로(주전 1020년 경), 다윗의 나이는 대략 21-22세쯤이었다.

'일단 부모님을 안전하게 모셔야겠다….'

다윗은 모압 왕을 찾아가서 부모가 얼마간 그 땅에 머물 수 있도록 요청했다. 당시 모압 왕은 이스라엘의 사울 왕과 적대관계에 있었기에 적의 적은 친구라고, 흔쾌히 다윗의 부모를 받아들였다. 그리하여 다윗이 사울 왕의 추격을 피해 고달픈 도피 생활을 하는 동안, 그의 부모는 모압 땅에서 살았다. 아둘람 동굴에서 도피 생활을 하고 있던 어느 날, 선지자 갓이 다윗에게로 나와서 말한다.

"다윗이여, 더 이상 이런 산중에 머물지 말고, 속히 유다 땅으로 들어가시오."

선지자 갓이 유다 땅으로 들어가라고 조언한 이유는 분명하다. 장차 이스라엘의 왕으로 기름부음 받은 다윗이 블레셋 사람들의 지배 아래 있는 이방 땅을 피신처로 삼는 것은 명분상 옳지 못했기 때문이다. 다윗은 선지자의 조언을 옳게 여겨 아둘람 동굴을 떠나 헤렛 숲으로 들어갔다. 헤렛 숲은 헤브론 남서쪽 9km 지점으로, 그일라 성읍과 인접한 지역이었다.

사울이 놉 땅의 제사장 85명을 쳐 죽이다(22:6-23)

"뭐, 뭐라? 다윗에게로 사람들이 자꾸만 모여들어? 이것들이 이제는 대놓고 반역을 꾀해? 괘씸한 것들, 도저히 묵과할 수 없다!"

다윗과 함께 하는 사람들이 많아진다는 소식을 보고받고 사울, 길길이 뛰며 노발대발했다. 곧장 군사들을 이끌고 다윗을 잡으러 나섰다. 추격 중에 사울은 기브아 언덕의 석류나무 아래에서 잠시 휴식을 취했다. 의자에 걸터앉은 그의 손에는 창이 쥐어져 있었고, 주변에는 신하들이 빙 둘러 서 있었다. 사울은 신하들에게 푸념하듯, 질책하듯 말한다.

"내 아들 요나단이 이새의 아들과 서로 맹세하고 손을 잡았는데도, 그 사실을 나에게 말해주는 자가 하나도 없었다. 그러고도 너희가 감히 내 신하라고 말할 수 있겠느냐! 어디 입이 있으면 말 좀 해보아라! 고얀 것들!"

그때 에돔 사람 도엑이 그 자리에 서 있다가 앞으로 선뜻 나섰다. 한눈에 보기에도 교활하고 험상궂은 인상이었다.

"헤헤, 폐하! 일전에 놉 땅에서 이새의 아들이 대제사장을 만나는 것을 제가 목격했습니다요. 그때 대제사장 아히멜렉은 다윗에게 먹을 것을 내주었습니다요."

"뭐라? 대제사장이 다윗과 내통하고 그에게 먹을 것을 내주었다고? 그게 정녕 사실이렷다?"

"헤헤, 틀림없습니다요! 그때 아히멜렉은 블레셋의 장수 골리앗의 칼도 다윗에게 넘겨주었습니다요."

"감히 나를 배반하고 다윗과 손잡다니! 내 그를 가만두지 않겠다!"

도엑의 말을 듣고 분을 주체하지 못한 사울은 얼굴이 벌게져서 노발대발했다. 그는 즉시 놉으로 군사들을 보내어 대제사장 일행을 전부 잡아들였다. 왕은 대제사장을 추궁한다.

"대제사장, 그대는 어찌하여 이새의 아들과 공모하여 나를 해치려고 한 것이오? 어찌하여 그에게 빵과 칼을 건네주고, 그의 앞날을 주께 여쭤보았던 것이오? 그자는 오늘도 나를 죽일 기회만 노리고 있는 천하의 역적인 줄 정녕 모른단 말이오?"

"폐하! 어찌 그런 말씀을 하시는 것입니까? 왕의 신하들 중에서 다윗만큼 충직한 사람이 누가 또 있겠습니까? 더구나 그는 왕의 사위이자 경호대장이며, 왕궁에서도 존경받는 사람이 아닙니까?"

아히멜렉의 말은 옳았다. 하지만 솟구쳐 오른 분노로 이미 이성을 상실한 사울에게는 쇠귀에 경 읽기였다. 분노에 사로잡힌 사울, 그는 충혈된 눈과 붉으락푸르락하는 얼굴로 주변의 호위병들에게 명령한다.

"저들을 다 죽여라! 다윗과 공모하여 내게 반역을 꾀한 자들이다.

▲ 놉 땅의 제사장들을 학살하는 도엑의 무리

다윗이 나를 배반하고 도망친 줄 뻔히 알면서도 내게 한 마디의 귀띔도 해주지 않은 배신자들이다. 인정사정 두지 말고 모조리 쳐 죽여라!"

"저… 그… 그게… 아니… 어…"

추상같은 사울 왕의 명령에도 불구하고, 누구도 왕명에 따르지 않고 머뭇머뭇하며 칼을 뽑지 못했다. 여호와의 기름부음 받은 제사장들을 죽이는 행위, 그것은 여호와께 대한 정면 도전이었기에 비록 왕명이라 하나 감히 칼을 뺄 수가 없었던 것이다. 그런 모습에 더욱 노발대발한 사울, 곁에 있던 도엑에게 명령한다.

"도엑! 그렇다면 네가 나서서 저 제사장들을 전부 쳐 죽여라!"

이방 사람 도엑은 아무 거리낌 없이 제사장들에게 달려들어 모조리 쳐 죽였다. 비명을 지르며 그 자리에서 학살당한 제사장들, 세마포 옷을 입은 제사장만도 85명이나 되었다. 거기에서 그치지 않았다. 도엑은 제사장 마을인 놉으로 내려가서 남자와 여자, 어린아이와 젖먹이 가릴 것 없이 눈에 보이는 대로 모조리 학살했다. 소 떼와 양 떼, 나귀

떼와 염소 떼까지 전부 쳐 죽였다. 순식간에 한 마을이 사라져버렸다. 피 냄새가 진동했다.

아무 거리낌 없이 가공할 만한 '제사장 학살 사건'을 집행한 에돔 사람 도엑, 이후로 그는 만고의 악인이 되었다. 후일 다윗은 시편 52장에서 이자의 교활함과 잔인성을 신랄하게 지적하며 하나님의 공의로운 심판을 요청한다.

대제사장 아히멜렉의 아들 아비아달은 겨우 학살을 면했다. 사울 왕의 호출을 받았을 때, 아비아달은 성소를 지키기 위해 놉 땅에 그대로 남아 있었다. 그래서 도엑이 군사들을 이끌고 놉 땅으로 들이닥칠 때, 그 사실을 미리 알고서 다윗에게로 피신한 것이다. 이 같은 사실은 아비아달의 손에 '에봇'이 들려 있었다는 점에서 분명해진다.

"아, 아, 이럴 수가…. 어찌 그런 끔찍한 만행이…. 아, 아, 주여!"

아비아달에게서 제사장 학살 소식을 전해들은 다윗은, 옷을 북북 찢으며 크게 울부짖었다. 천인공노할 일이 일어난 것이다. 한참 만에야 겨우 마음을 진정하고 정신을 차린 다윗, 송구하고 황송한 어조로 제사장 아비아달에게 말한다.

"아, 모두가 내 잘못입니다. 그 날, 도엑이 있는 것을 언뜻 눈치챘었는데, 그자가 틀림없이 고자질할 것이라 생각했었는데, 그만 부주의해서 후속 조치를 취하지 않은 탓에 이런 끔찍한 비극이 일어난 것입니다. 아, 전부 내 책임입니다. 부디 이 몸을 용서해 주십시오."

"장군님, 너무 자책하지 마십시오. 우리도 도엑을 경계했어야 했는데…."

"제사장님, 이제부터는 나와 함께 지냅시다. 주께서 사울의 칼에서 무사히 지켜주실 것입니다. 당신의 목숨을 노리는 자는 또한 내 목숨도 노리고 있습니다. 나와 함께 있으면 안전할 것입니다."

23
도망치는 다윗

광야의 바위틈에 숨은 다윗,
사울이 포위하여 잡으려 하지만
블레셋의 침공으로 되돌아가고,
다윗은 엔게디 성으로 들어가네

다윗이 그일라 주민들을 구해주다(23:1-5)

다윗이 헤렛 숲에 은거하고 있던 어느 날, 그일라에서 블레셋 사람들의 약탈 소식이 전해졌다. 그일라 성읍은 헤렛 숲(수풀)에서 북쪽으로 대략 9km 정도 떨어진 곳에 위치한 유다 지파의 성읍이다. 다윗은 대제사장의 에봇 속에 들어있는 '우림'과 '둠밈'이라는 제비 도구를 통해 주의 뜻을 물었다. 이때 에봇과 제비 도구는 대제사장 아히멜렉의 아들인 제사장 아비아달이 도엑의 칼을 피해 놉의 성막에서 탈출할 때 다윗에게로 가지고 왔었다.

"좋다! 올라가라!"

주께서는 '우림'과 '둠밈'을 통해 블레셋 사람들을 응징할 것을 허락하셨다. 그러자 다윗은 용사들을 이끌고 그일라로 올라갔다. 블레셋 사람들은 약탈에 정신이 빠져 있었다. 그런 그들을 다윗이 일시에 습격해서 크게 쳐부수었다. 그런 뒤, 약탈한 곡식을 싣고 가는 블레셋의 가축들을 모조리 사로잡아 전리품으로 끌고 왔다. 이렇게 다윗은 그일라 성읍의 사람들을 블레셋 사람들의 손에서 구출해 주었다.

다윗이 사울 왕에게 쫓겨 도망 다니다(23:6-29)

다윗이 그일라 성읍에 있다는 보고를 받은 사울, 곧장 출동한다. 사울의 출동 소식에 다윗은 주님의 뜻을 묻기 위해 제사장 아비아달을 찾았고, 제사장은 에봇에서 우림과 둠밈을 꺼냈다. 우림과 둠밈은 매끈한 돌로 된 한 쌍의 제비 도구다. 제사장은 에봇 주머니 속에 있는 우림과 둠밈 중 하나를 선택하여 '하라(yes!)' 혹은 '하지 말라(no!)'로 하나님의 뜻을 판별했다. 주께서 우림과 둠밈을 통해 다윗에게 응답해주셨다. 주님의 응답은 언제나 정답이다!

"그일라 주민들이 너희를 사울에게 넘겨주려 하니, 그곳을 떠나라!"

다윗은 즉시 600명의 용사들을 거느리고 그일라 성읍을 떠나 다른 데로 피신했다. 다윗이 피신하자, 사울은 군사들을 돌려 왕궁으로 되돌아갔다. 이후로 다윗은 본격적인 도피생활을 시작했다. 외롭고 처량하고 고달픈 광야의 삶이 이어졌다.

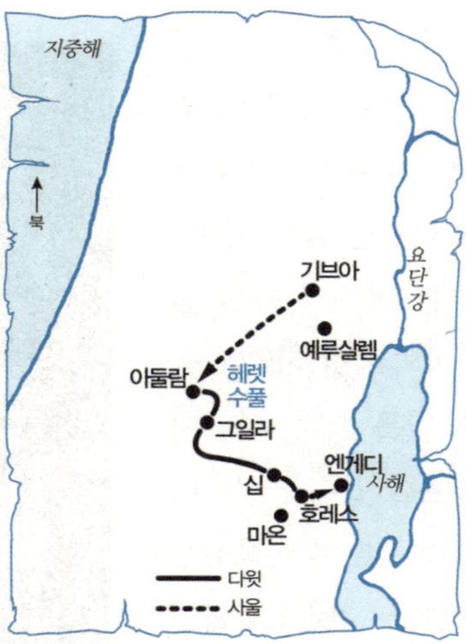

▲ 사울의 추격과 다윗의 피신

광야는 단절된 곳이다. 소음이 들려오지 않는다. 소음은 잡음이다. 잡음은 잡스러운 소리요 해로운 소리다. 소음이 사라진 광야에서는 대신 영음(靈音)을 들을 수 있다. 영음은 하나님의 세미한 소리다. 그래서 광야에서는 하나님을 묵상하기가 훨씬 수월해진다. 그래서일까? 광야의 도피 생활 중에 다윗은 오늘날까지 우리의 심금을 울리는 영성(靈性) 흘러넘치는 시편들을 많이 지었다.

그렇다. 다윗은 광야에서 하나님을 생생하게 체험한다. 궁중에서 지내던 시절에는 결코 들을 수 없었던, 광야에서만 들을 수 있는 그 영음을 들으면서 그의 영육은 점점 성장해 갔다. 후일 밧세바와의 간통 사건에서도 끝까지 믿음을 잃지 않은 것은 결국 광야에서 깊이 터득한 뿌리 깊은 영성이 있었기 때문이다.

다윗과 사울의 차이점은 무엇인가? 다윗에게는 광야가 있었고, 사울에게는 광야가 없었다. 다윗은 광야에서 영음을 들은 반면, 사울은 궁중에서 잡음만 들었다. 그래서 다윗은 깊고 진중했지만, 사울은 얕고 충동적이었다.

권좌에 눈먼 사울, 그는 아무 죄 없는 다윗을 자신의 최대 정적으로 여기고 그를 잡아 죽이려고 끈질기게 찾아 헤맸다. 하지만 하나님은 끝내 다윗을 사울 왕의 손에 넘겨주지 않으셨다. 광야 이곳저곳의 동굴, 바위, 숲, 반석 등에 다윗을 숨겨주셨다.

▲ 도피중인 다윗을 만나 위로하는 요나단

한 번은 다윗이 십 광야의 수풀 지역에 숨어 있을 때다. 사울이 정보를 입수하고는 대대적으로 수색작전을 펼쳤다. 그때 요나단이 몰래 다윗을 찾아왔다.

몇 년 만의 해후인가! 둘은 서로 부둥켜안고 반가워하며 기뻐했다. 그러나 상황이 긴박했기에 오래 회포를 풀 수는 없었다. 또다시 기약 없는 오랜 작별을 해야 했다. 어쩌면 이게 마지막 만남일지도 몰랐다(결국 마지막 만남이었다. 이후에 요나단은 블레셋의 공격에 맞서 길보아 전투에 참전했다가 사울 왕과 함께 전사한다). 다윗에게서 돌아서는 요나단은, 다윗의 얼굴에서 눈을 떼지 못한다.

"다윗, 몸조심하고 부디 용기를 잃지 말게. 자네는 틀림없이 이스라엘의 왕이 될 사람이야. 나는 자네 다음이지. 사실은 부왕도 그리 될 줄 다 알고 있다네. 그러니 조금만 더 참고 견디도록 하게나."

"요나단, 정말 고맙고 또 미안하네. 자네도 늘 평강하게나."

다윗과 요나단, 둘은 이전에 맺은 상호 화친과 도움의 언약을 끝까지 신실하게 잘 지키기로 주 앞에서 다시금 맹세했다. 그런 뒤, 요나단은 왕궁으로 돌아가고 다윗은 계속 수풀 지역에 머물렀다. 그런데 십 광야에 사는 몇몇 사람이 기브아로 사울 왕을 찾아갔다.

"폐하, 우리가 다윗의 은신처를 압니다. 언제든지 출동하시면 그를 왕께 넘겨드리겠습니다."

십 주민들의 밀고다. 그런 행위는 끔찍한 제사장 마을 학살 사건을 보고 사울 왕을 크게 두려워했기 때문이다. 제사장 85명을 집단으로 학살하다니…, 무자비하게도 그런 학살 명령을 내릴 수 있다니…. 그건 사람이 할 짓이 아니다. 그런 폭군의 치하에서 살아남으려면 목숨 내걸고 대적하든지, 아니면 비굴하게 고개를 숙이는 수밖에 없다. 십 주민들은 비굴 쪽을 택했다. 십 광야 주민들의 밀고에 사울 왕이 흐뭇한 표정을 짓는다. 십 광야 주민들은 그런 사울 왕의 웃음조차 두렵다.

"옳거니! 너희가 이리 마음을 써주니 주께서 너희에게 복 내려주시기를 비노라. 다윗이 늘 가는 곳이 어디인지, 그를 본 자가 누구인지 잘 알아두어라. 다윗이 숨어 있을 만한 곳을 모두 알아내어 빠짐없이 보고하여라.

유다 땅을 모조리 뒤져서라도 그자를 꼭 잡아내고야 말겠다!"

그 무렵, 다윗 일행은 십 광야를 떠나 여시몬 남쪽의 아라바에 있는 마온 광야에 머물고 있었다. 그곳은 갈릴리 호수에서 사해에 이르기까지 요단 계곡을 따라 좌우 양쪽으로 펼쳐져 있는 저지대의 광야로, 십 광야에서 남쪽으로 대략 7km 지점에 위치하고 있었다. 사울의 추격 작전을 피해 다윗 일행은 마온 광야의 바위틈에 숨었다. 그런데 사울 왕의 군사들이 포위망을 점점 좁혀 왔다. 이제는 피하려 해도 피할 곳이 없었다. 다윗은 암갈색 바위 아래에 숨어 크게 탄식한다.

'아, 이렇게 결국 사울 왕에게 사로잡혀 죽는구나. 주여, 사울 왕의 손에서 우리를 건져주소서. 우리에게 도움의 손길을 내밀어 주소서.'

바로 그때였다! 기브아 왕궁에서 전령이 숨 가쁘게 달려와 사울 왕에게 긴급히 보고한다.

"폐하, 어서 돌아가셔야 합니다! 지금 블레셋 군대가 쳐들어와 몽땅 약탈해가고 있습니다!"

"뭐라고? 다 잡은 다윗을 놔두고 가야 하다니! 어휴, 분하다, 분해!"

사울 왕은 부득불 군사들을 돌이키지 않을 수 없었다. 이스라엘이 무너지면 왕권도 무너진다. 그래서 추격을 멈추고 급히 길을 돌이켰다. 그런 연유로, 큰 바위가 있는 그 장소는 '셀라하마느곳'이라 불리게 된다. '분리의 바위'란 뜻이다. 사울의 추격으로부터 분리시켜 다윗의 도피를 성공하게 해준 바위란 뜻이다.

사울 왕의 추격에서 겨우 목숨을 건진 다윗은 일행을 이끌고 마온 광야를 떠나 사해의 서쪽 연안에 있는 엔게디 산성에 머물렀다. 이곳의 흙은 석회질이지만 바위는 백악(白堊)의 암석으로 이루어져 있어 천연 동굴이 많았다. 피신처로는 안성맞춤인 곳이었다.

24
엔게디 동굴

용변을 보러 온 사울을 죽일 수 있는
절호의 기회를 잡은 다윗이
겉옷 자락만 살짝 베어내고 죽이지 않자
사울은 감격하며 자신의 잘못을 깨닫네

다윗이 엔게디 동굴에서 사울 왕의 목숨을 살려주다(24:1-7)

"아, 아깝다! 이번엔 잡을 수 있었는데…."

마온 광야에서 거의 다 잡았던 다윗을 블레셋 군대의 갑작스런 침공으로 그냥 놔주고 군사들을 돌이킨 사울, 그는 그 생각으로 울화가 치밀어 올랐고 분통이 터졌다.

블레셋과 싸우고 돌아온 사울 왕은 다윗이 엔게디 광야에 은신해 있다는 보고를 받고는 또다시 출동했다. 군사들 중 정예병 3천 명을 가려 뽑아 '들염소 바위' 쪽으로 갔다. 이곳은 사해로 내려가는 가파른 벼랑의 한 지점으로, 들염소나 산양만이 생존하기에 적당한 지역이었다.

자연적으로 형성된 천연동굴은 양을 돌보는 목자들의 주거 장소였고, 추울 때는 양들의 거처로도 사용되었다. 동굴의 입구에 돌로 둥글고 나지막하게 울타리를 쌓아 맹수나 비바람으로부터 양들을 보호했다. 다윗을 추격하던 사울 왕은 용변을 보려고 이런 자연동굴 속으로 들어갔다. 그런데 때마침 동굴 안쪽의 깊은 곳에는 다윗 일행이 몸을 숨기고 있었다. 사울 왕이 혼자 동굴 안으로 들어오는 것을 보고는 부하들이 다윗에게 속삭인다.

"주군, 오늘이 주께서 '내가 네 원수를 네 손에 넘겨줄 테니 네 뜻대로 원수를 갚으라.' 하신 바로 그 날입니다. 기회가 왔으니, 사울을 죽이고 이 지긋지긋한 도피 생활을 끝냅시다."

다윗도 그럴 작정을 하고는, 소리 없이 사울 왕의 뒤로 다가갔다. 왕은 아무런 눈치도 채지 못한 채 쭈그리고 앉아 볼 일을 보고 있었다. 사울의 목숨은 다윗에게 달려 있었다. 하지만 망설여졌다. 그래도 사울은 주님의 뜻에 따라 사무엘 선지자에게서 기름부음을 받은 이 나라의 왕이 아닌가. 다윗은 사울 왕에게 가까이 다가가 왕의 겉옷 자락만 살짝 베어냈다.

사울 왕은 어떤 일이 일어나고 있는지 전혀 눈치채지 못했다. 다윗은 동굴의 어둠에 이미 적응하였지만 사울은 그렇지 못했고, 다윗은 매우 조심스럽게 행동했지만 사울은 마음 푹 놓고 있었기 때문이다. 또한 사울이 입은 겉옷은 땅에 끌릴 정도의 긴 도포식 통옷으로, 용변을 볼 때는 벗어서 옆에 놓아두었기에 옷자락이 잘리는 것을 전혀 알지 못했던 것이다.

▲ 사울 왕의 옷자락을 베는 다윗

'내가 기름부음 받은 왕의 옷자락을 자르다니! 내가 경솔하게 행동한 것은 아닐까? 하지만 이렇게라도 해서 내 마음을 왕께

알릴 수만 있다면….'

다윗은 왕의 옷자락을 베는 일조차 마음에 걸렸다. 다윗의 그런 행동이 여호와께 기름부음 받은 자의 인격을 조롱하는 행위로 비쳐질 수 있기 때문이다. 다윗의 부하들은 다윗의 복잡한 심사를 헤아리지 못하고 볼멘소리를 한다.

"주군, 왜 그냥 오십니까? 단칼에 베어버리지 않으시고…."

"주께서 기름 부으신 왕을 내가 어찌 칠 수 있겠느냐? 왕이 내게 악을 행한다고 나도 악을 악으로 갚아서는 안 될 일이다!"

다윗은 흥분하는 부하들을 타일렀다.

사울 왕은 이런 일들을 전혀 알지 못한 채 용변을 마친 후에 겉옷을 차려 입고 동굴에서 나와 자기 군사들을 이끌고 자기 갈 길을 갔다.

다윗의 항변과 사울 왕의 뉘우침 (24:8-22)

사울 왕이 동굴에서 나가는 것을 확인한 다윗은 자신도 일행과 함께 동굴에서 나왔다. 그리고는 왕의 뒤를 급히 따라가 높은 벼랑 위에서 크게 외친다.

"내 주 왕이시여! 저를 보십시오!"

사울 왕이 몸을 돌이켜 소리 나는 쪽을 바라보니, 저 멀리 높은 벼랑 위에서 다윗이 자신을 향해 엎드려 절을 하고 있는 것이 아닌가!

"아니, 너는 다…, 다윗이 아니냐!"

사울 왕이 크게 놀란 표정으로 다윗을 바라보자, 다윗이 사울에게 말한다.

"네, 저는 폐하의 충복인 다윗입니다. 어찌하여 왕께서는 '다윗이 왕을 죽이고 왕좌를 차지하려 한다.'라고 말하는 자들을 믿으십니까? 주께서는 방금 저 동굴에서 왕을 제 손에 넘겨주셨습니다. 부하들은 왕을 죽이라고 재촉했지만, 저는 그러지 않았습니다. 오히려 주께서 기름 부으신 왕을 결코 해칠 수 없다고 말렸습니다."

"아니, 그, 그게 대체 무슨 소리냐?"

"보십시오! 제 손에 왕의 옷자락이 들려 있습니다. 저 동굴 안에 숨어 왕의 옷자락만 살짝 베어냈을 뿐 왕을 죽이지 않았습니다. 이걸 보시면 제가 반역자가 아니요, 왕을 죽이려고 악한 계획을 꾸미지 않는다는 것을 확실히 아실 것입니다."

사울 왕은 급히 자신의 겉옷을 살펴보았다. 과연 겉옷의 한쪽 귀퉁이가 잘려나간 상태였다. 사울은 등골이 오싹했다. 다윗의 말이 계속 이어진다.

"주께서 나의 억울한 사정을 헤아려주시길 바랄 뿐입니다. 저는 결코 왕께 손대지 않습니다. 옛 속담에 '악은 악인에게서 나온다.' 했습니다. 저는 악인이 아니니, 제 손으로 왕을 해치는 악을 결코 자행하지 않을 것입니다. 제발 제 말을 믿어주소서!"

'악은 악인에게서 나온다.'란 속담은 '악인만이 악을 행한다.'란 뜻이다. 다윗이 이 속담을 인용한 것은, 자신은 결코 악을 행할 악인이 아니라는 사실을 적극 변호하기 위해서였다. 다윗의 말에 사울 왕은 크게 당황해한다. 그런 왕을 바라보며 다윗은 계속 말을 잇는다.

"폐하, 도대체 누구를 잡으려고 오셨습니까? 죽은 개를 잡으려고 오셨습니까? 좁쌀보다 작은 한 마리 벼룩을 잡으려고 오셨습니까? 아, 이 몸은 주께서 우리 두 사람 사이를 판결해 주시기를 바랄 뿐입니다! 주께서 제 억울한 사정을 살펴 이 몸을 변호해 주시고 왕의 손에서 구해주시기만을 간절히 바랄 뿐입니다."

다윗이 말을 다 마치자, 사울 왕이 다윗에게 묻는다.

"내 아들 다윗아! 이것이 정말 네 목소리냐? 정녕 네가 다윗이냐?"

그러면서 사울은 갑자기 소리 내어 크게 울기 시작한다.

"아, 나는 너를 그토록 못살게 굴었구나. 그런데도 너는 나를 이렇게 선하게 대하니, 정녕 너는 나보다 의롭도다! 다윗아, 오늘 주께서 네 손에 내 목숨을 넘겨주셨건만 너는 나를 죽이지 않았구나. 누가 원수를 눈앞에 보고도 그냥 살려 보내주겠느냐? 그러나 너는 오늘 나를 살려주었으니, 주께서 네게 상 내려주시기를 바란다."

사울은 격한 감정에 휩싸인 채 울음 섞인 목소리로 속마음을 털어놓았다. 그러나 이는 자기 잘못을 철저히 돌이키는 회개가 아니다. 다윗의 선행에 감동되어 북받치는 마음으로 털어놓는 일시적인 후회에 불과했다.

"다윗아, 나도 분명히 안다. 장차 너는 왕이 될 것이고, 네 왕국이 굳건히 서게 될 것을 나도 잘 알고 있다. 그러니 다윗아, 네가 장차 왕이 되면, 나의 자손들을 죽이지 않겠다고, 내 가문에서 내 이름을 지워버리지 않겠다고 주의 이름으로 맹세해다오."

마침내 사울도 본심을 드러낸다. 인정하기는 싫었지만, 다윗이 이스라엘의 왕으로 선택받은 자임을 뚜렷이 인지하고 있었다. 자신은 이미 폐위 선언을 받았고, 다윗을 죽이려는 계획과 시도는 빈번히 실패했다. 이스라엘 백성들은 물론이고, 자신의 아들조차도 다윗을 따르고 있다. 조금 전에는 자신의 목숨조차 다윗의 손에 넘겨진 일이 벌어진 것이다. 그때 다윗의 목소리가 사울 왕의 귀에 들려온다.

"폐하! 주의 이름으로 맹세합니다. 절대로 그런 일은 없을 것입니다."

다윗은 사울이 말한 그대로 맹세했다. 그러자 사울은 자기 군사들을 이끌고 왕궁으로 돌아갔다. 다윗도 일행과 함께 엔게디 산성으로 다시 올라갔다.

25

다윗과 아비가일

큰 부자인 나발이 다윗을 업신여기자
다윗은 부하들을 데리고 출동하네
위기를 느낀 나발의 아내 아비가일,
다윗에게 달려와 엎드려 절하며 용서를 비네

사무엘 선지자의 죽음과 마온 지역의 졸부 나발(25:1-13)

그 무렵, 선지자 사무엘이 임종을 맞았다. 사무엘에 의해 기름부음을 받은 두 인물, 즉 사울의 추격과 다윗의 도피가 계속되는 어수선한 정국 속에서 노령의 사무엘이 임종을 맞이한 것이다. 그때 사무엘의 나이는 대략 86세가량, 사사 시대 말엽인 주전 1103년경에 출생하여 사울 왕의 통치 말엽인 주전 1017년경에 사망한 것으로 추정된다.

죽은 뒤, 사무엘은 고향 라마에 묻혔다. 도피 중인 다윗도 사무엘의 임종 소식을 듣고는 크게 슬퍼했다. 뭔가 크게 의지하던 기둥 하나가 뽑혀 나간 듯한 허탈감을 느꼈다. 당시에 사무엘은 사울의 폭정을 견제할 수 있는 유일한 인물이었다. 그런 사무엘이 죽자, 다윗은 더욱 신변의 위험을 느껴 엔게디 산성을 떠나 왕궁에서 멀리 떨어진 바란 광야로 내려갔다. 유다 광야와 경계선 없이 이어지는 바란 광야는 이스라엘 땅의 최남단 지역으로 시나이 반도 북쪽에 위치하고 있다.

한편, 마온 지역의 갈멜 성읍에 대목장을 소유한 부자 '나발'이란 사람이 살고 있었다. 갈멜 족속 출신인 그는 미련하고 욕심 많은 졸부였다. 나발에게는 3천 마리의 양과 1천 마리의 염소가 있었다. 그런데 그의 아내 '아비가일'은 남편과는 달리 슬기롭고 아름다운 여인이었다.

갈멜은 마온 지역에서 북쪽으로 2km 지점, 이전에 아말렉 전투에서 승리한 사울 왕이 자신의 업적을 기리기 위해 기념비를 세웠던 성읍이다. 따라서 이곳에서는 사울이 영웅시되었고 그 영향력도 컸다.

하루는 다윗이 대목장 주인인 나발이 양털을 깎고 있다는 소식을 들었다. 중근동 지역의 유목민들에게 양털 깎는 날은 농부들의 추수감사절과 같아서 마을 전체가 크게 즐기는 축제의 날이었다. 그래서 다윗은 수하의 용사 10명을 나발에게 보내면서 음식 챙겨주기를 요청했다.

이때 다윗의 요구는 강탈 행위가 결코 아니었다. 치안을 유지해주는 경찰력이 없었던 시기에, 목장 주인들이 광야의 약탈자들에게서 스스로의 생명과 재산을 지키는 일은 결코 쉽지 않았다. 다윗 일행은 그동안 저들의 보호막이 되어주었는데, 그러던 중 양털 깎는 축제의 날을 맞아 약간의 도움을 정중하게 요청한 것이다. 그런데… 용사를 통해 다윗의 전갈을 받은 나발, 버럭 화를 내며 큰 소리부터 내지른다.

"뭐얏? 먹을 걸 내놓으라고? 도대체 다윗이 누구며, 이새의 아들은 또 누구냐? 요즘 주인에게서 도망치는 종들이 많다던데, 내가 그런 어중이떠중이 놈들까지 다 먹여 살려야 되겠느냐? 썩 꺼져랏! 거지 같은 놈들! 에잇, 재수 없어! 퉷퉷!"

나발이 다윗을 '이새의 아들'이라 칭한 것은 비천한 가문임을 드러내며 조롱하는 말이다. 그 말을 듣고, 다윗은 크게 분노했다. 펄펄 끓어오르는 분노로 즉각 수하의 용사 400명을 이끌고 갈멜 성읍으로 향했다.

"그런 자에게 조롱당하고 모욕당하다니! 내 그자를 절대 용서치 않으리라! 그자뿐 아니라, 그자의 집안에 속한 것들을 모조리 없애버리리라!"

나발의 지혜로운 아내 아비가일 (25:14-35)

주인 나발이 다윗의 용사들을 매정하게 내치는 광경을 목도한 종들, 그들 가운데 한 명이 심히 불안한 기색으로 나발의 아내 아비가일에게로 달려가서 자초지종을 말한다.

"크, 큰일 났습니다. 다윗이 용사들을 보내 정중하게 음식을 부탁했지만, 우리 주인님은 그들을 조롱하고 심한 모욕을 주면서 매정하게 빈손으로 쫓아냈습니다."

"뭐, 뭐라고? 그, 그게 사실이냐?"

"그렇습니다, 마님! 다윗은 우리를 해롭게 한 적이 단 한 번도 없을 뿐더러, 우리가 양떼를 먹이는 동안 든든한 성벽처럼 밤낮으로 우리를 보호해 주었습니다. 그래서 그들이 있는 부근에서는 양 한 마리도 잃어버린 적이 없습니다."

사실이 그러했다. 다윗의 군대는 나발이 소유한 수많은 양떼의 파수꾼 역할을 해주었다. 다윗의 군대는 나발의 양떼와 목자들을 사나운 맹수들의 공격으로부터, 광야의 잔혹한 약탈자인 베두인 부족의 침공으로부터 안전하게 보호해 주었다. 그런 은혜를 조롱과 모욕으로 갚은 것이다. 그야말로 배은망덕이었다.

"아, 참으로 큰일이로구나! 얼른 조치를 취하지 않으면, 우리 집안이 몰살당하고 말겠구나!"

어리석고 교만한 남편 나발과는 달리, 그의 아내 아비가일은 지혜롭고 슬기로웠다. 보고를 받은 즉시, 사태의 심각성을 깨달았다. 그녀는 얼른 집안의 종들을 시켜 빵 200덩이, 포도주 든 가죽부대 2개, 손질해놓은 양 5마리, 볶은 곡식 10말, 건포도 100덩이, 말린 무화과 200덩이를 신속하게 준비하게 한 다음, 그것들을 나귀에 싣게 했다.

"서둘러라! 어서 서둘러야 한다! 시간이 없다, 어서!"

아비가일은 남편에게는 일체 알리지 않고 일을 아주 신속하게 진행했다. 당시에 아내가 남편의 결정에 거스르는 행동을 한다는 것은 위험한 일이다. 하지만 고집 세고 불량한 남편과 상의하느라 시간을 지체하면 자칫 집안 전체가 몰살당할 판국이었다. 격분한 다윗의 군사들이 시시각각 다가오고 있는 아주 급박한 상황에서, 그녀가 남편과 일체 상의 없이 신속하게 행동을 취한 것은 지혜롭고 옳은 판단이었다.

음식을 전부 챙긴 아비가일 일행이 좁은 계곡을 지나가고 있는데, 다윗이 이끄는 400명의 용사들이 저만치서 다가왔다. 아비가일은 직감했다. 한눈에 보아도 앞선 이는 다윗이고, 뒤따르는 이들은 그의 군사들임을…. 아비가일은 얼른 나귀에서 내렸다. 그런 뒤, 앞으로 달려 나가 무릎 꿇고 다윗의 발 앞에 엎드려 애원한다.

"장군님! 제 남편은 '나발'이라는 이름 그대로 미련한 사람입니다. 장군님께서 보내신 용사들이 방문했을 때 여종은 그 자리에 없어서 만나지 못했습니다. 만일 이 여종이 있었더라면 결코 빈손으로 돌려보내는 일은 없었을 것입니다."

이때 아비가일은 남편을 '미련한 사람'이라 했다. 남편 이름인 '나발'

▲ 급히 다윗 일행을 영접하는 나발의 아내 아비가일

의 뜻이 '미련한 자'이기 때문이다. 히브리 사회에서 이름은 그 사람의 특성에 따라 종종 지어졌다. 다윗 용사들에게 안하무인격으로 행동한 나발은 부인의 눈에도 예의 없고 미련한 자였다. 무릎 꿇고 엎드린 아비가일은 계속해서 말을 잇는다.

"주 하나님께서는 오늘 장군님께서 직접 피를 흘리지 않도록, 또 장군님의 손으로 직접 복수하는 일이 없도록 막아주셨습니다."

아비가일의 말 속에는, 미련한 자에 대해 보복하는 일은 하나님께 맡겨버리고 쓸데없는 일에 공연히 피를 흘리는 일이 없기를 바란다는 뜻이 담겨 있었다.

"주님께서는 장차 장군님을 위해 굳건한 왕조를 세우실 것입니다. 그러하기에 누군가 장군님의 목숨을 빼앗으려고 아무리 뒤쫓을지라도 장군님은 아무런 해도 입지 않으실 것입니다. 주님께서 생명 보자기에 싸서 보호해주실 것이기 때문입니다. 반면에 장군님의 원수들은 하나님께서 무릿매로 팔매질을 하듯 멀리 내팽개쳐 버리실 것입니다."

아비가일의 말을 찬찬히 듣고 있던 다윗은 괜스레 헛기침을 한다. 그러는 사이에 그의 노여움도 차차 풀린다. 아비가일을 향한 말투가 한층 부드럽다.

"그대를 보내주신 이스라엘의 주님께 찬양을 드리는 바이오. 만일 그대가 나를 막지 않았더라면, 내 손으로 많은 피를 흘렸을 것이오. 오늘 나발의 집안도 그대가 살렸소!"

아비가일이 보여준 처신은 참으로 지혜로웠다. 그녀는 무조건 다윗의 용서를 구하지 않았다. 다윗을 만났을 때 자신을 '여종'으로, 다윗을 '장군님'으로 높이는 자세를 취했다. 또 남편의 무례함을 자신의 탓으로 돌리는 희생정신을 발휘했다. 무엇보다 무자비한 복수는 주께서 금하시는 일이요 장차 이스라엘의 왕이 될 자에게는 흠으로 작용된다는 점을 설득력 있게 말했다. 이 같은 지혜로운 처신으로 아비가일은 다윗의 불같은 진노를 가라앉힐 수 있었다. 화가 가라앉은 다윗은 그녀의 선물을 순순히 받아들인다.

"좋소! 진심이 담긴 그대의 영접에 이만 복수를 중단하고 돌아가리다. 그대도 평안히 돌아가시구려."

아비가일의 유순하고 지혜로운 말은 그녀의 집안을 살렸을 뿐만 아니라, 멀게 보면 다윗까지도 살렸다. 다윗이 한때의 격분을 제대로 처리하지 못하고 나발 집안을 몰살시켜 버렸다면, 백성들에게 난폭한 군주(君主)라는 인상을 깊게 심어주었을 것이다. 폭군 사울에게 당했던 이스라엘 백성들은 다윗이라는 미래의 왕에게서도 폭군의 모습을 보게 되고, 제2의 폭군이 또다시 왕이 되는 것에 대한 불안과 염려를 갖지 않을 수 없었을 것이다.

하나님은 나발 부부를 통해 다윗을 더욱 성장시키셨다. 나발에 대한 분노를 잘 다루도록 아비가일을 등장시켜, 그녀의 슬기로움을 통해 절제와 온유함을 배우게 하셨다. 분노에 대한 치유책은 화가 나는 대로 원수를 쳐 죽이는 것이 아니라, 분노 유발자를 하나님의 공의로운 손길에 온전히 내맡기는 것이다. 다윗은 아비가일에게서 그렇게 분노를 치유하는 절제와 온유함을 배운 것이다.

나발의 죽음과 다윗의 아내들(25:36-44)

다윗의 군대를 돌려보낸 아비가일이 집에 돌아와 보니 남편 나발은 뭐가 그리 좋은지 연신 웃음을 터뜨리며 호기롭게 술잔치를 벌이고 있었다. 몹시 취한 상태였다. 그래서 날이 밝을 때까지 남편에게 아무 말도 하지 않았다.

다음 날 아침, 나발이 제정신을 되찾자 아비가일은 그동안에 있었던 일을 남편에게 이야기한다.

"그게 사실이오? 다윗이 우리 집안을 몰살시키려 했다고? 흐걱!"

크게 충격을 받은 나발, 갑자기 심장마비가 일어나 몸이 돌처럼 굳어졌다. 중풍상태로 졸지에 산 송장마냥 자리보전하는 신세가 되었다. 그렇게 열흘쯤 지난 후, 나발은 결국 숨을 거두었다. 미련한 나발은 제멋대로 나팔을 불었다가 '다윗'이란 벌집을 건드렸고, 결국 자멸의 길을 걸은 것이다. 얼마 뒤, 나발이 죽었다는 소식을 전해들은 다윗이 말한다.

"오, 주를 찬양하라! 주께서는 터무니없이 나발에게 모욕당한 이 몸의 억울함을 풀어주셨도다. 주께서는 이 종이 직접 그릇된 행위를 하지 않도록 막아주셨고, 나발로 하여금 자기의 악한 행실에 대해 스스로 책임지게 하셨도다!"

이후 다윗은 과부 된 아비가일에게 청혼하였다. 지혜롭고 슬기로운 처신으로 집안의 몰살을 막고, 또 다윗 자신이 직접 피를 흘리게 하는 보복성 행위를 막은 그녀의 고상한 인격과 사람됨에 탄복했기 때문이다. 다윗의 청혼을 받은 아비가일은 감격했다. 몸종 다섯과 함께 기쁜 마음으로 다윗에게로 가서 기꺼이 그의 아내가 되었다.

훗일, 다윗은 유다의 왕이 되기 위해 헤브론으로 입성할 때 유다 지파에 속한, 갈렙의 후예 아비가일을 대동함으로써 유다 지파의 호감을 얻을 수 있었다. 아비가일은 다윗에게서 '길르압'과 '다니엘' 등 최소한 두 명의 아들을 낳았다.

당시 다윗은 이미 이스르엘 여인 아히노암과 결혼한 상태였다. 고대 중근동에서 일부다처제는 일반적인 풍습이었다. 특히 왕의 경우에는 후계자 출산을 위해, 또는 이웃 나라와의 우호 관계를 위해 여러 아내를 취했다. 첫 부인인 미갈은 사울의 딸이었지만, 사울이 다윗을 미워한 나머지 그녀를 갈림 사람인 라이스의 아들 발디에게 다시 주었다. 그 후에 다윗은 아히노암을 아내로 맞아들였고, 이제는 남편이 죽고 홀로 된 아비가일까지 맞아들인 것이다.

26
다윗, 사울을 또 다시 살려주다

다시는 다윗을 쫓지 않겠다는 약속을 깨고
사울이 또 다시 다윗을 죽이려고 하지만
다윗은 사울의 진영으로 몰래 들어가
잠자는 사울 왕을 보고도 죽이지 않고 살려주네

사울 왕이 또다시 추격하고, 다윗이 또다시 목숨을 살려주다(26:1-12)

때에 다윗과 용사들은 십 광야에 머물고 있었다. '십'(Ziph)은 헤브론 남동쪽 8km, 마온 북쪽 10km 지점에 위치한 유다 지파의 성읍이다. 거기서 다윗을 목격한 십 성읍의 주민들이 사울 왕에게 그 사실을 밀고했다. 목격하고도 알리지 않을 경우, 왕의 무자비한 보복이 두려웠기 때문이다.

"이번에는 반드시 다윗을 잡아 죽이고야 말겠다. 모두 나를 따르라!"

사울 왕은 즉시 3천의 정예병을 가려 뽑은 뒤 십 광야로 내려가 하길라산 위에 진을 쳤다. 다윗이 동태를 살펴보니, 사울 왕과 군사령관인 아브넬이 진영 안에 누워 있었고, 군사들이 그 주변을 빙 둘러 호위하고 있었다. 군사령관인 아브넬은 사울의 숙부인 넬의 아들로 사울 왕과는 사촌간이다.

사울 왕의 진영을 자세히 살피고 돌아온 다윗, 그는 한밤중에 용맹한

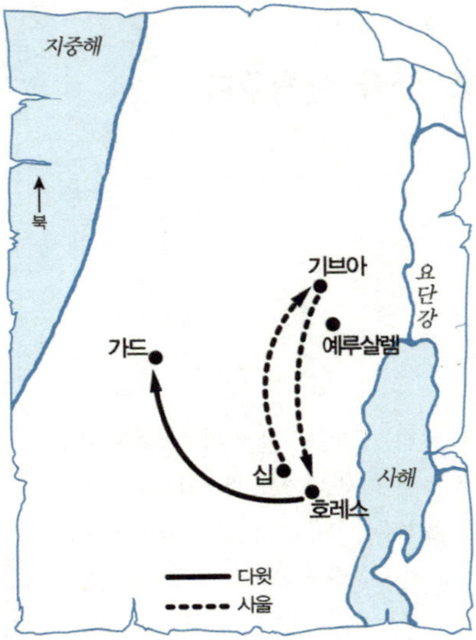

▲ 다윗을 끈질기게 추적하는 사울

장수 아비새와 함께 적진으로 다시 향했다. 아비새는 다윗의 이복누이인 스루야의 둘째 아들로, 요압의 동생이며 아사헬의 형이다. 그러니까 다윗에게는 조카 되는 인물로, 후일 다윗 군대의 30인 용사 가운데 일인이 된다.

"쉿! 조용히 다가가자."

다윗과 아비새가 몰래 다가갔을 때, 사울 왕은 창을 머리맡에 꽂아놓은 채 깊이 잠들어 있었다. 아브넬과 군사들도 여기저기 널브러져 모두가 깊은 잠에 빠져 있었다. 그들은 이른 아침부터 기브아에서 십 광야까지 40km가량의 먼 길을 행군했기 때문이다. 모두가 정신없이 곯아떨어진 상태임을 목격한 아비새가 다윗에게 나직이 속삭인다.

"주군, 오늘 주께서 원수들을 주군의 손에 넘겨주셨습니다. 그러니 제가 창으로 사울을 찔러 땅바닥에 박아놓겠습니다. 한 번이면 충분합니다. 두 번 찌를 필요조차 없습니다."

아비새는 창을 높이 들어 사울을 찌르려는 자세를 취했다. 다윗의 허락만 떨어지면, 그대로 힘껏 내리찌를 기세였다. 다윗이 그런 아비새를 황급히 말린다.

"아니다, 멈춰라. 그는 주께서 기름 부어 세우신 왕이니라. 때가 되면 절로 죽게 되거나, 아니면 전쟁터에서 죽게 될 것이다. 주께서는 기름 부어 세우신 왕을 직접 쳐 죽이는 일을 금하셨느니라. 자, 그러니

▲ 사울을 죽이지 않고 그의 창과 물병만을 가져가는 다윗

왕의 머리맡에 있는 창과 물병만 가지고 이곳을 속히 빠져나가자."

이때 다윗은 정말로 옳은 선택을 했다. 주께서는 사무엘 선지자를 통해 사울에게 기름을 부으셨다. 주께 기름부음을 받은 자의 생명은 더더욱 하나님의 주권에 속하는 것으로, 사람이 그 주권을 침범하는 것은 엄연히 죄가 된다.

뿐만 아니라, 정치적으로도 사울 왕을 직접 죽이면 다윗은 일평생 '왕을 시해한 자'라는 오명과 함께, 사울이 속한 베냐민 지파의 미움을 받고 원망을 들으며 언제든지 반란의 위험을 안고 살아가야 한다. 따라서 다윗이 억울한 감정을 최대한 자제하여 사울 왕을 직접 죽이지 않은 것은 신앙적으로도, 정치적으로도 아주 현명한 일이었다.

"됐다. 이제 속히 여길 빠져나가자."

다윗은 왕의 머리 곁에 있는 창과 물병만 살짝 취해 그 자리를 빠져나갔다. 왕의 머리맡에 놓여 있던 창과 물병, 그것들은 왕을 죽일 수 있는 절호의 기회를 잡았음에도 살려주었다는 것을 입증해주는 확실한 물적 증거였다.

다윗과 아비새가 그러는 동안에도, 사울 진영에서 그 누구도 잠에서 깬 사람은 없었다. 먼 행군에 모두가 피곤하여 푹 곯아떨어진 이유도 있지만, 사실은 주께서 그들 모두를 깊은 잠에 빠지게 하셨기 때문이다.

사울 왕이 또다시 자기 잘못을 뉘우치다 (26:13-25)

사울의 진영을 몰래 빠져 나온 다윗은 진영 맞은편의 산꼭대기에 섰다. 아직 동트기 전이고, 사울의 진영과는 멀찌감치 거리가 떨어져 있었다. 다윗이 사울의 진영을 향해 큰 소리로 외친다.

"아브넬아! 아브넬아!"

"엉? 이게 무슨 소리지?"

사울의 진영에서 깊은 잠에 빠졌던 자들이 하나둘씩 깨어났다. 사울 왕과 아브넬도 잠에서 깼다. 잠에서 깬 아브넬이 큰 소리로 대꾸한다.

"대체 어떤 자냐? 왕이 계시는 곳에서 크게 소리를 지르는 네 놈은 누구냐?"

"아브넬아, 네가 대장부가 아니냐? 그런 네가 어째서 왕을 제대로 지키지 못했느냐? 방금 왕을 죽이려고 진영 안으로 들어갔다가 나온 사람이 여기에 있다!"

"아니, 저자는 다윗이 아니냐? 이놈, 지금 무슨 말을 지껄이고 있는 게냐?"

다윗과 아브넬은 서로 잘 아는 사이다. 다윗은 사울 왕의 사위이고 아브넬은 사울 왕의 사촌이었기에, 이전부터 둘은 친분관계를 유지하고 있었다. 몇 해 전에 골리앗과 싸워 이긴 다윗을 사울 왕에게로 데려간 자도 아브넬이다.

"아브넬아, 군사령관으로서 너는 수치스러운 일을 저질렀다. 주께서 기름 부어 왕으로 세우신 네 주인을 똑바로 지키지 못했으니, 너와 군사들은 죽어 마땅하다. 왕의 창과 물병은 어디로 사라졌느냐? 어디 한 번 찾아보아라!"

"뭐라? 왕의 창과 물병?"

아브넬은 급히 사울 왕의 창과 물병을 찾아보았다. 아무 데도 없었다. 순간, 아브넬의 얼굴이 창백해졌다. 그러는 사이, 사울 왕이 다윗의 목소리를 알아듣고는 큰 소리로 말한다.

"내 아들 다윗아, 이것이 정말로 네 목소리냐?"

이때 사울 왕은 다윗을 '내 아들 다윗'이라 불렀다. 또다시 자기 목숨을 살려준 다윗에게 아들과 같은 친밀한 애정이 왈칵 솟아올랐기 때문이다.

"그렇습니다. 폐하! 저는 다윗입니다. 정말로 이는 내 목소리입니다."

"아, 다윗! 정녕 너로구나. 내 아들 다윗이로구나."

사울 왕은 무언가 알지 못할 짧은 탄식을 내뱉었다. 그때 다윗이 말을 잇는다.

"내 주 왕이시여, 무엇 때문에 이 몸을 계속 뒤쫓는 것입니까? 제가 왕께 무슨 악한 짓을 행했나이까? 우리 주님께서 왕으로 하여금 저를 처단하려 하신다면 이 몸은 기꺼이 제물이 되겠습니다. 하지만 신하들이 저를 모함하여 왕을 부추기는 것이라면 주님께서 그들을 벌하실 것입니다."

"아, 다윗…. 내 아들 다윗아!"

사울 왕은 자신을 책하는 듯 자기 가슴을 탁탁 쳤다. 다윗은 계속 말한다.

"오, 왕이시여! 제발 빕니다. 제 피가 이방 땅을 적시는 일이 없도록 해주십시오. 존귀한 왕께서 어찌 온 산을 헤매는 사냥꾼처럼 행동하십니까? 이스라엘의 왕께서 산에서 메추라기를 사냥하는 사람처럼, 어찌 벼룩 한 마리를 잡으려고 출동하셨나이까?"

구구절절 가슴에 와 닿는 다윗의 하소연에 사울이 참으로 미안하고도 다정한 목소리로 대답한다.

"내 아들 다윗아, 내가 네게 죄를 지었구나. 네가 내 생명을 귀하게 여겼으니, 나도 네게 더 이상 해를 입히지 않겠다. 내가 아주 큰 실수를 했노라. 부디 나를 용서해다오. 내 아들, 다윗아!"

이 순간만큼은 사울도 진심이었다. 그러나 그때뿐, 다윗은 사울의 그런 마음이 오래 가지 못할 것임을 잘 알았다. 어느 순간, 악령에 사로잡히고 강박증이 도지면 언제 그랬느냔 듯 다시금 자신을 잡아 죽이려고 찾아다닐 것이기 때문이다.

"여기 왕의 창과 물병이 있습니다. 이 몸은 주께서 기름 부어 세우신 왕께 손끝 하나 대지 않았습니다. 오늘 제가 왕의 생명을 아껴준 것처럼, 주께서도 제 생명을 아껴주시고 어떠한 어려움 속에서도 지켜주실 것입니다."

"오, 그래! 내 아들 다윗아, 진실로 그러하다. 주께서 네게 복을 내리실 것이다. 너는 장차 큰일을 행할 것이고, 반드시 승리하는 삶을 살 것이다."

"왕이시여, 편히 돌아가시고 항상 강녕하소서!"

다윗은 엎드려 왕에게 큰절을 했다. 그런 후에 제 길을 갔고, 사울도 왕궁으로 돌아갔다. 때는 다윗이 사울 왕의 추격을 피해 도망 다닌 지 대략 5-6년쯤 되던 해다(주전 1015년경). 당시 다윗의 나이는 25세쯤, 사울의 나이 75세였다. 이때 헤어진 후로, 다윗과 사울 왕은 영영 만나지 못한다. 이후에 사울 왕이 블레셋과 치른 길보아 전투에서 전사했기 때문이다(주전 1010년경).

27

블레셋 땅으로 피신한 다윗

사울에게 붙잡히면 죽고 말겠구나
차라리 멀리 도망가자
다윗이 블레셋 땅 가드로 가자
아기스 왕은 다윗에게 시글락 성읍을 내주네

다윗이 블레셋 땅 가드로 피신하다 (27:1-5)

'흠…, 이번엔 그냥 넘어갔지만 언제 또다시 추격해올지 모른다. 아, 언제까지 이렇게 숨바꼭질을 해야 하나? 이참에 사울 왕의 추격권에서 완전히 벗어나야겠구나.'

다윗은 이스라엘 땅을 떠나 블레셋 지경으로 피신하기로 작심했다. 사울 왕이 일시적으로 감동을 받아 추격을 포기하고 왕궁으로 돌아가긴 했지만, 머잖아 또다시 자신을 추격해 올 것임을 잘 알고 있었기 때문이다. 그렇다. 자신이 살아있는 한, 사울은 끝까지 추격을 포기하지 않을 것이다. 그러니 사울 왕의 통치권이 미치는 이스라엘 땅 안에서는 더 이상 숨을 곳이 마땅치 않았다.

"자, 모두 가자! 이 땅을 떠나도록 하자!"

다윗은 용사들과 식솔을 거느리고 이스라엘 땅을 떠나 블레셋의 가드 왕 아기스에게로 갔다. 아기스는 마옥의 아들이다. 가드는 블레셋의 5대 도시국가(가드, 가사, 아스글론, 에그론, 아스돗) 중 하나다. 다행히 아기스는 다윗 일행을 반갑게 맞아주었다. 사울의 추격 대상이 된 다윗의 군사력을 이용할 요량으로 전략상 받아들인 것이다.

"그래? 다윗이 블레셋 땅으로 도망갔다고? 그렇다면야…."

다윗이 블레셋 땅 가드로 도망갔다는 사실이 사울에게 즉각 보고되었다. 그러자 사울 왕은 더 이상 다윗을 추격하지 않았다. 블레셋 땅까지 추격하여 굳이 전쟁 도발의 위험을 감수할 필요가 없었기 때문이다.

다윗 일행이 블레셋 땅의 시글락 성읍에 정착하다 (27:6-12)

다윗은 가드 왕 아기스로부터 시글락 성읍을 생활터전으로 하사받았다. 시글락은 가드 남방 40km 지점에 위치한 블레셋 성읍이다. 후일 시글락은 유다에 속한 땅이 된다. 거기서 다윗은 1년 4개월 동안 살았다. 고단했던 도피생활 중에서는 가장 편안했던 시절이다.

블레셋 땅의 시글락 성읍에 거주하는 동안, 다윗은 그술, 기르스, 아말렉을 공격했다. 세 족속은 예로부터 블레셋과 이스라엘의 남부 지역이며 이집트 땅의 국경지대인 술 광야와 바란 광야에 걸쳐 살고 있었던 가나안 족속들이다. 다윗은 어느 지역을 공격하든 누구도 살려두지 않았다. 그런 뒤 양과 소, 나귀와 낙타, 의복 등을 전리품으로 취했다. 이런 일이 있고 나면, 가드 왕 아기스는 으레 다윗에게 묻곤 했다.

"그래, 오늘은 어디를 또 약탈한 것이오?"

그러면 다윗은 으레 사실과 다르게 대답하곤 했다.

"네, 유다의 남쪽 지방입니다."

"오늘은 여라무엘 족속의 남쪽 지방입니다."

"이번에는 겐 족속이 사는 남쪽 지방입니다."

다윗이 대답한 위의 세 족속 가운데 유다는 다윗의 동족인 이스라엘을, 여라무엘 족속은 유다의 손자이며 베레스의 장남인 헤스론의 자손을,

그리고 겐 족속은 모세의 장인이 속해 있던 미디안 부족의 일족이었다. 그러니까 이들 세 족속은 모두 이스라엘과 돈독한 우호관계를 유지하던 민족들이다.

이처럼 다윗은 아기스 왕의 신임을 얻기 위해 거짓으로 보고했다. 사실, 다윗이 공격한 대상은 당시 이스라엘 백성을 괴롭히던 그술 족속, 기르스 족속, 그리고 아말렉 족속이었다. 그런데 만일 이 같은 사실이 그대로 알려지면, 다윗은 아기스 왕의 의심을 피할 수 없었다. 그래서 다윗은 남자나 여자를 포로로 사로잡아 가드에 데려온 적이 한번도 없었다. 다윗이 행한 일을 소문낼까 두려웠기 때문이었다.

아기스는 다윗의 말을 그대로 믿고, 이렇게 생각했다.

'흐흐. 다윗은 자기 동족 이스라엘 사람들에게서 크게 미움을 살 수밖에 없게 되었구나. 그러니 그는 영영 내 종이 될 수밖에!'

28
무당을 찾아간 사울

변장한 사울이 무당을 찾아가
사무엘의 영혼을 불러 달라고 하자
긴 옷 입은 노인이 나타나
이스라엘의 패배를 선언하네

블레셋과 이스라엘이 대치하다 (28:1-6)

그 무렵, 블레셋이 이스라엘을 총공격하려고 군대를 소집했다. 때는 다윗이 시글락 성읍에 정착한 지 5년쯤 지난 해였다(주전 1010년경). 가드 왕 아기스는 다윗 일행을 블레셋 군대에 참여시키고자 했다. 이때쯤 아기스는 다윗이 자신의 수하에 완전히 들어온 줄로 굳게 믿고 있었기 때문이다.

"다윗, 이번에 우리가 이스라엘을 총공격하려 한다네. 그러니 그대 군사들도 우리와 함께 참여해서, 그대의 원수인 사울의 군대와 싸웠으면 하네!"

다윗은 진퇴양난에 빠졌다. 전투 참여를 거절한다면 그동안의 행위가 거짓임이 드러날 판국이다. 그렇다고 동족을 상대로 싸운다면, 그것은 조국 이스라엘에 대한 반역 행위로 이스라엘의 왕위는 영영 물 건너갈 판국이었다. 얼떨결에 대답은 했지만, 다윗은 어찌해야 좋을지 몰라

안절부절못하였다.

"뿌우우 뿌 뿌우!"

한편, 블레셋 군대의 총공격으로 이스라엘은 초비상이 걸렸다. 나팔을 불어 군사들을 대대적으로 소집했다. 이때 블레셋 군대는 아벡에서 소집되어 대략 60 km 정도 북쪽으로 행군하여 갈멜 남동쪽 25 km 지점, 길보아 북쪽 15 km 지점에 위치한 이스라엘 지역의 수넴 땅에 진영을 쳤다.

▲ 이스라엘과 블레셋 간의 길보아 전쟁

이에 맞서 사울의 군대는 기브아에서 북쪽으로 행군하여 길보아에 진을 쳤다. 길보아는 이스르엘 계곡을 사이에 두고 수넴 맞은편에 위치한 해발 380m의 산악 지대다. 사울 왕은 길보아 산지의 동쪽 끝에 있는 이스르엘 계곡 쪽에 진영을 꾸렸다.

'큰일이로다. 블레셋 군대의 진세가 참으로 대단하다. 어쩌면 좋지?'

사울 왕은 블레셋 군대의 진영을 보고는 마음이 크게 요동쳤다. 너무도 두려워 주님께 여쭈어 보았다. 그러나 이미 사울을 버린 주님께서는 꿈으로도, 우림과 둠밈으로도, 그리고 선지자를 통해서도 사울에게 아무런 대답을 해주지 않으셨다. 나라가 위기에 처할 때마다 든든한 기둥처럼 의지하던 사무엘 선지자는 이미 7년 전에 죽었다(주전 1017년경). 이렇게 사울 왕은 사무엘을 잃었을 뿐만 아니라 하나님까지도 잃은 상태였다. 그러자 궁지 몰린 사울은 최악의 선택을 하고 만다.

사울 왕이 엔돌 지역의 무녀를 찾아가다 (28:7-25)

"여봐랏! 용한 무녀를 한 사람 찾아보라. 내가 무녀에게 물어보아야 할 것이 있다."

사울은 초조하고 답답한 나머지 최후의 방법으로 무당을 통해 하나님의 뜻에 접신하기를 원했다. 그가 전에는 온 이스라엘 지역에서 무당들을 추방했지만, 상황이 다급하다 보니 어딘가에 숨어 있는 용한 무당을 찾아보라고 명한 것이다. 무당을 통한 접신(接神), 그것은 모세 율법에서 엄히 금지된 아주 사악한 행위였다. 그러나 하나님의 영이 떠나간 사울은 그런 율법의 금지조항에 아랑곳없이 허겁지겁 무녀를 찾고 있는 것이다. 사울 왕의 명령에 신하들이 이내 대답한다.

"폐하, 엔돌 지역에 용한 무녀가 한 사람 있습니다. 그 무녀는 죽은 사람의 혼백(魂魄)도 불러올린다고 합니다."

사울 왕은 변장한 몸으로 곧장 무녀가 있다는 엔돌 지역으로 향했다. 엔돌은 당시 이스라엘 군대가 진치고 있던 이스르엘에서 북쪽으로 16km 지점에 있는 작은 마을이다. 사울이 엔돌로 가려면 블레셋 진영이 있는 수넴을 통과해야 했다. 위험한 길이었지만, 왕은 기어코 신탁을 알고 싶어 기꺼이 위험을 감수한 것이다. 처음에 무녀는 자신을 찾아온 그 남자가 왕임을 눈치채지 못했다. 왕이 변장했기 때문이다.

"너는 내가 말하는 사람의 혼백을 불러내라."

그러자 무녀가 깜짝 놀라며 자신을 찾아온 그 남자에게 말한다.

"아니, 지금 무슨 소리를 하는 것입니까? 사울 왕이 이 땅에서 행한 일을 분명히 아실 텐데요. 왕은 무당들이 이 땅에서 발붙이고 살지 못하게 하였소. 그런데 당신은 어찌하여 내게 목숨 걸고 그런 일을 하라고 부탁하는 것이오?"

이에 사울 왕이 주의 이름을 걸고 그 무녀에게 맹세한다.

"걱정하지 마라. 너는 이 일로 인해 어떤 처벌도 받지 않을 것이다."

"그렇다면 제가 누구의 혼백을 불러 올릴까요?"

"사무엘 선지자의 혼백을 불러 올려라."

이때 사울이 사무엘 선지자의 혼백을 원한 까닭은 분명하다. 그는 자신에게 기름 부어 이스라엘의 왕으로 세운 사람으로, 살아있을 적에 자신에게 적절한 조언을 해주었던 인물이기 때문이다.

엔돌의 무녀는 알아듣지 못할 말을 뭐라고 중얼거리며 혼백을 불러올리는 기이한 의식을 행했다. 그러더니 갑자기 뭔가를 본 듯 크게 놀라며 뒤로 나자빠졌다. 지하에서 사무엘의 혼백이 올라오고 있는 것을 보았던 것이다. 동시에 그녀는 사울을 향해 크게 소리 질렀다.

"아, 어째서 저를 속이셨습니까? 당신이 바로 사…, 사울 왕이로군요!"

"그렇다. 나는 왕이다. 그러나 두려워하지 마라. 지금 네게 보이는 것이 무엇이냐?"

"한 혼백이 땅밑에서 올라오는 모습이 보입니다."

"그 사람의 생김새가 어떠하냐?"

▲ 길보아 전투를 앞두고 엔돌의 무녀를 찾아간 사울 왕

"긴 옷을 걸친 노인입니다."

무녀의 말을 듣고 사울 왕은 직감했다.

'맞다! 그 사람은 사무엘 선지자가 분명하다….'

사울 왕은 사무엘 선지자라는 것을 알아차리고, 얼굴이 땅에 닿도록 엎드려 절을 했다. 사무엘이 사울에게 말하기 시작했다.

"사울, 그대는 왜 나를 불러올려 괴롭히는 것이오?"

"오, 선지자님, 제발 저를 도와주십시오. 블레셋 군대가 몰려왔는데 주님께서는 제게서 떠나가 버렸습니다. 그러니 이런 급박한 상황에서 제가 어찌해야 합니까? 부디 행할 바를 알려주소서!"

사무엘이 무녀의 입을 통해 대답한다.

"주께서는 나를 통해 예언하신 것을 그대로 이루셨소. 주께서는 이 나라의 왕위를 그대 손에서 빼앗아 그대와 가까운 이웃인 다윗에게 넘겨주셨소. 주께서는 그대에게 아말렉 족속을 멸하라 명하셨지만 그대는 순종하지 않았소. 하여, 주께서는 그대와 이스라엘을 블레셋의 손에 모두 넘겨주실 것이오. 내일이면, 모두가 죽어 나와 함께 지하에 있을 것이오. 그리 아시오."

사무엘의 말에 큰 충격을 받은 사울, 피를 토하듯 비명을 지르며 그대로 땅바닥에 엎드러졌다. 그렇잖아도 사울은 아무것도 먹지 않아 기진맥진해 있던 참이었다.

무녀가 사울 왕에게로 다가가 보니 왕은 온몸을 부들부들 떨고 있었다. 무녀는 기력이 떨어진 사울 왕에게 먹을 것을 내밀었다. 왕은 손을 내저으며 아무것도 먹지 않겠다고 거절했지만, 무녀와 신하들이 계속 권하자 왕은 마지못해 조금 먹었다. 얼마 후, 사울 왕과 신하들은 엔돌의 무녀 집을 떠나 이스라엘 진영으로 돌아갔다.

29

다윗, 이스라엘과의 싸움에서 제외되다

블레셋 편에 서서 이스라엘과
싸워야 할 위기를 당한 다윗,
블레셋 지도자들이 다윗의 참전을 거부하자
다윗은 안도의 한숨의 쉬네

블레셋의 지도자들이 다윗 군대의 참전을 반대하다 (29:1-5)

블레셋 진영과 이스라엘 진영 사이에 팽팽한 전운이 감돌았다. 폭풍 전야의 고요함 같은 긴장감이다. 다섯 개의 도시국가로 이루어진 블레셋, 그들의 연합군은 가드, 가사, 아스글론, 아스돗, 에그론 군사들이다. 다윗과 600명 용사들도 가드 왕 아기스의 부대에 편입되어 뒤에서 행진했다. 그때 한 왕이 가드 왕에게 묻는다.

"왕의 부대에 있는 저 히브리 사람들은 누굽니까?"

"다윗과 그의 부하들이오. 사울의 핍박을 받아 1년 이상을 나와 함께 지냈소. 그 기간 동안, 나는 그들에게서 아무런 허물을 찾아내지 못했소. 그러니 그는 믿을 만하오. 내가 보증하리다."

"아니, 그게 무슨 소립니까? 당장 그들을 돌려보내십시오. 전쟁이 시작된 후 그들이 뒤에서 우리를 공격하면 그땐 어쩔 셈입니까?"

"듣고 보니, 그럴 수도 있겠군요. 이를 어쩐다…?"

웃음기가 사라진 아기스 왕이 심각한 표정으로 고민하자, 블레셋의 다른 지도자들이 쐐기를 박는 말로 다윗의 참전을 강력히 반대한다.

"왕은 정녕 그 사실을 모른단 말입니까? 예전에 이스라엘 백성들이 다윗을 향해 춤추고 노래하면서 '사울은 수천 명을 죽였지만, 다윗은 수만 명을 죽였다네!' 하고, 크게 칭송하던 그 다윗이 아닙니까!"

다윗 군대가 이스라엘과의 싸움에서 제외되다 (29:6-11)

가드 왕 아기스는 결국 다윗을 돌려보내기로 생각을 바꾸었다. 아기스 왕의 말을 듣고, 다윗이 짐짓 화를 내며 반문한다.

"아니, 제가 주군의 대적들과 대항하여 싸우지 말아야 할 이유가 무엇입니까?"

실상 다윗은 회군을 명하는 아기스 왕의 말에 '옳다구나!' 했다. 동족들과 싸운다는 것은 얼마나 끔찍한 일인가! 그런데 전쟁에 참전할 수 없게 되었다는 말을 듣고서, 다윗은 뛸 듯이 기뻐하며 주님께 감사했다. 하지만 그런 속마음을 내보일 수가 없었다. 겉으로 섭섭한 일인 양 행동함으로써 아기스로부터는 신임을 유지하고, 다른 블레셋 지도자들의 의심으로부터 자신을 보호해야 했다. 다윗의 말을 듣고, 아기스 왕이 달래듯 말한다.

"나야 물론 다윗 그대를 의심치 않고 믿소. 하지만 다른 블레셋 지도자들이 그대의 출전을 극구 반대하오! 그러니 그대가 이해하구려. 내일 아침 날이 밝는 대로 그대는 용사들을 데리고 떠나도록 하시오."

다음날 아침, 다윗은 일찍 일어나 자기 용사들을 이끌고 시글락 성읍으로 돌아갔다. 그리고 블레셋 연합군은 이스라엘 군대가 진영을 친 이스르엘 골짜기로 진군해 올라갔다. 이스르엘 골짜기는 길보아산의 동쪽 끝에 위치한다.

30
아말렉을 쳐부수다

아말렉 족속의 습격으로 약탈을 당하자
다윗은 하나님의 뜻을 물어
아말렉 족속을 쳐부수고
포로로 잡혀갔던 두 아내도 다시 찾네

시글락 성읍이 아말렉 족속에게 짓밟히다 (30:1-6)

블레셋 군대에서 떨어져 나온 다윗, 그는 부하들과 함께 사흘 만에 본거지인 시글락 성읍에 도착했다. 그런데 잠시 자리를 비운 사이, 아말렉 족속이 유다의 남부 지역과 시글락을 침략했다. 일전에 다윗이 아말렉을 공격한 일에 대한 복수전이었다. 아말렉 군사들은 시글락을 철저하게 짓밟았다. 모든 것들을 불살라 잿더미로 만들었다. 그런 뒤 여자와 어린아이를 가리지 않고 모조리 포로로 사로잡아 끌고 갔다.

"아, 아, 이럴 수가! 어찌 이런 일이!"

다윗과 용사들은 잿더미로 변한 성읍을 보고 크게 충격을 받았다. 게다가 아내와 자식들이 포로로 붙잡혀간 사실을 알고는 기력조차 없을 정도로 소리 내어 울었다. 다윗의 두 아내인 아히노암과 아비가일도 포로로 잡혀갔다.

"이번 일은 다윗에게도 책임이 있다!"

▲ 아말렉 족속이 시글락 성읍을 짓밟고 약탈하다

졸지에 삶의 터전을 잃고 가족을 빼앗긴 용사들은 극도로 흥분하여 자제력을 잃고 다윗을 돌로 치려 했다. 다윗은 찢어질 듯 마음이 아팠다. 부하들의 원성에 어떤 변명도 하지 않았다. 특별한 대비책 없이 성읍을 비운 자신의 실책을 순순히 인정했다. 그러는 사이에 부하들도 이성을 찾아 더는 과격해지지 않았다. 다윗은 하나님을 생각하고는 다시 기운을 냈다. 절망한 채 이대로 주저앉을 수는 없었다.

다윗이 아말렉 족속을 응징하다 (30:7-17)

다윗은 즉시 제사장 아비아달에게 명하여 '에봇'을 가져오라 했다. 제사장이 에봇을 가져오자, 다윗이 주께 여쭙는다. 물론, 에봇 주머니 속에 있는 제비뽑기 도구인 '우림'과 '둠밈'을 통해서다.

"주님, 우리가 지금 약탈자들을 추격해도 될까요? 그들을 따라잡을 수 있겠습니까?"

그러자 주께서 응답하신다.

"그들을 추격하라. 너는 틀림없이 그들을 따라잡을 수 있겠고, 잡혀간 사람들도 모두 구할 수 있다."

"오, 주님! 감사합니다!"

다윗은 즉시 600명의 용사들과 함께 전속력으로 추격했다. 브솔 시내에 이르자, 그들 중 200명이 뒤로 처졌다. 계속되는 강행군으로 체력이 크게 떨어진 자들은 더 이상 행군이 불가능했다. 그래서 다윗은 뒤로 처진 자들은 브솔 시내에 머물게 하고, 나머지 400명의 용사들로 계속 추격했다. 추격 중에 다윗의 군대는 어느 들판에서 한 이집트 소년을 만났다. 그 소년은 사흘을 꼬박 아무것도 먹지도 마시지도 못한 상태에 있었다. 소년에게 빵과 포도주를 먹이자, 기력을 되찾았다. 그러자 아말렉 족속에 대한 정보를 얻고자 그에게 묻는다.

"그래, 너는 어디 소속이며 네 고향은 어디냐?"

"네, 저는 이집트 출생으로 아말렉 사람의 종으로 있었습니다. 그런데 제가 병들자, 주인은 사흘 전에 저를 버리고 갔습니다."

소년은 아말렉 족속이 이집트의 어느 변방을 노략하면서 붙잡아온 노예였다.

"저를 죽이지 않을 것이고, 제 주인에게 저를 도로 넘겨주지도 않겠다고 하나님의 이름을 걸고 맹세해 주신다면 제가 길을 안내해 드리겠습니다."

소년은 다윗의 맹세를 받은 뒤, 다윗 군대를 아말렉 족속에게로 안내했다. 광야에서 이리저리 떠도는 아말렉 족속이기에, 이집트 소년의 안내가 결정적으로 도움이 되었다. 일이 형통하게 풀린 것이다.

때에 승리에 취한 아말렉 군사들, 그들은 어느 넓은 들판에서 크게 술판을 벌인 터라 모두가 곤드레만드레 상태로 몸도 제대로 가누지 못했다. 다윗와 400명의 용사들은 매복한 채로 새벽을 기다려 졸지에 기습했다. 그야말로 아닌 밤중에 홍두깨, 아말렉 군사들은 손 한번 제대로 써보지 못한 채 속수무책으로 당했다. 술에 쩔어 제 한 몸조차 가누지 못하니 어찌 맞서 싸울 수 있으랴! 칼에 맞아 추풍낙엽처럼 쓰러졌다. 용케 목숨을 건진 자들은 낙타를 집어타고 부랴부랴 도망치기 바빴다. 그렇게 도망친 자들은 겨우 400명뿐이었다.

다윗이 전리품을 공평하게 분배하다(30:18-31)

다윗과 그의 군사들은 아말렉 족속에게 약탈당한 모든 것을 되찾았다. 포로로 잡혀간 여자와 어린아이들을 비롯하여 빼앗겼던 물건들도 모두 되찾았다. 물론 다윗의 두 아내도 되찾았다. 게다가 아말렉 족속에게서 수많은 가축 떼와 귀한 물품들도 아주 많이 전리품으로 취했다.

"이거야말로 전화위복이로군. 잃었던 모든 것들을 아무 손상 없이 모두 되찾았을 뿐만 아니라, 거기에 더해 훨씬 많은 것들을 취했으니 말이야!"

슬픔이 변하여 기쁨이 되었다. 다윗의 부하들은 크게 기뻐하며 전리품들을 챙겼다. 뒤처져 브솔 시내에 남아 있던 200명의 용사들은 크게 승리하고 돌아오는 다윗 일행을 반갑게 맞이했다.

"자, 우리가 취한 전리품을 모두가 골고루 분배하도록 하자!"

다윗은 전투의 참가 여부에 상관없이 아말렉 족속에게서 취한 전리품을 골고루 분배해야 한다고 말했다. 싸움에서 승리하게 된 것이 전투 참여자들의 활약 때문이 아니라, 여호와 하나님의 도우심이 있었기에 가능했다고 믿었기 때문이다. 또한 군대의 모든 구성원은 하나의 운명 공동체로서, 전투에 직접 참여하는 일뿐만 아니라 후방에서 소유물을 지키는 일도 중요하다고 판단했기 때문이다.

"그렇지만 장군님, 우리는 목숨 걸고 싸웠는데 저들은…."

"그만하라! 전리품은 모두가 똑같이 나눈다! 더 이상 이의를 제기하지 마라!"

그 날에 다윗은 하나의 규정을 만들었다. 전투의 직접 참가 여부에 상관없이 일단 전쟁터에 나온 모든 군사들에게 전리품을 골고루 분배해야 한다는 규정이었다. 그때 이후로 그런 다윗의 규정은 이스라엘 군대의 불변의 규칙이 되었다.

"아, 우리가 지쳐 낙오했는데도 전리품을 똑같이 나눠주다니!"

낙오병 200명은 큰 감동을 받았다. 전투 참전병 400명도 처음에는 공동분배를 거부했지만, 가만 생각해 보니 자기들에게도 언제든지 그런 상황이 발생할 수 있었다. 어떤 상황이든 자신이 전리품 분배에서 제외된다면 심적으로 아주 고통스러울 것이고, 결국 불평불만이 터져 나올 것이다. 그리 생각하니, 이스라엘 공동체, 특히 군대 공동체의 단합과 통합을 위해서 전리품의 골고루 분배는 아주 바람직했다. 다윗의 판단이 옳은 것이다.

시글락 본거지로 돌아온 다윗, 아말렉 족속의 약탈로 인해 파괴된 성읍을 서둘러 복구하는 한편, 전리품 중 일부를 유다의 장로들에게 두루 보냈다. 사울에게 쫓길 때 물심양면으로 도움을 베풀어준 일에 대한 감사의 표시였다. 비록 지금은 이방 땅에서 망명생활을 하고 있지만, 이스라엘을 향한 사랑은 언제나 충만하다는 사실도 보여주고 싶었다. 그래야 사울 이후 장차 이스라엘의 왕이 될 때 그들과의 관계가 돈독해질 수 있을 것이기 때문이다. 또한 다윗의 군대가 블레셋 군대에 절대로 협력하지 않았음을 입증해주는 확실한 알리바이가 될 것이기 때문이다.

이때 다윗이 전리품을 따로 챙겨 유다 지파의 장로들에게 선물을 보낸 곳들은 이러하다. 벧엘, 남방의 라못, 얏딜, 아로엘, 십못, 에스드모아, 라갈, 여라므엘 족속의 성읍들, 겐 족속의 성읍들, 홀마, 고라산, 아닥, 그리고 헤브론. 다윗은 또한 자신의 용사들과 함께 드나들던 모든 지방의 유지들에게도 고루 선물을 보냈다. 훗날을 위해 착실히 기반을 다져둔 것이다.

31
사울의 패배와 죽음

블레셋의 공격에 도망치는 이스라엘,
사울은 길보아 전투에서 화살을 맞네
부하에게 자신을 찔러 달라 애원해도 듣지 않자
제 칼에 엎드러져 숨을 거두네

이스라엘이 패배하고 사울 왕이 전사하다 (31:1-6; 대상 10:1-6)

"모두 총공격하라! 물러서지 마라!"

"돌격! 앞으로 돌격! 용기를 내라! 승리는 우리 것이다!"

길보아산에서 치열한 전투가 벌어지고 있었다. 여기저기에서 지휘관들의 호령 소리가 어지럽게 들렸다. 하지만 전투를 시작한 지 얼마 지나지 않아 승세는 급격히 블레셋 쪽으로 기울어졌다. 사울 왕이 이끄는 이스라엘 군대가 급격히 무너졌다.

그리하여 그 날, 수많은 이스라엘 군사들이 길보아산에서 죽었다. 승세를 굳힌 블레셋 연합군은 완전한 승리를 얻기 위해 눈에 불을 켜고 사울 왕과 왕자들을 추격했다. 결국 블레셋 군사들의 추격에서 벗어나지 못하고 사울 왕의 아들들이요 이스라엘의 왕자들인 요나단, 아비나답, 말기수아가 칼에 맞아 죽고 말았다. 그런 와중에 사울 왕까지도 가슴에 화살을 맞아 치명적인 상처를 입었다. 도저히 살 가망이 없다고 판단한 사울 왕은 자신의 무기를 들고 따라다니는 젊은 부관에게 명령한다.

"부관, 너는 네 칼을 뽑아 나를 죽여라. 내가 어찌 저 할례 받지 못한 자들에게 붙잡혀 수모를 당할 수 있겠느냐."

고대 중근동에서 전쟁 포로들은 다양한 종류의 고문과 수모를 겪었다. 왕이나 장수같이 이름난 포로일 경우에는 더욱 그랬다. 몸의 일부분이 절단되거나, 두 눈이 뽑히거나, 몸이 말뚝에 꿰뚫려 공중에 매달릴 수도 있었고, 쇠갈고리에 코가 꿰어져 끌려 다닐 수도 있었다. 죽은 후에 시신이 계속 모욕당하기도 했다. 사울은 이방인들에게 그런 치욕과 수모를 당하느니 차라리 스스로 죽는 게 낫다고 판단한 것이다.

"아, 소인이 어, 어찌 감히 왕을…."

사울의 무기를 든 젊은 부관은 겁을 잔뜩 집어먹고는 감히 칼을 빼들지 못했다. 치명적인 부상을 당해 고통스러워하는 왕 곁에서 부들부들 떨고만 있었다. 그러자 더는 지체할 수 없다고 판단한 사울 왕은 마지막 힘을 내어 칼을 땅바닥에 꽂아 세운 채 스스로 그 위에 푹 엎어졌다.

"아, 폐하. 아, 아!."

▲ 길보아 전투에서 패하여 자결하는 사울 왕

사울 왕이 스스로 칼에 엎어져 죽는 광경을 본 부관도 왕을 따라 칼 위에 스스로 엎어져 죽었다. 그 날, 이스라엘에서는 사울 왕과 그의 세 아들, 사울의 무기를 들고 따라다니는 부관, 그리고 수많은 군사들이 죽었다. 이스라엘의 처참한 패배였다.

야베스 주민들이 사울 왕을 장사지내다(31:7-13; 대상 10:7-14)

이스라엘의 참패 소식은 순식간에 번져 갔다. 이스라엘과 블레셋의 전쟁터였던 길보아산의 북동쪽 기슭에 있는 이스르엘 골짜기, 그 골짜기를 따라 살고 있던 사람들과 요단강 건너편 사람들도 사울 왕과 왕자들까지 죽었다는 소식을 듣고는 자기들의 성읍을 버리고 황급히 짐을 꾸려 피난길에 올랐다. 그러자 블레셋 군사들이 이내 몰려와서는 그들이 살고 있던 성읍들을 모두 점령해버렸다.

"앗! 이자는 이스라엘의 왕 사울이다."

"보라, 여기 사울 왕의 아들들도 있다!"

다음 날, 블레셋 군사들이 죽은 이스라엘 군사들의 옷을 벗기러 왔다가 길보아산에서 사울 왕과 그의 세 아들의 시체를 발견했다. 그들은 칼에 엎드러져 죽어 있는 사울 왕의 머리를 자르고 그의 갑옷과 장비를 취한 뒤 자기 진영으로 돌아갔다.

"사울 왕과 그의 아들들의 시신을 성벽에다 못 박도록 하라!"

블레셋 지도자들은 사울의 갑옷을 자신들의 신을 모신 아스다롯 신전에 보관하고, 사울과 그의 세 아들들의 시체를 벧산 성벽에 못 박아 달아두었다. 이는 자신들의 승리를 널리 과시하고, 이스라엘 왕과 왕자들과 백성들에게 수치와 모욕을 주기 위해서다. 벧산은 이스르엘 골짜기의 동쪽 끝자락에 있는 성읍으로, 요단강으로부터 서쪽으로 6km, 갈릴리 호수로부터는 남쪽으로 20km 지점에 위치했다.

"뭐라고? 그자들이 왕과 왕자들의 시신을 성벽에다 못 박아 매달아 두었다고? 아, 어찌 그럴 수가!"

요단강 건너편의 길르앗 지역에 살고 있던 야베스 주민들은 이스라엘의 참패 소식과 함께 블레셋 사람들이 사울 왕과 그의 세 아들에게 자행한 만행을 전해 들었다.

“사울 왕과 왕자님들의 시신을 탈취해 와야 하지 않겠습니까! 우리가 목숨 걸고 왕과 왕자들의 시체를 빼앗아오도록 합시다. 그래서 이스라엘의 수치와 모욕을 씻어냅시다! 절대로 그대로 둘 수는 없습니다!”

길르앗 지역의 야베스 주민들이 사울 왕을 위해 이처럼 목숨 걸고 분연히 일어선 데에는 이유가 있다. 이전에 그들은 사울 왕에게 결코 잊을 수 없는 큰 은혜를 입었다. 오래전, 암몬 왕 나하스에게 오른쪽 눈알이 뽑힐 뻔한 큰 모욕을 당할 처지에 놓였을 때, 사울 왕이 과감히 일어나 암몬 군대를 물리침으로써 자신들을 구출해 주었기 때문이다.

야베스 주민들 가운데 용기 있는 장정들이 분연히 나서서 한밤중에 벧산으로 올라갔다. 그들은 방심하고 있던 블레셋 군사들의 수비를 뚫고 성벽에 매달려 있는 사울 왕과 세 왕자들의 시체들을 끌어내려 야베스로 가지고 왔다. 그런 후에 시체들을 모두 화장했다. 그렇게 화장을 한 이유는, 시체가 많이 손상되고 부패되어 매장하기에는 적절하지 못했기 때문이다. 또한 시체를 매장할 경우에는 블레셋 사람들이 또다시 시체를 파내어 모욕을 가할 우려도 있었기 때문이다. 시신을 화장한 뒤, 야베스 주민들은 뼈를 거두어 야베스 성읍에 있는 상수리나무 밑에 묻었다. 그리고는 이스라엘의 왕과 왕자들의 죽음을 크게 슬퍼하며 7일 동안 금식했다.

“오, 슬프다! 이스라엘의 왕이여! 사울 왕이여!”

“아, 이스라엘의 왕자들이여, 편히 쉬소서! 고이 눈을 감으소서!”

이스라엘의 왕 사울은 결국 길보아산에서 블레셋과 치른 전쟁에서 패배하여 전사하고 말았다. 아니, 스스로 목숨을 끊고 말았다. 사무엘 선지자에게서 기름부음을 받고 이스라엘의 초대 왕이 되어 그 땅을 통치한 지 40년이 흐른 때였다(주전 1010년경).

처음 사울은 걸작(傑作)으로 출발했지만, 왜 이렇게 졸작(拙作)이

되고 말았을까? 그는 하나님의 언약을 중시하지 않았다. 조상 야곱은 분명 유다 지파에서 왕이 나온다고 예언했고, 모세도 유다 지파가 왕권을 갖는다고 예언했다. 그가 하나님의 언약을 믿었다면, 베냐민 지파에서 왕으로 부름 받은 자신의 사명을 항상 묵상하며 겸손하게 처신해야 했다. 그러나 사울은 한번 얻은 기득권을 놓지 않으려고 발악했다. 그래서 예언과 언약을 무시했고, 주님의 뜻을 거스르는 역리(逆理)의 삶을 살고 말았다.

그 결과, 사울은 왕이 된 이후로 평생 다윗을 추격했다. 다윗을 죽이고 자신의 왕권을 공고히 하려고, 다윗에 대한 시기심과 권좌에 대한 욕망으로 일생을 허비했다. 그러나 다윗은 힘들어도 사울을 넘어서서 하나님을 바라보며 피신 생활을 이어갔다. 그래서 한 사람은 악신에 들려 폭군이 되고, 한 사람은 인내를 배워 성군이 되었다.

중요한 사실이 하나 더 있다. 사울에게는 '광야'가 없었다. 사울에게 광야 과정이 있었더라면 겸손과 절제를 배우고 물러설 줄을 알았을 것이다. 그러나 사울은 연단과 훈련의 광야가 없었기에 교만했고 비켜설 줄 몰랐다. 후일 세례 요한이나 메시아 예수에게는 모두 광야가 있었다. 그러기에 세례 요한은 때가 되매 스스로 비켜설 줄 알았고, 메시아 예수는 "여인이 낳은 자 중에 세례 요한보다 더 큰 자가 없다."는 말로 그런 세례 요한을 인정하고 칭찬했던 것이다.

그러나 사울, 끝까지 비켜설 줄 모르고 교만에 젖어 권좌의 욕망을 악착같이 추구했던 사울, 그는 갈수록 초라해졌고 나락에 빠졌다. 그래서 결국 실패했다. 유언조차 제대로 남기지 못하고 세 아들과 전사했다. 아니, 장렬한 전사가 아니라 자살이다. 사울은 결국 하나님을 바라본 왕이 아니라 사람의 왕이었을 뿐이다. 이제 우리는 이어지는 사무엘하에서 하나님께서 세우신 왕, 하나님의 마음에 맞는 왕 '다윗'을 보게 된다. 이제 다윗의 시대, 그 찬란한 다윗 왕국이 막을 연다.

사무엘하

언약 위에 세워진 다윗 왕국

다윗은 왜 죄를 지었는가
회개하면 한없이 용서하고
너그러이 품으시는 하나님을
왜 진작 헤아리지 못했을까

사울의 종말 이후 다윗은
주의 뜻에 따라 왕좌에 오르네
왕국은 순종하면 번창하고
거역하면 재앙이 오네

흥망성쇠는 하나님의 주권
자만하고 타락하면 어김없이 벌이 내리니
다윗의 영광 뒤에는 순종이,
실패 뒤에는 교만이 있네

1

다윗의 슬픈 노래

사울 왕과 세 왕자가 죽었다는 보고에
다윗은 종일 울면서 금식하네
사울과 요나단을 잃은 다윗은
그들을 위해 애가를 지어 부르네

다윗이 이스라엘의 패배와 사울 왕의 전사 소식을 듣다 (1:1-16)

"주군! 어떤 남루한 군사 한 명이 급히 달려와 주군께 아뢸 말씀이 있다 합니다. 아마도 블레셋과의 전투에서 빠져나온 군사로 보입니다. 어찌할까요?"

"그래? 어서 들라 하라! 어서!"

때는 주전 1010년경, 다윗의 나이 30세. 다윗이 아말렉 족속을 물리치고 시글락 성읍으로 돌아와 이틀을 지낸 다음 날, 그러니까 사흘째 되던 날에 이스라엘 진영에서 패잔병 하나가 시글락 성읍으로 급히 들어왔다. 옷은 갈기갈기 찢겨 있었고 온몸에 흙을 뒤집어쓰고 있었다. 그는 침울하고 비통한 얼굴로 사울의 전사 소식을 알린다.

"장군님, 저는 싸움터에서 빠져나온 군사입니다. 그런데 전투 중에 큰 중상을 입은 채 창 자루에 기대어 간신히 버티고 서 있는 사울 왕을 보게 되었습니다. 왕은 원수들에게 모욕당하기 전에 죽여 달라

했습니다."

"그래서? 그래서 너는 어찌했느냐?"

"네, 왕께서 살 가망이 없음을 보고는 왕의 명령에 따라 칼로 찔러 죽였습니다. 그런 다음에, 왕관과 함께 왕의 팔목에 끼워진 팔찌를 빼가지고 이렇게 장군님께 급히 달려온 것입니다. 또한 그 전투에서 사울 왕의 아들들도 전부 죽었습니다."

그 군사는 아말렉 사람으로, 그 아말렉 청년은 다윗이 자신에게 큰 상급을 내려줄 것으로 기대하고 거짓을 꾸며낸 것이다(실은, 사울 왕이 자신의 칼에 엎어져 스스로 목숨을 끊었다). 그는 다윗에 대한 사울 왕의 적대감을 익히 알고 있었기에, 사울 왕의 죽음 소식을 전하면 다윗이 크게 기뻐할 것이라고 생각했던 것이다.

"아, 왕이시여! 이스라엘의 왕이시여! 아, 요나단! 내 친구, 요나단아!"

순간, 다윗은 솟구치는 슬픔을 억누르지 못했다. 비통함에 젖어 자신의 옷을 갈기갈기 잡아 찢었다. 그러자 다윗의 용사들도 모두 옷을 찢으며 함께 슬퍼했다. 그렇게 저녁때까지 꺼이꺼이 울면서 금식했다. 다윗의 슬픔은 이루 말할 수 없었다. 사울 왕과 친구 요나단의 죽음도 크게 슬펐거니와, 이방 군대에게 참패당한 이스라엘의 수치와 모욕이 폐부를 찔렀기 때문이다. 얼마나 시간이 흘렀을까? 다윗은 사울 왕의 전사 소식을 전한 그 아말렉 청년을 노려보며 명한다.

"이놈! 어찌 감히 주께서 기름 부어 세우신 왕을 죽이다니! 여봐라, 이놈을 처단하라!"

"아, 장군님! 그게 아니라…. 아, 제, 제발 목숨만…."

아말렉 청년은 그 자리에서 처형되었다. 그리 처리한 까닭은, 아말렉 청년의 보고가 거짓이라는 분명한 정황도 있었고, 무엇보다 그자가 스스로 '여호와의 기름부음 받은' 왕을 죽였다고 주장했기 때문이다. 이렇게 다윗은 아말렉 청년을 처형함으로써 여호와의 기름부음 받은 자에 대해 존경을 표하면서 여호와 하나님의 권위를 세웠다.

다윗이 사울 왕과 요나단의 죽음을 슬퍼하며 조가를 부르다 (1:17-27)

다윗은 길보아 전투에서 죽은 사울 왕과 요나단을 위해 슬픈 노래를 지었다. 그런 뒤 모든 유다 백성들에게 그 노래를 가르치도록 했다. 노래 제목은 '활 노래'다. 이 조가(弔歌)를 '활' 노래라 칭한 것은, 길보아 전투에서 사울 왕이 적군의 화살에 맞아 전사했고, 또 다윗 자신을 위기에서 구해준 것도 요나단의 화살이었으며, 사울과 요나단이 속한 베냐민 지파는 활 잘 쏘는 지파로 유명했기 때문이다. 그래서 다윗의 조가에는 활과 화살이 자주 언급되고 있다.

다윗이 지은 이 활 노래는 당시 '야살의 책'에 기록되었다. '야살'은

▲ 길보아 전투의 패배—사울과 요나단의 죽음

'의로운 자'란 뜻이다. 이 책은 고대 이스라엘 역사에서 그 이름을 빛낸 위인이나 의인, 전쟁 영웅들의 공적을 기록한 책이다. 가나안 정복전쟁 당시, 여호수아 군대가 아모리 족속의 다섯 왕을 쳐부술 때 태양이 중천에 한동안 머물렀던, 전무후무한 놀라운 사건도 이 책에 기록되었다.

자, 그렇다면 다윗이 가슴 미어지는 크나큰 아픔으로 사울과 요나단의 죽음을 애통해하며 그들을 위해 지어 부른 조가(弔歌)를 들어보자.

아, 이스라엘이여! 내 조국 이스라엘이여!
네 영광이요 네 자랑이던 이 땅의 젊은이들이
어찌하여 네 산 위에서 죽어 널려 있느냐?
어쩌다가 용맹스런 전사들이 땅바닥에 엎드러졌느냐?

블레셋의 성읍들이여! 가드와 아스글론이여!
이스라엘의 패배를 소문내지 말아라.
블레셋 여인들이 깔깔대며 기뻐하고
저 할례 받지 못한 자들의 딸들이
승리의 환호성을 지를까 심히 염려되는구나.

아, 패배의 전쟁터가 된 길보아 산줄기들이여!
너희에겐 영영 이슬이 맺히지 않고 비도 내리지 않으리라.
거기엔 이스라엘 용사들의 방패가 녹슬어 가고
사울 왕의 방패가 기름칠 되지 않은 채 버려졌구나.

오, 요나단아! 내 친구 요나단아!
너 요나단은 얼마나 활을 잘 쏘았더냐.
사울 왕은 또 얼마나 칼을 잘 썼던가.

요나단의 화살은 한 번도 빗나간 적이 없었고
사울 왕의 칼은 언제나 헛되지 않았어라.

사울 왕과 요나단이 살아생전에도 사랑하며 아끼더니
죽을 때에도 서로 헤어지지 않았도다.
독수리가 빠르다지만 그들보다 더 빠르랴.
사자가 힘이 세다지만 그들보다 더 세랴.

오, 이스라엘의 딸들아!
너희는 사울 왕을 위하여 슬피 울라.
너희에게 자줏빛 좋은 옷을 입혀주고
너희 겉옷에 금장식도 주렁주렁 달아주지 않았더냐.
너희는 너희 왕 사울을 애도하며 슬피 통곡하여라.

아, 그토록 용맹스럽던 이 땅의 젊은이들이여!
우리 이스라엘의 용사들이 싸움터에서 쓰러졌구나.
요나단이여, 그대는 어쩌다가 산 위에서 쓰러졌는가.
내 형 요나단이여! 나의 가장 좋은 친구 요나단이여!
그대 생각에 내 가슴은 천 갈래 만 갈래 미어지는구려.
여느 여인의 사랑인들 형의 우정을 따를 수 있었으랴.

아, 슬프고도 슬프도다!
사울 왕과 요나단이 죽으니
이스라엘 용사들도 여기저기 쓰러져 죽고
주인 잃은 그들의 무기들만 쓸쓸히 버려졌구나.

2
유다 왕 다윗

오랜 망명 생활을 청산하고 돌아온
디윗을 유다 지파는 왕으로 세우네
사울의 군대 장관 아브넬은
사울의 아들 이스보셋을 왕으로 삼네

다윗이 유다 지파의 왕이 되다 (2:1-7)

'흠…, 이젠 이곳 블레셋 땅 시글락 성읍을 떠날 때가 되었구나.'

사울 왕이 죽은 후, 다윗은 시글락 성읍을 떠나 유다 지파의 한 성읍으로 올라가도 되겠느냐고 주님께 여쭈었다. 이스라엘의 다른 지경에는 아직껏 사울을 추종하는 세력들이 위세를 떨치고 있었다. 그러하기에 자신이 소속된 유다 지파로 올라가야 안전을 보장받을 수 있다고 생각했다. 주께로부터 즉시 응답이 왔다.

"좋다! 시글락을 떠나 헤브론 성읍으로 올라가라."

헤브론은 예루살렘 남서쪽 40km 지점에 위치한 오래된 성읍이다. 여호수아 시대에 갈렙이 정복한 견고한 산지 성읍으로(주전 1400년경), 유다 지파의 중심부에 자리잡고 있는 군사적 요충지다. 무엇보다 헤브론에는 다윗과 친분이 두터운 유다의 장로들이 거주하고 있었다.

"자, 이젠 이곳을 떠나 헤브론으로 올라가자. 모두 짐을 챙겨라!"

다윗은 두 아내 아히노암과 아비가일과 함께, 그리고 자신을 따르는 용사들과 백성들을 데리고 시글락을 떠나 헤브론으로 올라갔다. 그러자 유다 지파의 장로들이 본국 귀환을 환영하며 다윗에게 기름을 부어 자신들의 왕으로 세웠다.

살펴보면, 다윗은 세 번에 걸쳐 기름부음을 받는다. 유다 지파의 장로들로부터 기름부음을 받은 이번이 두 번째로, 첫 번째는 지금으로부터 13년 전 베들레헴 들판에서 아버지의 양떼를 돌보던 17세 때 사무엘로부터 기름부음을 받았다. 마지막 세 번째는 사울의 후계자인 이스보셋이 죽은 후에 전체 이스라엘 열두 지파의 옹립을 받으며 왕위에 오를 때 기름부음을 받는다.

얼마 후, 길르앗 지역의 야베스 주민들이 목숨 걸고 사울 왕과 그의 아들들의 시체를 거두어다 장사지내 주었다. 다윗은 크게 기뻐하며 야베스 주민들의 행동을 주님의 이름으로 축복했다. 이 같은 다윗의 치하는 고마움에서 우러나온 진심이었다.

앞서 하나님의 기름부음 받은 자를 죽였다고 주장한 아말렉 청년을 처형한 것처럼, 하나님의 기름부음 받은 자의 시신을 잘 수습하여 장사해 준 야베스 사람들을 축복하고 그들의 노고를 치하한 것이다. 살아생전에 그토록 다윗을 죽이려고 혈안이 된 사울 왕, 그 사울 왕의 죽음과 관련해서 다윗은 어떠한 이해관계나 정치적 목적을 떠나 순수한 마음으로 진정 슬퍼하고 애도했다.

사울의 아들 이스보셋이 이스라엘의 왕이 되다 (2:8-11)

사울 왕이 죽은 직후(주전 1010년경), 사울의 군사령관 아브넬은 왕자 이스보셋을 데리고 기브아 도성을 떠나 요단강 너머 마하나임으로 건너갔다. 그곳은 일찍이 조상 야곱이 하란 땅의 20년 객지생활을 접고 돌아올 때 하나님의 천사들을 만났던 유서 깊은 곳이다. 요단강 동편 지역의 갈르엣과 얍복강 사이에 있는 고대 성읍이다.

"이스보셋 만세! 이스라엘 만세!"

마하나임에서, 군사령관 아브넬이 주축이 되어 백성들은 사울 왕의 아들 이스보셋을 이스라엘 왕으로 세웠다. 다윗을 왕으로 삼은 유다 지파를 제외하고 길르앗, 아술, 이스르엘, 에브라임, 베냐민, 그리고 나머지 이스라엘 모든 지파가 이스보셋을 왕으로 옹립했다. 사울의 아들 이스보셋은 40세에 왕이 되어 마하나임에서 2년 동안 다스렸다. 동시에 이새의 아들 다윗은 30세에 유다 지파의 왕이 되어 헤브론에서 7년 6개월 동안 다스렸다.

다윗 세력과 이스보셋 세력이 내전을 치르다 (2:12-32)

어느 날, 이스보셋의 군사령관 아브넬이 다윗 군대의 상황을 알아보기 위해 군사들을 거느리고 기브온으로 갔다. 기브온은 예루살렘 서북쪽 9 km 지점에 위치한 성읍으로, 마하나임에서 60 km, 헤브론에서 35 km 정도 떨어진 곳이다.

▲ 요압과 아브넬의 교전

소식을 들은 다윗 군대의 군사령관 요압도 즉시 군사들을 거느리고 기브온으로 올라가 연못가에 진을 쳤다. 양쪽 진영의 군사령관인 아브넬과 요압, 둘은 일찍부터 잘 알고 지냈던 사이다. 아브넬이 요압에게 먼저 제안을 해온다.

"어이, 요압 장군! 잘 지냈는가? 우리 전면전을 치르기 전에 용사를 몇 명씩 뽑아 일대일로 겨루어

보는 것이 어떤가? 어디 한번 해볼 텐가?"

"좋다! 얼마든지 상대해 주마! 자, 오너라! 핫핫핫!"

고대에는 전면전을 치르기 전에 종종 진영을 대표하여 한 명 혹은 몇 명이 출전하여 서로 힘을 겨루는 관례가 있었다. 다윗과 골리앗의 일대일 싸움도 그런 경우다. 그리하여 양측 용사들은 12명씩 출전해서 진영의 명예를 걸고 죽기 살기로 싸웠다. 칼날이 창창 부딪히고, 피가 사방으로 튀는 치열한 싸움이었다. 그래서 사람들은 그 날의 그곳 기브온 싸움터를 '헬갓핫수림'이라 불렀다. '칼날의 벌판'이란 뜻이다.

싸움 결과는 다윗 진영인 요압 군대의 승리였다. 그러자 이스보셋 진영의 아브넬 군대는 싸울 의지를 상실하고 도주하기 시작했고, 요압의 군사들이 그들을 추격했다. 그 날에 스루야의 용맹스런 세 아들, 요압과 아비새와 아사헬도 전투에 가담하고 있었다. 스루야는 다윗의 큰누이다. 따라서 요압과 아비새와 아사헬은 다윗에게 조카뻘 되는 사이다. 이들 세 사람은 다윗 군대에서 중요한 지위를 점하고 있었다.

스루야의 세 아들 중 막내 아사헬은 특히 들노루처럼 발이 빠른 자였다. 그 아사헬이 이스보셋의 군사령관 아브넬을 바짝 뒤쫓았다. 적장을 사로잡거나 죽임으로써 최고의 명예를 얻으려는 공명심 때문이다. 아브넬이 달아나면서 뒤를 돌아보며 말한다.

"아사헬아, 지금 네가 나를 쫓아오고 있는 것이냐? 나를 추격하지 말고, 오른쪽이나 왼쪽으로 방향을 틀어 젊은 용사 하나를 붙잡아 그의 무기나 빼앗도록 해라."

"아브넬! 헛소리 마라! 오늘 내가 기어코 너를 잡고야 말겠다!"

아사헬은 아브넬의 말을 무시하고 더욱 힘써 아브넬만 뒤쫓았다. 기필코 자기 손으로 사로잡든지 죽이든지 하겠다는 기세였다. 그러자 아브넬이 뒤를 돌아보며 다시 한 번 경고한다.

"아사헬, 더 이상은 나를 쫓아오지 마라. 내가 너를 굳이 창으로 찔러 죽여야 하겠느냐? 내가 너를 죽이면, 어떻게 네 형 요압의 얼굴을 볼 수 있겠느냐?"

아브넬은 요압의 동생 아사헬을 죽이기 싫지 않았다. 그의 형 요압과는 이전에 군대에서 가까운 동료요 친구였다. 또 나중에 다윗이 왕국을 통일하여 그의 휘하로 들어갈 경우에는 요압과의 관계가 껄끄러워질 수 있었다. 이런저런 이유로 아브넬은 자신을 쫓아오지 말라고 거듭 경고했다.

하지만 공명심에 눈이 먼 아사헬은 물불을 가리지 않고 계속 아브넬만 추격했다. 이러다간 자칫 아사헬에게 당할 상황이었다. 위기에 처한 아브넬은 갑자기 뒤돌아서 창끝으로 아사헬의 배를 기습적으로 찔렀다. 일격을 당한 아사헬은 그대로 푹 고꾸라지더니 즉사하고 말았다.

한편, 요압과 아비새는 해질 때까지 아브넬의 군사들을 계속 추격하여 암마 언덕까지 이르렀다. 기브온의 황무지가 시작되는 기아 맞은편이다. 거기서 아브넬은 요압에게 더는 싸우지 말자고 제안했고, 요압도 그 제안을 받아들여 그 날의 전투가 그쳤다.

아브넬은 자기 군사들을 이끌고 마하나임으로 돌아갔다. 다윗 군대의 사령관인 요압도 추격을 그치고 군사들을 점검했다. 그 결과, 동생 아사헬 외에도 19명이 전사했다는 것을 알았다. 하지만 요압 군사들이 죽인 아브넬 군사들은 무려 360명이었다. 이런 결과는, 사울 왕가가 급격히 쇠락해지고, 다윗 왕국이 급속도로 강성해지고 있음을 보여준다. 그런데 요압은 그 날의 승리가 조금도 기쁘지 않았다. 막내동생 아사헬을 잃은 슬픔에 아비새와 함께 목 놓아 크게 울었다.

"아, 아사헬아! 내 사랑스런 동생, 아사헬아! 네가 어찌 쓰러졌느냐!"

요압의 군사들은 아사헬의 시체를 메어다가 베들레헴에 있는 그의 조상들의 묘에 장사하였다. 그런 뒤 요압은 부하들을 거느리고 밤새도록 행군하여 이튿날 동틀 무렵쯤에 본거지인 헤브론 성읍에 도착했다.

3
아브넬의 투항과 죽음

요압은 아브넬을 칼로 찔러
동생 아사헬의 원수를 갚네
뒤늦게 그 사실을 안 다윗은
애가를 지어 부르며 슬퍼하네

다윗 왕국의 흥왕과 다윗이 헤브론에서 낳은 아들들(3:1-5; 대상 3:1-4)

기브온 전투 이후에도 다윗 진영과 이스보셋 진영 사이에 크고 작은 싸움이 계속되었다. 그럴 때마다 이스보셋 군대는 매번 싸움에서 패하여 도망치기에 급급했다. 그리하여 다윗의 집안은 점점 세력이 커져 갔고, 사울의 집안은 점점 더 쇠락해져 갔다. 누가 보더라도 그런 사실을 확연히 알 수 있었다.

그러는 사이, 다윗에게 여러 자식들이 태어났다. 맏아들 암논은 이스르엘 여인 아히노암이 낳았고, 둘째 길르압은 갈멜 여인 아비가일이, 셋째 압살롬은 그술 왕 달매의 딸 마아가가, 넷째 아도니야는 학깃이, 다섯째 스바댜는 아비달이, 여섯째 이드르암은 에글라가 낳았다. 이들은 다윗이 헤브론에서 유다 지파의 왕이 된 이후에 낳은 아들들이다.

이처럼 다윗은 여러 명의 왕비를 두었다. 고대 세계에서 왕은 부득불 많은 비빈(妃嬪)을 거느릴 수밖에 없었다. 그중에는 물론 사랑으로 이루어진 순수한 혼인도 있겠지만, 대부분은 많은 왕손을 낳아 왕실을 견고하게 하기 위해서, 또한 이웃 나라와의 돈독한 동맹 관계를 유지하기 위해서, 아니면 여러 지역의 부호 내지는 실력자들과 친선을 도모하기 위해서였다. 하나님의 사람인 경건한 다윗도 그런 시대 상황에서 자유롭지 못했다.

이스보셋 정권의 내분과 아브넬의 투항 (3:6-21)

사울 왕가와 다윗 왕가 사이에 싸움이 계속되는 동안, 사울 왕가에서는 군사령관 아브넬의 세력이 날로 커졌다. 그는 사울의 사촌으로 이스보셋에게는 당숙 된다. 아브넬은 자신이 이스보셋 정권을 버티게 해준다고 생각했기에, 왕에게 안하무인으로 행동했다.

죽은 사울 왕에게는 '리스바'라는 후궁이 있었다. 아야의 딸이다. 그런데 아브넬이 리스바와 잠자리를 했다는 소식을 접한 이스보셋, 그는 왕권의 위협을 느끼고 아브넬을 불러다가 따져 묻는다.

"장군, 그대는 어찌하여 내 아버지의 후궁과 잠자리를 같이한 것이오? 그건 분명 옳지 못한 행동이오. 내게 너무한 것이란 말이오!"

이스보셋이 화를 내며 따져 물은 이유는 분명하다. 왕의 후궁이나 첩은 왕가에 속한 왕의 소유였다. 그래서 왕의 후궁이나 첩을 건드린다는 것은 단순한 모욕이나 불륜의 차원을 넘어, 왕권에 대한 도전이고 반역 행위로 간주되었다. 조카뻘 왕에게 나무람을 듣자, 군사령관 아브넬은 그가 왕이라는 사실도 잊은 채 크게 성을 내며 대든다.

"뭐요? 왕은 지금 나를 뭘로 보는 겁니까? 이 몸은 오늘까지 사울 집안에 충성을 바쳤소! 그런데 이제 와서 기껏 여자 문제로 이 몸을 비난하고 있는 겁니까?"

"아, 아니오, 아브넬 장군! 내 말은 그런 뜻이 아니잖소. 나는 그저…."

아브넬이 이외로 크게 화를 내자, 이스보셋은 크게 당황하며 사태를 진정시키려 애썼다. 힘없는 주군의 나약한 모습이다. 그만큼 아브넬은 실권자였다. 아브넬은 왕궁을 나와서도 분을 삭이지 못했다.

'으, 분하다…. 지금 누구 덕에 왕의 자리에 앉아 호의호식하면서…. 그깟 후궁 하나 때문에 신하들 앞에서 나에게 모욕을 주다니! 내 그냥 넘어가지 않겠다.'

아브넬은 씩씩거리며 분을 삭이지 못하다가, 뭔가 크게 결심한 듯 다윗에게 사람을 보내어 자기 뜻을 전하게 했다.

다윗 왕이시여, 저와 약조해 주신다면,
왕께서 온 이스라엘을 다스리도록 왕을 적극 돕겠습니다.

아브넬의 서신을 전달받은 다윗, 엷은 미소를 띤다. 아브넬만 협조해 준다면, 더 이상 피 흘림 없이 평화적으로 이스라엘을 통일할 수 있었기 때문이다. 그래서 다윗은 지체하지 않고 흔쾌히 답신을 보낸다.

좋소! 아브넬 장군. 그대의 말대로 모든 안전을 약조하리다. 그런데 한 가지 조건이 있소. 나를 만나러 올 때 '미갈'을 데려오도록 하시오.

다윗은 이스보셋 왕에게도 '미갈'을 돌려보내 달라는 편지를 썼다. 이처럼 다윗이 미갈을 원한 까닭은, 사울 왕의 부마(駙馬) 자격으로 이스라엘의 왕위에 대한 합법적인 계승자임을 내세우길 원했기 때문이다. 그것이 왕위에 대한 정통성 논란을 잠재우는 유력한 수단이었다.

'흠… 미갈을 돌려달라고? 허긴 미갈이 본래 다윗의 아내이긴 하지….'

나름대로 정세를 파악하고 있던 이스보셋은 다윗과 껄끄러운 관계를 유지할 필요가 없다고 생각하여 다윗의 요청을 들어주었다. 다윗의 요청을 받은 즉시 이스보셋은 아브넬을 보내 발디엘에게서 미갈을 데려오게 했다.

졸지에 아내를 빼앗기게 된 발디엘은 꺼이꺼이 울면서 바후림 시냇가까지 따라왔다. 그러자 아브넬이 화를 버럭 내며 그를 쫓아버렸다. 그리하여 아브넬은 기회를 엿보다가 미갈과 함께 자기 부하 20명을 데리고 헤브론 성읍에 있는 다윗을 찾아갔다.

"왕이시여! 이스라엘의 모든 장로들과 베냐민 지파의 사람들까지 모두가 순순히 응했습니다. 왕을 온 이스라엘의 왕으로 삼자는 데 흔쾌히 동조했습니다."

"오, 정말 그러하오! 아브넬 장군, 참으로 수고 많았소이다."

다윗은 무척 기뻤다. 더 이상 동족간의 피 흘림 없이 평화롭게 통일을 이루고 열두 지파가 단결할 수 있게 되었기 때문이다. 다윗은 이번 일에 공이 큰 아브넬을 크게 치하하고, 그를 위해 거나하게 잔치를 베풀어주었다. 극진한 대접을 받은 아브넬 일행은 즐거운 마음으로 평안히 헤브론 성읍을 떠나갔다.

아브넬이 요압에게 살해되다 (3:22-30)

아브넬이 헤브론 성읍을 떠난 뒤, 다윗의 군사령관 요압이 부하들과 함께 전쟁터에서 돌아왔다. 사실, 다윗은 군사령관 요압이 없는 틈을 이용하여 아브넬과 협상하고 그를 영접한 뒤 떠나보낸 것이다.

그리 한 까닭은, 기브온 전투에서 아브넬이 요압의 친동생 아사헬을 죽인 사건으로 인해 둘 사이에 일어날지 모를 충돌을 방지하려 했기 때문이다. 또한 아브넬과의 협상 과정에서, 당시 다윗 왕국에서 왕 못지않게 강력한 세력을 갖고 있던 요압의 간섭이나 반대를 배제하기 위해서였다.

"뭐얏! 아브넬이 크게 대접받고 평안히 떠나갔다고? 아, 이럴 수가!"

요압은 이내 알게 되었다. 왕이 아브넬을 위해 크게 잔치를 베푼 뒤에 평안히 보내주었다는 사실을. 요압은 노기 가득 찬 모습으로 그대로 다윗 왕을 찾아가서 항의한다.

"아니, 왕이시여! 제 발로 찾아온 아브넬을 어찌 그냥 돌려보내셨습니까? 그는 왕의 동태를 살피고, 이곳을 정탐하기 위해 찾아왔는데 평안히 돌려보내다니요! 게다가 잔치까지 베풀어주면서 말입니다. 그건 말도 안 됩니다!"

다윗 왕은 요압의 강력한 반발을 어느 정도 예상하고 있었다. 그래서 별다른 말을 하지 않고, 열두 지파가 하나의 강력한 국가가 되기 위해서는 개인 원한은 접어두고 서로 단결하고 통합해야 한다는 점을 강조했다. 특별히 피 흘림 없는 통합을 역설했다.

그러나 요압은 수긍하지 않았다. 불만을 가득 품은 채 왕궁에서 물러나온 요압, 그는 자기 부하들로 하여금 서둘러 아브넬을 뒤쫓게 했다. 요압의 부하들은 급히 뒤따라가서 시라 우물가 부근에서 아브넬을 만나, 그를 헤브론으로 도로 데려왔다.

"요압 장군! 오랜만이오. 기브온 전투 일은 참으로 유감스럽게 되었소이다. 내가 몇 번이나 나를 추격해오지 말라고 아사헬에게 말했건만…."

"아브넬 장군, 전투 중에 일어난 일은 괘념치 마시오. 내 벌써 잊었소이다. 그건 그렇고, 내 장군에게 긴히 할 말이 있소."

요압은 긴한 용무가 있는척하면서 아브넬을 성문 안의 후미진 곳으로 데려갔다. 다윗 왕의 융숭한 대접에 마음을 푹 놓은 아브넬은 전혀 눈치 채지 못하고 요압을 따라갔다. 호시탐탐 기회를 노리고 있던 요압은 틈이 보이자 미리 준비한 칼로 무방비 상태에 있던 아브넬의 배를 깊숙이 찔렀다. 급소였다.

이때 요압은 아브넬을 죽인 이유는 두 가지다. 일차적인 이유는 동생 아사헬의 죽음에 대해 피의 복수를 한 것이고, 이차적인 이유는 자신의 강력한 정적(政敵)을 미리 제거한 것이다.

방심하고 있다가 급소에 칼을 맞은 아브넬, 으악! 하는 짧은 외마디 비명과 함께 그 자리에서 고꾸라져 죽었다. 뒤늦게야 다윗은 일의 자초지종을 알았다. 다윗은 비통해했으며 낙담했다. 크게 분노한 다윗, 아브넬을 살해한 요압을 향해 저주를 퍼붓는다.

▲ 아브넬을 속여 살해하는 요압

"아브넬이 흘린 피는 요압과 그의 아버지 집안에게로 그 책임이 돌아가리라. 그리하여 요압의 집안에서는 대대로 성병환자, 나병환자, 다리 저는 불구자, 싸움터에 나가 죽는 자, 굶어죽는 자들이 끊이지 않으리라."

요압이 다윗과 화평 관계를 맺은 아브넬을 자기 마음대로 죽인 행위, 그것은 엄연히 다윗 왕의 뜻을 거스른 일종의 반역 행위였다. 하지만 당시 왕권이 견고하게 다져지지 않았던 다윗은 군대의 최고 실력자인 요압을 힘으로 제압하기에는 무리가 따랐다. 다윗 군대에는 요압의 친형제인 아비새를 비롯하여 요압을 따르는 무리들이 많았기 때문이다. 그래서 다윗은 요압을 저주함으로써 아브넬의 죽음이 자신의 뜻과는 전혀 무관하다는 사실을 드러낼 뿐이었다.

다윗이 아브넬의 죽음을 애도하다 (3:31-39)

졸지에 살해당한 아브넬은 다윗 왕의 배려로 헤브론 도성에 묻혔다.

왕과 신하들은 옷을 찢고 허리에 베옷을 걸친 다음, 곡을 하면서 아브넬의 상여를 뒤따라갔다. 일행 중에는 요압도 있었다.

"오, 아브넬! 이스라엘의 큰 용사여! 아, 아브넬, 용사 아브넬이여!"

다윗이 아브넬의 무덤 앞에서 목놓아 울자, 신하들과 백성들도 따라 울었다. 이때 왕은 아브넬을 위해 슬픈 노래를 지어 읊었다. 다윗은 본래 훌륭한 연주자요 시인이었다.

"그대, 아브넬이여!
그대는 어찌하여 이토록 어이없는 죽음을 당하였는가!
그대 두 손은 묶이지 않았고,
그대 두 발은 쇠사슬에 얽매이지 않았건만
그대는 어찌하여 악한 사람들에게 잡혀 죽듯이
이토록 모질고 허무한 죽음을 당했단 말인가!
오, 아브넬! 이스라엘의 큰 용사여!"

다윗의 슬픈 노래에 신하들과 백성들은 더욱 구슬프게 울었다. 석양이 이르도록 다윗이 음식을 입에 대지 않자, 신하들이 음식 먹기를 권했다. 그러나 다윗은 음식 먹기를 극구 거절했다.

"됐소, 난 음식을 먹지 않을 것이오. 만일 오늘의 해가 지기 전에 음식을 내 입에 조금이라도 댄다면, 주께서 내게 벌을 내리고 또 내리실 것이오."

'아, 왕은 진심으로 아브넬의 죽음을 슬퍼하시는구나. 아브넬의 죽음에 왕은 조금도 관여하신 게 아니로구나. 아브넬의 죽음은 요압의 독단적인 행동에 의한 것임에 분명해.'

아브넬의 죽음을 놓고 다윗이 금식으로 애도한 것은 진심이었다. 그리고 그것은 아주 현명한 일이었다. 그렇게 함으로써 사울 왕가에 속한 이스라엘 지파의 사람들은 아브넬의 암살에 다윗이 조금도 연루되지 않았음을 확신했다. 그런 확신이 들자 그들은 다윗을 자신들의 왕으로 인정하고 기꺼이 따를 준비를 갖추기 시작했다. 그 날에, 다윗이 크게 탄식하며 신하들에게 말한다.

"오늘 용맹스런 한 인물이 허무하게 세상을 떠났소. 내가 비록 왕이라고는 하지만, 아무런 힘이 없소. 스루야의 아들들이 나보다 더욱 강하다오. 그러니 언젠가 주께서 악을 행한 사람에게 그의 행위에 따라 공의롭게 처벌해주시기를 바랄 뿐이오."

'스루야의 아들들'은 다윗의 누이 스루야가 낳은 요압, 아비새, 아사헬 형제를 가리킨다(막내 아사헬은 아브넬에 의해 이미 죽었다). 다윗이 아무리 왕이라도 그의 왕권이 굳게 확립되지 않은 상태에서 군대의 최고 실권자인 요압과 그의 무리를 제압하기에는 역부족이었다.

만일 무리해서 제거할 경우에 빚어질 정치적 혼란과 군사적 손실도 감안해야 했다. 그래서 다윗은 장차 하나님의 공의로운 심판에 요압을 맡겼다. 결국 요압은 이때로부터 대략 33년 후쯤인 다윗의 아들 솔로몬 왕 때에 이르러 그 죗값을 치르게 된다(주전 970년경).

4
이스보셋의 죽음

이스보셋의 두 장수는
낮잠 자는 이스보셋의 배를 찌르고
머리를 잘라 밤새 헤브론으로 가서
다윗에게 그 머리를 바치네

이스보셋 왕이 신하들에게 살해되다 (4:1-12)

"뭐, 뭐라? 아브넬 장군이 죽어? 그게 정말이냐? 어쩌다? 왜?"

아브넬이 헤브론에서 죽었다는 소식을 접한 이스보셋 왕, 기겁을 했다. 다리가 떨리고 몸에서 기운이 빠졌다. 왕권의 버팀목이 사라졌기 때문이다. 왕뿐만 아니라 이스라엘 백성들도 모두 두려움에 사로잡혔다.

'아, 이스보셋 정권이 무너지는 것은 시간 문제다. 이제 사울 왕가도 끝났어.'

아브넬이 죽자, 모두가 이런 생각에 사로잡혔다. 당시 사울의 아들 요나단에게는 '므비보셋'이라는 후사가 있었다. 그런데 그는 두 다리를 절었다. 아버지 요나단과 할아버지 사울 왕이 길보아 전투에서 죽었을 때 그는 다섯 살이었다. 패전 소식을 듣고 유모가 그를 업고 급히 도망치다가 땅에 떨어뜨리는 바람에 두 다리를 다 절게 된 것이다.

여기서 요나단의 아들 므비보셋이 언급되는 이유는 사울 왕가의

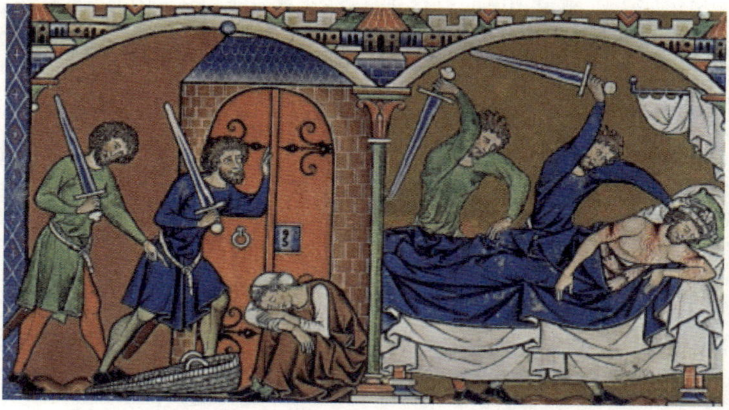

▲ 낮잠 자는 이스보셋을 암살하는 레갑과 바아나

완전한 몰락을 보여주기 위해서다. 사울의 아들 이스보셋이 죽게 되면 사울 가문은 끝난다. 손자 므비보셋은 사울 왕가의 유일한 후계자였지만 두 다리를 절기 때문에 왕위 계승자로서는 부적격자였다. 때에 군사령관 아브넬 휘하에서 군대를 지휘하는 두 명의 지휘관이 있었다. 바아나와 레갑 형제였다.

"큰일이다. 아브넬 장군도 없는 마당에 아무래도 이스보셋 정권은 틀렸어. 어느 순간에 무너질지 몰라. 그 전에 살 길을 찾아야 돼."

아브넬이 죽은 후, 레갑과 바아나는 같은 생각을 품게 되었다. 그러던 중 둘은 서로 모의하고는 이스보셋 왕을 죽인 뒤 다윗에게 투항하기로 했다. 두 사람은 왕궁으로 들어가 낮잠에 빠져 있는 왕을 죽이고 그의 머리를 벤 뒤 밤새도록 아라바 길을 따라 헤브론으로 도망쳤다. 그들은 다윗 왕에게 이스보셋의 머리를 바치면서 말한다.

"폐하! 폐하의 생명을 노리던 이스보셋의 머리를 가져왔습니다. 주께서는 오늘에야 사울과 그의 자손들을 벌하여 왕의 원수를 갚아주셨나이다."

이스보셋의 머리를 보고 흠칫 놀란 다윗, 순간 표정이 굳어진다.

"아니, 어찌 이런 일이! 침상에서 잠자고 있는 주군을 암살하다니! 이스보셋의 피에 대한 대가로 이제 나는 너희를 이 땅에서 없애버리고 말리라."

"아, 아, 왕이시여. 우리는 다만 왕께 충정을 보이고 싶었을 뿐입니다. 제, 제발… 목숨만은, 목숨만 살려주십시오."

다윗은 격노했다. 레갑과 바아나 형제의 손과 발을 자른 다음에 그 시체를 헤브론 연못가에 매달았다. 그런 뒤 이스보셋의 머리는 잘 거두어 헤브론에 있는 아브넬 장군의 무덤 곁에 장사지내 주었다. 다윗은 통일왕국이 비열한 암살자들의 손에 의해 이루어지는 것이 아니라, 오직 하나님의 주권에 의해 세워지는 것임을 확신했다.

이스보셋의 목을 가져온 두 사람, 레갑과 바아나 형제는 결코 의로운 자들이 아니었다. 왕을 배신한 반역자들이고, 일신의 영달을 꾀한 사악한 기회주의자요 암살자에 불과했다. 그래서 다윗은 공의 실현의 차원에서 그들을 공개 처형한 것이다. 상황이 불리해지자 모시던 주군을 가차 없이 배신하고 살해한 그들이 또 상황이 여의치 않으면 다윗인들 언제든지 배신하고 살해하지 않겠는가!

5
이스라엘 왕 다윗

다윗은 예루살렘 왕궁에서 살며
여러 후궁에게서 자식들을 낳네
다윗은 블레셋의 잦은 공격에도
홍수 같은 승리를 거듭하네

다윗이 온 이스라엘의 왕이 되다 (5:1-5; 대상 11:1-3)

이스보셋 왕이 암살된 직후, 이스라엘 온 백성의 마음이 다윗에게로 기울어졌다. 그리하여 이스라엘 지파의 우두머리들이 헤브론으로 올라와 다윗을 알현한 뒤, 그에게 기름을 부어 온 이스라엘의 왕으로 삼았다. 이렇게 해서 다윗은 초대 왕 사울에 이어 통일왕국 이스라엘의 제2대 왕이 되었다(주전 1003년경). 헤브론에서 유다 지파만의 왕이 된 지 7년 후였다. 때에 다윗의 나이 30세. 다윗은 30세에 통일왕국 이스라엘의 왕이 되어 향후 33년 동안 통일왕국 이스라엘을 다스린다.

그러니까 다윗은 사울 왕이 죽은 직후에 헤브론에서 유다 지파의 왕이 되어 7년 6개월 동안 유다를 다스렸고, 사울의 아들 이스보셋 왕이 죽은 직후에 예루살렘에서 33년 동안 유다를 포함하여 이스라엘 열두 지파 전체를 다스렸다. 이렇게 다윗은 도합 40년 동안(주전 1010-970년경), 보다 정확하게는 40년 6개월 동안 나라를 다스렸다.

다윗이 예루살렘을 왕국의 도성으로 삼다 (5:6-12; 대상 11:4-9)

당시 예루살렘은 가나안 원주민들의 일족인 여부스 족속의 수중에 놓여 있었다. 예루살렘은 천혜의 요새였다. 성읍 주변은 깊은 골짜기들로 둘러싸여 있었는데, 특히 남쪽과 동쪽의 성벽은 절벽과도 같은 가파른 언덕 위에 세워져 있었다. 그래서 이스라엘은 여태까지 예루살렘 성읍을 점령하지 못하고 있었다.

'그래, 무엇보다 이 나라 중심부에 있는 예루살렘을 정복해야 한다. 그래서 그곳을 나라의 도성을 삼아야 한다.'

통일왕국 이스라엘의 왕위에 오른 다윗은 이런 결심을 굳혔다. 그리하여 때를 보아 부하들을 거느리고 예루살렘을 정복하기 위해 출동했다. 그러자 여부스 사람들이 다윗의 군대를 깔보며 조롱한다.

"핫핫핫. 감히 우리 성읍을 정복하겠다고? 너희는 여기에 한 발자국도 들어올 수 없다. 너희쯤이야 우리들 중 소경과 절름발이라도 능히 물리칠 수 있다. 하하하, 참으로 가소로운 것들!"

여부스 사람들은 자신들의 견고한 성읍 예루살렘에는 아무도 들어올 수 없다고 굳게 확신했다.

"저 할례 받지 못한 자들이 감히 하나님의 군대를 능멸하다니! 내 저들을 용서치 않으리라! 자, 모두 수로를 타고 성읍으로 들어가서 저 소경들과 절름발이들을 공격하라!"

다윗은 예루살렘을 공격하면서 적들이 경멸하던 말을 되받아쳤다. 이후 '소경과 절름발이는 집에 들어올 수 없다.'라는 속담이 생겨났다. 속담에서 '소경과 절름발이'는 신체장애자들이 아니라, 자기 힘만 믿고 교만하여 남을 깔보는 자들을 가리킨다. 그런 자들은 당연히 모두에게 미움을 받게 되므로, 어디에서도 환영을 받지 못한다는 말이다.

"와, 우리가 예루살렘을 정복했다! 다윗 왕 만세! 이스라엘 만세!"

그 날, 다윗의 군대는 난공불락의 요새를 자랑하던 예루살렘을 정복했다. 정면 공격을 통해서는 그 견고한 성읍을 정복하는 것이 불가능했기에 다윗은 수로를 통해 공격하는 방법을 택했다. 이 수로는 예루살렘 남동쪽에 있는 기혼 샘에서 남쪽 저수지로 흘러들어온 물을 성 안으로 끌어올리기 위해 수직으로 파놓은 갱도(坑道)였다. 당시 이 갱도는 예루살렘 성 안에서 성 밖으로 연결되어 있었기 때문에, 난공불락의 예루살렘 성읍 안으로 침입할 수 있는 유일한 지하 통로였다. 다윗은 어렵사리 이 수로를 찾아내어 잘 활용함으로써 예루살렘 정복에 성공할 수 있었다.

예루살렘 정복 후, 다윗은 헤브론을 떠나 예루살렘을 나라의 도읍지로 삼고 '다윗 성'이라 불렀다. 때는 다윗이 통일왕국 이스라엘의 왕위에 등극한 원년이었다(주전 1003년경). 예루살렘을 나라의 도읍지로 삼은 다윗은 성읍의 밀로 쪽에서부터 안쪽으로 성벽을 빙 둘러쌓았다. 밀로는 본래 예루살렘을 차지하고 있던 여부스 사람들이 가장 취약 지구인 북방 방어를 위해 북동쪽(혹은 북서쪽)의 한쪽 모퉁이에 흙이나 돌로 견고하게 쌓아놓은 성채였다. 다윗은 밀로를 기점으로 예루살렘 성읍 전체를 안쪽으로 빙 둘러 성벽을 쌓음으로써 더욱 난공불락의 성읍으로 만들었다.

예루살렘은 '평화의 도성'이라는 뜻이다. 그 이름의 뜻에 어울리게 북부 이스라엘과 남부 유다 사이에 벌어진 대립과 갈등의 벽을 화합하는 역할을 감당했다. 예루살렘! 이 성읍은 오래전 아브라함의 시대에 신비로운 왕 멜기세덱이 살았던 곳이고, 아브라함이 또 독생자 이삭을 제물로 바치려고 했던 도성이다. 그러니 다윗이 예루살렘을 수도로 택한 것은 결코 우연한 일이 아니다. 하나님께서 작정하시고 섭리하신 일이다. 열방으로 둘려있는 예루살렘을 통하여 열방을 구원하려고 그 성읍을 택하신 것이다. 그만큼 예루살렘은 장차 메시아 예수를 통한 구속사의 중심 무대이며, 온 세상에 참된 평화를 전해줄 유통 센터였다.

다윗의 통일왕국은 날로 번성했다. 점점 더 강대해져 갔다. 전능하신 주 하나님께서 다윗과 항상 함께 하셨기 때문이다. 이 무렵, 두로 왕 히람이 다윗 왕에게 사절단을 보냈다. 두로(Tyre)는 고대 페니키아 지역의 유명한 도시국가로, 팔레스타인 서북단의 지중해 연안에 위치했다. 일찍부터 이집트와 스페인까지 이르는 활발한 해상무역을 통해 큰 부를 축적한 강력한 국가였다.

두로 왕 히람은 다윗과 솔로몬의 양 대에 걸쳐 이스라엘과 친밀한 우호관계를 유지했다. 그는 다윗과 솔로몬의 요청에 기꺼이 응하여 성전 건축을 하도록 백향목과 목수들과 석공들을 보냈다. 다윗은 주께서 자신을 이스라엘의 왕으로 굳건히 세우셨고, 또한 주의 백성 이스라엘을 위해 자신의 왕국을 열방 가운데 높여주신다는 것을 확실히 깨달았다. 하나님의 크신 은총과 보살핌과 도우심 아래에서 다윗 왕국은 나날이 번성하고 부강해졌다.

다윗이 블레셋의 침공을 막고 크게 물리치다(5:13-25; 대상 14:8-17)

다윗은 예루살렘에서 아내들, 후궁들을 취해 아들딸을 많이 낳았다. 다윗이 예루살렘에서 낳은 아들들은 이러하다. 삼무아, 소밥, 나단, 솔로몬, 입할, 엘리수아, 네벡, 야비아, 엘리사마, 엘랴다, 엘리벨렛. 다윗 왕의 많은 처첩들과 그들에게서 태어난 여러 자식들은 다윗이 중년에 이르게 되자 쓰디쓴 열매로 돌아오게 된다. 가족 간의 분열과 형제의 난을 일으키는 동기가 되는 것이다.

한편, 당시 이스라엘의 최대 난적인 블레셋! 그들은 다윗이 온 이스라엘의 왕으로 즉위했다는 소식을 들었다. 블레셋은 다윗의 왕국이 더 강성해지기 전에 그 기세를 꺾어놓으려고 전 병력을 총동원하여 이스라엘을 침공했다. 때에 블레셋 군대는 르바임 골짜기의 평원에 진을 쳤다. 르바임 골짜기는 예루살렘 서남쪽에 위치한 골짜기로 길이 5km, 폭 3km에 이르는 넓은 계곡이다. 엄청난 수효의 블레셋 군대가 그 넓은 계곡을 가득 메우고 있었다.

블레셋 군대의 위세는 대단했지만, 하나님을 의지하는 다윗은 조금도 겁먹지 않았다. 이때 다윗은 대제사장이 소유한 우림과 둠밈을 통해 이번 전투에서 승리한다는 응답까지 받았다. 과연 그러했다. 다윗의 군대는 블레셋 군대를 크게 물리쳤다. 승리를 거둔 후 다윗은 고백한다.

"보라, 홍수가 모든 것을 휩쓸어 가듯 주께서 대적들을 휩쓸어 버리셨도다!"

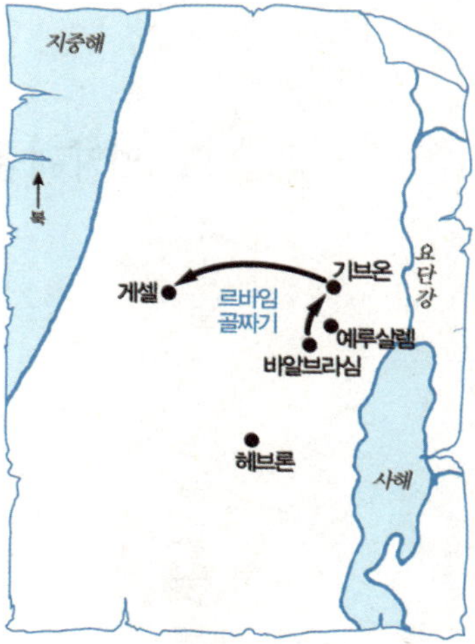

▲ 다윗이 블레셋을 격파하다

이후로 그곳 지명은 '바알브라심'이 되었다. '주께서 휩쓸어 버리셨다'란 뜻이다. 블레셋 사람들은 그곳에다 자기들의 우상을 버리고 허겁지겁 도망쳤다. 우상들은 여기저기에 널브러져 있었다. 그들은 자기네들이 섬기는 우상을 전쟁터로 가져와 힘과 도움을 공급받으려 했지만 무용지물이 되었다. 당연히 그럴 수밖에! 돌, 나무, 철로 만들어진 우상이 단지 짐 덩어리가 되는 것 외에 대체 무얼 할 수 있으랴!

다윗은 부하들과 함께 땅에 널브러진 블레셋의 우상들을 모두 치웠다. 그런 뒤 블레셋 진영에서 수많은 전리품을 챙겨 의기양양하게 개선하였다. 얼마 후, 설욕을 노린 블레셋 군대가 재차 쳐들어왔지만, 이번에도 역시 크게 패하고 달아났다. 이때 다윗의 군사들은 게바에서부터 게셀에 이르기까지 블레셋 군사들을 쫓아가면서 닥치는 대로 쳐부수었다. 그리하여 길바닥과 들판 도처에는 블레셋 군사들의 시신으로 널브러져 있었다. 다윗 군대의 연전연승이었다.

6
언약궤를 옮겨오다

언약궤를 예루살렘 장막에 모시게 되자
다윗은 덩실덩실 춤추네
왕의 체통을 지키셔야조
미갈의 말에도 그는 멈추지 않네

법궤의 운반과 웃사의 죽음 (6:1-11; 대상 13:1-14)

'하나님의 도우심으로 나라가 안정되었으니, 이제는 법궤를 예루살렘으로 모셔올 때가 되었구나.'

통일왕국 이스라엘의 왕이 된 다윗, 연전연승을 통해 왕권이 안정되고 나라가 부강하게 되자 그는 곧바로 법궤(언약궤)를 예루살렘에 안치하려는 계획을 세운다.

일찍이 시내 산에서 만들어졌던 법궤(주전 1446년경)! 그 법궤는 40여년의 광야 유랑을 거쳐 가나안 땅에 들어간 뒤로 정복전쟁을 치르는 동안 이스라엘의 본영인 '길갈'에 안치되었다(주전 1406년경). 이후 6-7년 동안에 걸친 가나안 정복 전쟁이 끝나고, 그 땅을 열두 지파에 분배할 무렵쯤 법궤는 '실로'로 옮겨졌다(주전 1400년경).

이후 법궤는 사사 시대 말엽인 엘리 대제사장 시대까지 300년 이상을 실로의 성막에 안치되어 있었다. 그러던 중 블레셋과의 전쟁에서 그만 법궤를 빼앗겼는데, 그 법궤는 7개월 동안 블레셋 땅 여기저기를 옮겨 다녔다(주전 1075년경). 법궤가 이르는 곳마다 하나님의 무서운 재앙이 임했기 때문이다.

결국 법궤를 감당하지 못한 블레셋 사람들은 빼앗은 법궤를 이스라엘에 되돌려주기에 이른다. 되돌려진 법궤는 처음 벧세메스 마을을 잠시 거쳐 기럇여아림 땅의 아비나답의 집에 오랫동안 방치되어 있었다(주전 1075-1003년경). 그러니까 다윗이 법궤를 예루살렘으로 옮기려 한 때는 그로부터 70여년의 세월이 흐른 때다.

"자, 다들 모였느냐? 이제부터 하나님의 법궤를 예루살렘으로 옮길 것이니, 이 일에 참여하는 자들은 각별히 주의하여 최선을 다해야 할 것이다. 알겠느냐?"

다윗은 3만 명의 군사들을 동원하여 법궤(언약궤) 운송 작전에 들어갔다. 법궤가 있는 기럇여아림 지역은 블레셋의 국경과 인접한 곳이었다. 그래서 법궤 운반 중에 행여 일어날지도 모를 블레셋 사람들의 기습 공격에 철저히 대비해야 했다. 기럇여아림은 예루살렘에서 서쪽으로 대략 15km 떨어진 거리에 위치하고 있었다.

"조심! 다들 조심하여라. 조심해서 법궤를 다루어야 한다!"

이스라엘 최고의 성물을 다루는 작업이니만큼, 다윗은 각별히 조심할 것을 거듭 명했다. 일행은 언덕 위에 있는 아비나답의 집에 보존되었던 법궤를 조심스럽게 옮겨 새 수레에 싣고 나왔다. 이때 아비나답의 두 아들인 웃사와 아효가 법궤가 실린 수레를 몰았다. 아효는 법궤 앞에서 걸었고, 웃사는 법궤 뒤에서 걸었다. 다윗과 이스라엘 백성들은 모두가 주님의 영광을 찬양하며 즐겁게 행진했다. 그들은 줄을 맞추어 행진하면서, 수금과 비파와 소고와 꽹과리와 심벌즈를 연주하며 하나님을 찬양하는 노래를 크게 불렀다.

▲ 다윗의 제1차 법궤(언약궤) 운반

"오, 할렐루야! 우리 주 하나님을 찬양하라! 주님께 존귀와 찬송과 영광을 돌리자!"

이렇게 백성들이 연주하고 찬양하며 즐겁게 법궤를 운반하던 중, 수레가 나곤이라는 사람의 타작마당에 이르렀을 때였다.

"아앗! 아, 안 돼! 법궤가 떨어지려 한다!"

수레를 끌던 소들이 갑자기 날뛰는 바람에 법궤가 흔들거리며 수레에서 떨어지려 했다. 그러자 법궤 뒤에서 줄곧 따라가던 웃사가 잽싸게 손을 내밀어 법궤를 얼른 붙들었다.

"으악! 악, 으으!"

웃사는 법궤를 붙들자마자 외마디 비명을 내지르며 그대로 고꾸라졌다. 웃사가 율법에 규정된 규례를 어기고 손으로 법궤를 직접 만졌기에 주께서 진노하셔서 웃사를 치신 것이다. 웃사는 하나님의 법궤 옆에서 죽고 말았다.

웃사는 땅바닥에 떨어지려는 법궤를 보호하려고 선한 의도로 붙잡았을 뿐인데 도대체 왜 그런 변고를 당하게 된 것일까? 법궤 곧 언약궤는 하나님의 임재를 상징하는 지극히 거룩한 성물이다. 모세 율법에 따르면, 법궤는 반드시 장대에 꿰인 채 제사장들의 어깨에 메여 운반되어야 했다. 누구도 손으로 만져서는 안 되었다. 비록 웃사가 선한 동기로 땅바닥에 떨어지려는 법궤를 붙들었다 하더라도, 어디까지나 그것은 하나님의 율법에 무지한 잘못된 행위였다.

이때 다윗은 율법의 규정을 자세히 살펴보지 않았다. 대신에 그저 법궤를 예루살렘으로 빨리 옮겨가고 싶어서 수레를 사용했다. 율법 규정보다는 신속함과 편리함을 택한 것이다. 기럇여아림에서 예루살렘까지는 15km, 다윗은 수레를 이용하여 빨리 이동하려 했다. 그러나 하나님은 다윗의 반칙을 묵과하지 않으셨다. 하나님의 선한 일은 반드시 하나님이 규정해 놓으신 선한 방법대로 이루어져야 한다. 축구에서 오프사이드(off-side)에서 들어간 볼은 반칙이기에 무효로 처리하는 것처럼, 법궤 운반에 관한 율법의 규정을 어겼기에, 하나님도 그들의 섬김의 손을 내치시고 음악을 그치게 하신 것이다.

웃사 사건은 또 다른 교훈을 준다. 무슨 일이든 내 생각에 좋은 대로 행해서는 안 되고, 오직 하나님이 요구하시는 대로 행함으로써 하나님께 마땅한 경외심을 나타내야 한다는 것이다. 본질적인 속성상 어떤 경우에도 하나님은 절대 경외의 거룩한 대상이기 때문이다. 이때 다윗이 받은 페널티(penalty)는 하나님의 따끔한 책망이다. 열심과 빠름과 편리함이 전부가 아니다. 하나님의 말씀과 규정이 우선이다.

"아, 어떻게 이런 일이…. 오, 주여!"

주께서 분노하셔서 웃사를 쳐 죽이자, 그 광경을 지켜본 다윗은 황망했다. 어찌할 바를 알지 못했다. 화가 나고 두렵기도 했다. 그래서 이후로 그곳은 '베레스 웃사'로 불리게 되었다. 그 말은 '주께서 웃사를 치셨다'란 뜻이다. 그 날에 다윗은 주님을 두려워하는 마음이 크게 들었다. 그래서 떨리는 마음으로 사람들에게 말한다.

"아, 내가 어찌 감히 주님의 법궤를 내게로 가져올 수 있으랴!"

그 날, 다윗은 법궤 운반을 포기했다. 법궤를 다윗 성(예루살렘)으로 운반하지 않고, 가드 사람 오벧에돔의 집에 맡겨두었다. 법궤는 그곳에서 석 달 동안 머물렀다. 그동안 주께서 오벧에돔과 그의 온 집안에

복을 내려주셨다. 오벧에돔의 집안이 나날이 번성하고, 그가 하는 일마다 형통하였다. 우연히 자기 집에 안치된 법궤였지만, 오벧에돔이 주님을 경외하는 마음으로 법궤를 정성껏 잘 모셨기 때문이다.

마침내 법궤가 다윗 성으로 운반되다(6:12-23; 대상 15:25-16:6)

"오, 그래? 법궤가 안치된 오벧에돔의 집안에 큰 복이 임했다고? 과연 법궤는 하나님의 성물이로다. 내 이번엔 기어코 법궤를 제대로 운반할 것이다. 모두 법궤 운반을 준비토록 하여라!"

오벧에돔의 집에 법궤가 안치된 후 그의 온 집안에 주님의 크신 복이 임했다는 소식을 들은 다윗은 곧장 제2차 법궤 운반 작업을 준비했다. 제1차 법궤 운반 작업의 실패에서 교훈을 얻어, 이번에는 율법 규정을 자세히 살펴 차질 없이 만반의 준비를 다했다. 그리하여 법궤를 어깨에 멜 제사장들과 레위인들을 선별하여 성결하게 했다. 법궤를 멘 사람들은 이러하다. 제사장으로는 사독과 아비아달, 레위인으로는 우리엘, 아사야, 요엘, 스마야, 엘리엘, 암미나답. 모두 여덟 명이다.

마침내 제2차 법궤 운반의 날이 잡혔다. 다윗은 오벧에돔의 집에서 법궤를 모시고 나와 기쁜 마음으로 예루살렘의 다윗 성으로 운반하기 시작했다. 법궤를 붙든 웃사의 죽음으로 제1차 법궤 운반이 실패한 지 3개월 만이었다. 다윗은 조마조마한 마음으로 법궤 운반 작업을 유심히 지켜보고 있었다.

'아, 이번에는 부디 아무 일이 없어야 할 텐데…. 주여, 도와주소서….'

좋다. 주의 법궤를 멘 사람들이 여섯 걸음이나 옮기도록 아무런 사고가 없었다. 그러자 다윗은 '이번에는 됐다!' 싶어서, 소와 양을 잡아 주님께 제물로 바쳤다. 그런 뒤 모시 에봇(조끼처럼 팔 부분이 없고 앞치마처럼 무릎까지 내려오는 옷)을 걸친 채 주님의 법궤 앞에서 온 힘을 다해 덩실덩실 춤을 추었다. 그러자 이스라엘 온 백성들도 한마음으로 환호성을 올리고 나팔을 크게 불면서 주님의 법궤가 예루살렘의 다윗 성으로 들어오는 것을 크게 반겼다. 마침내 아무런 사고 없이 주님의 법궤가 다윗 성까지 이르렀다.

"보라, 주님의 법궤가 예루살렘 성으로 들어온다!"

그러니까 블레셋 사람들에게서 법궤가 되돌아와 기럇여아림 땅의 아비나답 집에 방치된 지 70여 년, 거기서 제1차 운반의 실패로 법궤를 가드 사람 오벧에돔 집에 잠시 모셔둔 지 3개월, 거기서 제2차 운반을 시도하여 마침내 법궤가 예루살렘의 다윗 성으로 들어오게 된 것이다(주전 1003년경).

다윗의 아내이며 사울의 딸인 미갈은 창문으로 그 광경을 지켜보고 있었다. 그런데 다윗 왕이 법궤 앞에서 덩실덩실 아이마냥 즐겁게 춤을 추고 있지 않은가! 에봇 사이로 맨몸이 보였다. 미갈의 눈에 그런 광경은 꼴불견이었다.

'에휴, 한 나라의 왕이란 사람이 신하들과 백성들 앞에서 채신머리없이 대체 저 꼴이 뭐람! 왕이면 왕답게 처신해야지. 쯧쯧.'

다윗의 아내이기 이전에 사울의 딸인 미갈은 법궤를 기뻐하지 않았다. 다윗과는 달리, 법궤 귀환의 가슴 벅차는 환희를 알지 못했다. 그녀는 법궤를 중요하게 여기지 않았던 아버지 사울의 불신앙을 그대로 물려받았다. 그래서 법궤를 향한 남편의 열렬한 신앙과 뜨거운 감격을 전혀 이해하지 못한 채, 단순히 신하들과 백성들이 지켜보는 앞에서 맨몸이 드러나도록 춤을 춘 행동이 왕의 체면을 구기고 품위를 잃었다고 비난한 것이다.

다윗은 미리 마련해둔 다윗 성의 장막 안에 법궤를 모셨다. 이어 충성과 헌신과 감사와 교제의 표시로 주님께 번제와 화목제를 드렸다. 제사가 모두 끝나자, 다윗은 전능하신 여호와의 이름으로 이스라엘 백성들을 축복해 주었다. 이어서 법궤(언약궤)를 안치한 기념으로 빵한 덩이, 구운 고기 한 점, 건포도 과자 한 개씩을 나누어주었다. 이스라엘 온 백성들은 남녀노소, 빈부귀천 구별 없이 모두가 기쁨이 충만했다.

'아, 오늘은 정말로 기쁘고 감사한 날이로다. 내 생전에 이토록 기쁜 날이 또 있었던가! 오, 주여! 감사합니다. 이 종이 무엇이관대….'

다윗이 벅찬 감격과 기쁜 마음으로 집안으로 들어갔다. 그런 다윗을 미갈이 마중하며 핀잔을 준다.

"왕께서는 왜 그러신 겁니까? 이스라엘의 왕께서 그리 체통을 지키지 않으시다니요. 신하들의 계집종들이 보는 앞에서 천한 것들이 하듯 염치없이 맨몸을 드러내시다니요!"

순간, 다윗의 안색이 굳어졌다. 기쁘고도 감격스러운 마음에 찬물을 끼얹는 불신앙적인 말이기 때문이다. 다윗은 정색하며 굳은 얼굴로 대답한다.

"보시오! 주께서는 당신 아버지와 집안을 버리시고 이 몸으로 주의 백성 이스라엘을 다스리는 통치자로 세워주셨소. 그러니 내가 어찌 주님을 찬양하지 않을 수 있겠소. 나는 앞으로도 주님 앞에서 기뻐하며 춤을 추겠소. 설사 내가 오늘보다 더 비천해진다고 해도 아무 상관없이 덩실덩실 춤을 추겠소. 주님 앞에서 나는 언제나 낮고 천한 사람이 되고 싶소. 그래도 당신이 말하는 계집종들은 나를 존경할 것이오."

다윗뿐만 아니다. 하나님께서도 이때 미갈의 말에 크게 분노하셨다. 그리하여 이 일로 인해 미갈은 죽는 날까지 자식을 낳지 못했다. 하나님이 미갈의 불신앙에 대한 징벌로 그녀의 태를 닫아버리신 것이다. 고대 히브리 사회에서 자식을 낳지 못하는 여인은 비참했다. 그런 여인은 천형을 받은 것으로 간주되어 사람들에게 천대를 받았다. 결국 계집종들에게 천대받은 자는 주님 앞에서 덩실덩실 춤춘 다윗이 아니라, 그런 영적 기쁨을 알지 못하고 비웃고 경멸한 미갈 자신이었다.

7
다윗 언약

호화로운 성전을 지어 언약궤를 모시려 하는
다윗, 그러나 예언자 나단은
다윗의 아들이 왕이 될 때에야
성전을 건축하게 될 것이라 예언하네

다윗 집안을 향한 하나님의 뜻 (7:1-17; 대상 17:1-15)

법궤를 예루살렘의 다윗 성에 모신 후, 다윗 왕국은 더욱 번성하고 강성했다. 주께서 사방에 있는 모든 대적들로부터 다윗 왕국을 지켜주셨기 때문에 다윗은 왕궁에서 편안하게 살아갈 수 있었다. 그러던 어느 날, 다윗 왕이 나단 선지자에게 말한다.

나단 선지자, 그는 다윗과 솔로몬 시대에 활동한 궁정 선지자겸 왕의 고문 역할을 한 인물이다. 하나님의 뜻에 따라 다윗의 성전 건축 계획에 대해 조언하였고, 다윗이 우리아의 아내 밧세바와 불륜 죄를 범했을 때는 비유를 들어 책망하고 일깨워주기도 했다. 다윗 사후에는 하나님의 뜻을 좇아 솔로몬의 왕위 계승을 도왔으며, 솔로몬의 즉위식 때에는 그에게 기름을 부었다. 그리고 후일에 다윗과 솔로몬의 행적을 기록한 인물이다.

"선지자님, 보다시피 나는 이처럼 백향목으로 아름답게 지은 궁전에

▲ 다윗 왕과 나단 선지자 (마티아스 사이츠 작)

서 살고 있소. 하지만 주의 법궤는 아직도 장막 안에 모셔져 있군요. 그래서 말이오."

나단 선지자가 다윗 왕의 말귀를 선뜻 알아듣고 대답한다.

"오, 왕이시여. 주께서는 언제나 왕과 함께 하시니, 왕의 마음에 품고 있는 일은 무엇이든 행하도록 하십시오. 주께서 복 내려 주실 것입니다."

"오호, 그러하오? 참으로 기쁘고도 좋소이다. 그러면, 내 그리 하겠소."

그런데 그 날 밤, 주께서 나단 선지자에게 나타나셔서 말씀하셨다. 굳이 다윗의 손으로 백향목 성전을 건축할 필요가 없다는 것이다. 대신에 다윗을 향해서 이런 뜻을 전하신다.

"내가 다윗 집안으로 왕조를 세워주겠노라. 그의 몸에서 태어난 아들로 왕위를 잇게 하겠고, 그의 왕국을 튼튼히 세워주겠노라. 그리고 다윗의 아들 된 그가 나의 이름을 위해 내가 거주할 집을 지을 것이니라. 나는 그의 나라의 왕권을 영원히 튼튼하게 세워주겠노라."

하나님의 말씀인즉슨, 다윗이 아니라 그의 아들을 통해 자신이 거주할 성전을 짓게 하겠다는 것이다. 하나님은 다윗을 정치 및 군사 지도자로 세워 통일왕국 이스라엘을 굳건히 세우도록 하셨다. 이 과정에서 다윗은 크고 작은 수많은 전쟁을 치렀고, 그 결과 손에 많은 피를 묻혔다. 그래서 하나님은 평화의 성전을 짓는 일은 평강의 사람인 그의 아들 솔로몬을 통해 수행되길 원하셨다. 이제 하나님은 이른바 '다윗 언약'이라 불리는 말씀을 마무리하신다.

"나단아, 다윗에게 말하기를 '네 몸에서 태어날 그가 내 집을 지으리니, 그는 나의 아들이 되리라. 그가 잘못을 저지르면 내가 벌을 내리겠노라. 그렇지만 내가 사울에게서 은총을 빼앗은 것처럼, 결코 나의 은총을 그에게서 거두는 일은 없으리라. 네 집안과 네 왕국은 영원히 이어질 것이고, 네 왕권은 영원히 지속되리라.' 하여라."

이때 하나님께서 나단 선지자를 통해 다윗에게 주신 말씀은 '다윗 언약'이라 불린다. 다윗 언약의 핵심은 다윗 왕조의 견고함과 영원한 보전이다. 그런데 이후의 역사를 보면, 다윗 왕국이 쿠데타 없이 다윗의 혈통으로 400년 이상 계속 이어져갔지만, 결국엔 바빌로니아에 의해 멸망하게 된다(주전 586년). 따라서 다윗을 향한 하나님의 이 약속은 궁극적으로 다윗의 혈통을 좇아 그의 후손으로 이 땅에 오실 메시아 예수, 그 메시아 예수를 통해 세워질 '메시아 왕국'의 견고함과 영원성을 뜻한다.

"주님, 이 비천한 종이 무엇이관대 이토록 크신 은총의 언약을 베푸시나이까! 진실로 감사 찬양을 드리나이다. 할렐루야!"

나단 선지자는 주께로부터 받은 모든 말씀 곧 다윗 언약을 다윗 왕에게 그대로 전했고, 왕은 주께 엎드려 깊은 감사를 표했다. 지금껏 그 누구도 받지 못했던 크신 은총의 언약을 받아 누리게 된 것이다. 그러니 어찌 아니 기쁘고 감격스럽지 않으랴!

다윗이 주께 감사기도를 드리다 (7:18-29; 대상 17:16-27)

나단 선지자로부터 주님의 영원한 언약을 전해들은 다윗 왕, 그는 벅찬 감격과 감사의 마음으로 곧장 하나님의 법궤가 안치된 장막의 뜰 안으로 들어가 그 앞에 앉았다. 하나님의 법궤는 하나님의 임재(臨在)

를 상징한다. 그러니까 하나님 앞에 앉은 다윗은 온 마음을 다해 주님께 감사기도를 드린다.

"오, 나의 하나님! 저와 제 집안이 무엇이관대 이렇듯 크신 은총을 베풀어 주시나이까? 나의 하나님, 그러함에도 주께서는 이것으로도 아직 눈에 차지 않으신 듯, 주의 종의 집안이 장차 겪을 일들까지 특별히 말씀해 주셨나이다. 오, 전능하신 주여! 어찌 제게 이토록 크신 사랑과 은총과 친절을 베풀어 주시나이까. 비천한 이 몸의 집안에 차고 넘치도록 풍성한 축복과 은혜를 내려주시나이까."

다윗은 감사기도를 드리면서 감격과 환희에 목이 멘다. 아버지의 양떼를 돌보던 비천한 목동, 다윗! 오늘날과 같은 존귀함과 은총을 어찌 생각인들 했으랴! 그저 주님 앞에 엎드려 감사하고, 또 감사할 수밖에….

"오, 주여! 주께서는 주님의 말씀을 이루시기 위해 주님의 뜻에 따라 그토록 크신 일을 작정하시고 행하셨으며, 주의 종에게 그것을 친히 알려주셨나이다. 주님 같으신 분은 온 세상 어디에도 없습니다.

또한 이스라엘 같은 족속이 세상 어디에 또 있겠습니까. 주께서는 몸소 자기 백성을 구해 내시고, 그 이름을 세우시고, 주의 백성 앞에서 다른 민족들과 다른 신들을 몰아내시는 놀랍고도 크신 일을 행하셨나이다. 주께서 이토록 보살펴주신 나라가 세상 어디에 또 있겠나이까. 진실로 주께서는 이스라엘을 영원히 주의 백성으로 삼으시고, 몸소 그 백성의 하나님이 되셨나이다."

감사기도를 드리는 중에 주님께 받은 감사가 너무나도 커서 감격에 목이 멘 다윗 왕, 끝내 눈물을 보인다.

"오, 거룩하신 주여! 손 모아 빕니다. 주의 종과 자손을 위하여 약속해 주신 말씀을 영원히 이루어주소서. 주의 종 다윗의 집안을 영원히 존속시켜 주옵소서. 그리하시면 주님의 이름은 영원토록 찬양받으실 것입니다.

정녕 주께서는 '내가 너를 위하여 집을 세워 주겠노라.' 하셨나이다. 그 말씀에 의지하여, 오늘날 주의 종은 주님께 이런 기도를 드릴 용기를 얻게 되었나이다."

다윗 왕은 하늘을 우러러본다. 하늘은 맑았다. 광야에서 만났던 그 하늘이 아니다. 예루살렘의 하늘은 높고 맑았다. 다윗의 마음이 맑아서 하늘이 그렇게 보이는 것일까. 다윗의 감사 기도는 계속된다.

"오, 만군의 주여! 주께서는 진정 우리의 하나님이십니다. 주께서는 주의 종에게 이토록 선한 일들을 약속해 주셨나이다. 이제 주의 종의 집안을 기꺼이 복되게 하시고, 주께서 지켜보시는 가운데 저의 자손이 대대로 영원토록 이어지게 하소서. 오, 신실하신 주여! 주께서 이미 이 몸에게 약속하셨듯이 주의 크신 은총의 손길로 주의 종의 집안을 복되게 하사 영원히 복을 누리게 하소서. 할렐루야, 아멘, 아멘!"

다윗 왕은 감사 기도를 끝내고 자리에서 일어선다. 아직도 왕의 얼굴엔 눈물자국이 남아 있다. 베들레헴 목동 시절이 아련히 떠오른다. 작은 시골의 비천한 목동이 오늘날 온 이스라엘을 통치하는 군주가 되었다. 더욱이 그의 후손 대대로 그 왕권이 계속 이어지는 언약도 받았다. 하나님의 크신 은혜가 아니면 도무지 일어날 수 없는 특별한 역사다. 모든 게 감사하고 감격스럽다. 문득 고향 베들레헴의 풀과 양떼가 보고 싶은 생각이 든다. 양떼 돌보며 뛰놀던 베들레헴 그 푸른 들판은 지금도 여전하겠지.

8

다윗의 승리

승리를 거듭하는 다윗에게
굴복하는 나라가 늘어가네
여러 나라를 정복할 때마다
금과 은 등 전리품을 챙기네

다윗이 주변 나라들을 정복하다(8:1-14; 대상 18:1-13)

뿌우 뿌우우 뿌.

다윗 왕국에 전쟁의 나팔소리가 힘차게 울려 퍼졌다. 통일왕국 이스라엘의 왕위에 오른 다윗은 나라의 기틀을 굳게 다진 후 주변 나라들을 정복하기 위해 출전했다. 먼저 나라의 서쪽에 있는 숙적 블레셋을 쳐서 그들의 지배 아래 있던 메덱암마를 빼앗았다. 내친김에 요단강 건너편, 사해 동쪽에 위치한 모압을 쳐부수고 정복했다. 이후 모압은 매년 이스라엘에 조공을 바쳤다.

다윗은 또한 소바 왕 하닷에셀이 유프라테스강 주변 지역을 되찾고자 원정 왔을 때 그를 거뜬히 물리쳤다. 소바는 다마스쿠스 북쪽과 레바논 산지의 동쪽에 위치한 아람의 여러 도시국가들 가운데 하나다. 당시 아람은 강력한 통일국가를 이루지 못하고 여러 소국들로 분립되어 있었는데, 그중에서 가장 강력한 부족이 하닷에셀이 통치하던 소바다.

다윗은 원정 온 소바 왕 하닷에셀을 물리친 뒤 그들에게서 기마병 1,700명 보병 2만 명을 사로잡았다. 이때 다윗은 병거를 끄는 말 중에서 100필만 전리품으로 가져오고, 나머지는 모조리 발목의 힘줄을 끊어놓았다. 말의 발목 힘줄을 끊는다는 것, 그것은 군마(軍馬)를 무용지물로 만드는 것을 의미한다. 이는, 이스라엘의 왕은 군마를 많이 두어서는 안 된다는 하나님의 율법에 순종하려 했기 때문이다. 그렇다. 하나님의 주관 아래 있는 이스라엘의 왕은 군마나 병력이 아니라 오직 만군의 여호와이신 하나님만을 의지해야 했다.

"무엇이라? 소바 왕 하닷에셀을 도우러 지원군이 이르렀다고?"

다윗은 다마스쿠스의 시리아 사람들이 소바 왕 하닷에셀을 지원하러 오자, 그들도 격파하여 2만 2천 명을 죽였다. 그런 뒤, 그 땅에 이스라엘 주둔군을 배치하고 정기적으로 조공을 받았다. 이렇게 주께서는 다윗 편이 되어주셔서 그가 가는 곳마다 승리를 얻게 해주셨다. 만군의 주께서 함께해 주시니, 다윗의 군대는 연전연승이요 백전백승이었다. 단 한 번의 패전도 없었다.

소바 왕을 격파한 뒤, 다윗은 소바 왕 하닷에셀의 신하들이 들고 다니던 금 방패를 빼앗아 예루살렘으로 가져왔다. 이밖에 소바 왕이 다스리던 베다와 베로대 성읍에서도 아주 많은 양의 청동을 빼앗아왔다.

"뭐라? 소바 왕 하닷에셀의 군대가 다윗에게 전멸을 당했다고? 아니, 그게 정말이냐? 소바 왕이 그리 쉽게 당할 리가 없는데, 도대체 웬 변고란 말인가. 그렇다면 다윗과 화친을 해야 한단 말이 아닌가."

때에 하맛 왕 도이는 다윗이 소바 왕 하닷에셀의 군대를 크게 쳐부수었다는 소식을 들었다. 하맛은 소바처럼 아람의 여러 국가들 중 하나로 소바 바로 위의 북쪽에 자리잡고 있었다. 오론테스강 유역에 건설된 도시국가였는데, 당시에 소바와 더불어 유프라테스강에서부터 레바논 산지에 이르기까지 막강한 영향력을 행사하고 있었다.

하맛 왕 도이는 요람 왕자를 보내어 다윗의 승리를 축하하며 화친을 청했다. 요람은 금, 은, 청동으로 만든 선물을 가져왔다. 다윗은 예전처럼 모든 전리품과 선물들은 주님께 바쳤다. 그건 정당하고도 신앙적인 일이었다. 신정국가의 왕으로서 치른 모든 전쟁은 하나님의 지시에 따른 거룩한 전쟁이었다. 그래서 승리한 뒤 노획한 물품을 하나님의 것으로 인정하여 주님께 바쳤던 것인데, 주께서도 그것들을 기꺼이 받아들이셨다.

다윗은 또 에돔으로 원정하여 '소금 골짜기'에서 1만 8천 명을 쳐 죽여 이름을 크게 떨쳤다. 에돔은 사해 아래쪽(남쪽)의 세일 산악지대에 자리잡은 에서(에돔)의 후손들로, 이스라엘과는 대대로 적대적인 관계에 있었다. 다윗은 에돔 땅의 전 지역에 이스라엘 주둔군을 배치하여 에돔을 자신의 통제 아래에 두었다. 이처럼 주께서는 다윗이 가는 곳마다 승리를 안겨주셨다. 그래서 다윗은 이스라엘 주변의 나라들 곧 에돔, 모압, 암몬, 블레셋, 아말렉 등을 모두 정복하였다. 그 결과, 다윗의 왕국은 나날이 강성해졌고 다달이 부요해졌다.

다윗 왕국의 조직 - 다윗 왕국의 주요 신하들(8:15-18; 대상 18:14-17)

다윗은 공평하고 의롭게 나라를 다스렸다. 이 같은 다윗의 통치

▲ 다윗 왕의 개선 행렬 (프란체스코 디 스테파노 작, 1445~1455년)

아래에서 이스라엘 백성들은 걱정근심 없이 태평과 안녕을 누렸다. 때에 군대의 총사령관은 스루야의 아들 요압, 역사 기록관은 아힐룻의 아들 여호사밧, 그리고 아히둡의 아들 사독과 아비아달의 아들 아히멜렉은 대제사장들이었다.

이처럼 다윗 시대에는 두 명의 대제사장이 있었다. 사독은 아론의 셋째 아들인 엘르아살 계통으로 기브온 성소에 있었고, 아히멜렉은 아론의 넷째 아들인 이다말 계통으로 예루살렘 성소에 있었다. 또한 스라야는 서기관, 여호야다의 아들 브나야는 시위대장이 되어 그렛 사람들과 블렛 사람들을 통솔했다. 브나야가 통솔하는 그렛 사람들과 블렛 사람들은 다윗 왕조를 위해 헌신적으로 충성했다.

후일 이들은 압살롬의 반란을 피해 피난길에 오른 다윗 왕을 호위하였다. 뿐만 아니라 막강한 세력을 확보한 아도니야의 반역 거사에서도 이들은 다윗 왕의 뜻에 따라 솔로몬을 보호하여 그를 다윗을 잇는 차기 이스라엘 왕으로 옹립하였다. 그리고 다윗의 여러 아들들은 저마다 궁중의 중요한 자리에서 일했다. 이렇게 다윗 왕국의 기틀은 굳건히 다져졌다.

9
요나단의 아들 므비보셋

요나단의 아들을 잘 보살펴라
다리를 절뚝거리는 므비보셋은
왕궁에 들어와 살며
왕의 식탁에서 함께 식사하네

다윗이 요나단의 아들 므비보셋을 돌보다 (9:1-13)

다윗 왕국의 수도인 예루살렘은 하루가 다르게 번영의 꽃을 피워냈다. 각지에서 조공품을 바치려는 나귀와 수레들로 성읍은 혼잡했고, 도처에서 장사꾼들이 진기한 물건을 싣고 찾아왔다. 법궤가 예루살렘의 다윗성에 안치되었기에, 성막을 찾는 예배자들로 성읍은 항상 북적댔다. 누가 보더라도 번영하는 국가였다.

어느 날, 다윗 왕은 왕자들과 함께 식사를 하고 있었다. 식탁은 풍성했고 왕자들은 조잘대며 맛있는 음식을 먹고 있었다. 흐뭇한 얼굴로 그런 모습을 보는 중에 다윗 왕은 문득 요나단이 생각났다. 요나단과 더불어 식사를 하던 그 시절은 이제 아련한 추억이 되었다. 요나단, 그는 정녕 그립고 보고픈 사람이지만 이젠 더 이상 만날 수 없기에 점점 잊히고 있었다. 그래서 눈에서 멀어지면 마음에서도 멀어지는 법인가.

'아차! 내가 요나단과 더불어 굳게 맹세했던 언약을 잊고 있었다….

내가 죽으면 요나단이 내 자식을 돌봐주고, 요나단이 죽으면 내가 그의 자식을 돌봐주기로 여호와의 이름으로 굳게 약속했었는데….'

그렇다. 다윗이 사울 왕에게 쫓겨 내일을 기약할 수 없었던 그 시절에 다윗과 요나단은 그리 약속했었다. 이제 다윗의 왕권이 튼튼한 기반 위에서 안정을 되찾게 되자, 다윗은 비로소 그때의 언약을 생각해냈던 것이다. 다윗은 즉시 시종장을 불러 명한다.

"사울의 집안에 살아남은 사람이 누가 있느냐? 그런 사람이 있으면 찾아보아라. 내가 내 친구 요나단을 생각해서라도 그를 잘 보살펴주고 싶구나."

오래전 사울의 집안에서 집사 노릇을 했던 '시바'라는 하인이 있었다. 시종장이 그를 찾아내어 다윗 왕 앞으로 데려왔다. 시바는 벌벌 떨었다. 사울이 다윗에게 행한 가혹한 핍박을 잘 알고 있었기에 다윗 왕의 보복이 두려웠던 것이다. 하지만 왕은 부드럽고 친근한 목소리로 묻는다.

"시바라고 했느냐? 너는 두려워 마라. 혹시 사울의 집안에 살아남은 자가 아직 있느냐? 그런 사람이 있다면, 내가 요나단을 생각해서 그에게 은총을 베풀어주고 싶구나."

다윗 왕의 부드러운 말에 시바가 얼굴에 화색을 띠며 대답한다.

"폐하, 요나단의 아들이 한 명 살아있는데, 그는 두 다리를 다 접니다."

"그래? 그가 지금 어디에 있느냐?"

"네, 로드발에 있는 암미엘의 아들 마길의 집에서 살고 있습니다."

사울 집안에서 혼자 살아남은 요나단의 아들 '므비보셋'은 로드발 지역에 은신해 있었다. 사울 왕가의 일원으로서 다윗 왕의 보복을 두려워했기 때문이다. 고대 세계에서 새로운 왕은 자신의 왕좌에 위협이 되는 이전 왕가의 후손과 친척을 몰살시키는 것이 일반적인 관례였다. 다윗은 오랫동안 사울에게 박해를 받았기에 그럴 가능성이 농후했다. 그래서 므비보셋은 시골의 작은 마을에서 아무도 모르게 조용히 숨어 살고 있었다.

로드발, 그곳은 요단강 건너편의 마하나임 부근에 있는 작은 마을이다. 왕실의 감시가 미치지 않는 유배지 같은 곳이다. 요나단의 아들 므비보셋, 5세 때 유모에 의해 로드빌로 숨어들어, 이후 신분을 감춘 채 결혼하고 아들을 낳아 숨죽이며 살고 있었던 것이다. 사울 집안의 왕손이라는 신분을 숨겼기에 두려움 가운데서 하루도 맘 편히 살지 못했으리라. 그런데, 어떻게 알아냈는지 다윗 왕이 그를 찾은 것이다.

'아, 내 인생이 여기까지인가.'

므비보셋은 체념한 채 왕궁 사람들의 안내를 받으며 다윗 왕 앞에 이르렀다. 그는 왕 앞에 넙죽 엎드려 절했다. 온몸이 걷잡을 수 없이 부들부들 떨렸다. 다윗의 신하들이 정중한 태도로 대해주었지만, 왕의 말 한마디면 죽은 목숨이나 매한가지였다. 그런데, 들리는 목소리가 자상하고 친절하다.

"므비보셋, 그대는 조금도 두려워하지 마라. 내가 네 부친 요나단과의 언약과 우정을 생각하여 그대를 잘 돌봐줄 생각이니라. 네 할아버지 사울의 소유였던 토지도 모두 네게 되돌려주겠노라. 이후로 그대는 항상 나의 식탁에서 나와 함께 식사를 하도록 하여라."

▲ 요나단의 아들 므비보셋을 선대하는 다윗 왕

므비보셋은 제 귀를 의심했다. 왕의 가족이요 왕자의 신분으로 대우해 주겠다는 파격적인 말이었다. 이렇게 함으로써 다윗은 생전에 요나단과 맺은 언약을 신실하게 지켰다. 다윗 왕의 말을 듣고 크게 감격한 므비보셋, 다시금 넙죽 엎드려 왕께 절하면서 말한다.

"폐하! 이 종이 무엇이라고 죽은 개나 다름없는 이 몸에게 그처럼 크신 은총을 베풀어주시나이까. 그저 황송하고 감읍할 따름이옵니다."

므비보셋, 두 발은 절고 남의 집에 얹혀 살다보니 자존감이 바닥이다. 그래서 자신을 '죽은 개 같은' 자로 자처한다. 그런 자신에게 들려오는 다윗 왕의 말은 가히 파격적이었다. 그저 엎드려 감읍(感泣)할 따름이다. 다시금 므비보셋의 귀에 다윗 왕의 음성이 들려온다. 마음에서 우러나는 친절함과 정다움이 묻어있는 따뜻한 말이다.

"므비보셋, 그대는 조금도 어려워하지 말거라. 내가 생전에 그대의 부친에게 많은 은혜를 입었느니라."

왕은 너무나 감격해서 어쩔 줄 몰라 하는 므비보셋을 좋은 말로 다독여주었다. 그런 뒤 사울 집안의 집사였던 시바를 불러 말한다.

"듣거라. 사울 집안의 모든 소유를 네 주인의 손자에게 넘겨주었노라. 그러니 너는 네 아들들과 종들을 거느리고 그 땅에서 농사를 지어, 네 주인의 손자 집안이 넉넉히 먹고 살 수 있도록 양식을 대주도록 하여라. 특별히 므비보셋은 언제나 내 식탁에서 나와 함께 식사할 것이니라."

시바 역시 크게 감격하여 엎드려 왕께 큰절을 하며 대답한다.

"폐하! 폐하의 은혜가 차고도 넘치나이다."

당시 시바에게는 15명의 아들들과 20명의 종들이 있었다. 이로 보아 그는 사울 집안에서 영향력 있는 관리자나 청지기였음이 분명하다. 아마도 그는 사울 집안이 몰락하자 자신의 지위를 악용하여 상당한 재산을 빼돌린 듯하다. 이 같은 시바의 악한 품성은 훗날 새 주인된 사울의 손자요 요나단의 아들인 므비보셋을 다윗 왕에게 모함하여 그의 재산을 가로챈 데서도 잘 드러난다.

그 날 이후, 다윗 왕의 호의로 요나단의 아들 므비보셋은 왕자들과 똑같은 대접을 받으면서 왕의 식탁에서 함께 식사했다. 때에 므비보셋에게는 '미가'라는 어린 아들이 하나 있었다. 그리고 시바 집안의 모든 사람들은 므비보셋의 종이 되었다.

요나단의 아들 므비보셋, 그는 항상 왕의 식탁에서 왕과 함께 음식을 먹으며 예루살렘 왕궁에서 풍족하게 살았다. 두 발을 전다는 사실이 '요나단의 아들'이라는 자존감까지 절게 하지는 못했다. 친구 요나단과 맺은 언약을 신실하게 지킨 다윗 왕으로 말미암아 요나단의 아들 므비보셋은 모든 단점과 약점에도 불구하고 다시금 왕자의 지위에 우뚝 올라서게 되었다. 그래서 언약은 선하고 좋은 것이다. 하나님은 다윗에게 언약하셨고, 다윗은 요나단에게 언약했는데, 요나단의 아들 므비보셋이 그 언약의 혜택을 누리게 된 것이다.

10
암몬과 아람을 치다

암몬 왕 나하스가 죽고
아들 하눈이 왕위에 오르네
하눈은 다윗의 조문단을 잡아
수염을 밀고 옷도 더럽히네

다윗이 암몬 족속과 랍바 전투를 치르다 (10:1-14; 대상 19:1-15)

"아하, 암몬 왕이 죽고 그의 아들이 왕위를 이어받았다 했느냐?"

때에 암몬 왕 나하스가 죽고, 그의 아들 하눈이 왕위를 이어받았다. 다윗은 망명 시절에 나하스에게 도움 받았던 사실을 기억하고는 나하스 왕의 장례식에 조문 사절단을 보냈다. 다윗 왕이 보낸 조문 사절단이 암몬의 땅에 이르렀을 때, 암몬의 대신들이 왕에게 부추기듯 말한다.

"폐하! 다윗이 조문 사절단을 보낸 것은 우리 도성을 정탐하여 공격하려고 보낸 것입니다. 그러니 조문 사절단을 받아들이면 절대로 안 됩니다."

암몬 왕 하눈은 신하들의 말을 듣고 다윗을 의심하고 비난했다. 그래서 조문 사절단의 수염을 절반씩 잘라버리는 모욕을 주었다. 그들의 의복도 엉덩이까지 자르도록 했다. 고대 사회에서 수염은 품위와 어른됨과 남자다움의 상징이다. 그런 수염이 절반이나 싹뚝 잘린다는 것은 인격과 명예가 크게 짓밟히는 지독한 수치요 모욕이었다.

또한 유대인들의 겉옷은 발목까지 길게 내려왔고 속에 따로 내의를 입지 않았다. 그런 옷을 엉덩이 윗부분까지 싹뚝 잘라 양쪽 엉덩이 맨살이 드러나게 만든다는 것은 당사자들은 물론이지만 다윗 왕에게 가한 모욕이나 다름없었다. 소식을 전해들은 다윗은 격노했다. 일단은 조문 사절단으로 하여금 여리고 성읍에 머물러 있다가 수염이 다 자란 후에 예루살렘 도성으로 돌아오라고 일렀다.

"자, 이젠 전쟁이다! 다윗의 높은 콧대를 납작하게 만들어주겠다!"

다윗의 조문 사절단에게 수치와 모욕을 가한 암몬 왕 하눈은 자신이 다윗의 미움을 사게 되었다는 것을 알고는 대대적으로 전쟁을 준비했다. 벧르홉과 소바에 사람을 보내어 아람 사람들에게서 보병 2만 명을, 마아가 왕에게서 1천 명을, 돕 족속에게서 1만 2천 명을 용병으로 고용했다. 이때 암몬 왕 하눈이 지불한 금액은 은(銀) 1천 달란트였다. 당시 은 1달란트는 노동자 6천 일의 품삯에 해당되는 막대한 금액이었다.

마침내 이스라엘과 암몬 사이에 전쟁이 벌어졌다. 이스라엘 군대가 암몬으로 진격하자, 암몬 왕도 도성 랍바의 성문 앞에서 전투 대열을 갖추었다. 이때 소바와 르홉에서 고용된 아람 용병들과 돕과 마아가에서 고용된 용병들은 들판에서 전열을 갖추고 있었다. 앞과 뒤에서 이스라엘 군대를 공격하려는, 이른바 협공 작전을 펼친 것이다.

하지만 다윗 군대의 노련한 요압 사령관은 적의 작전을 단숨에 간파했다. 그래서 정예병을 가려 뽑아 자신의 지휘 하에 아람의 용병들과 싸울 차비를 갖추는 한편, 나머지 군사들을 동생인 아비새 장군에게 맡겨 암몬 군대와 싸울 수 있도록 배치했다.

"겁먹지 마라! 저들은 머릿수만 많을 뿐, 오합지졸에 불과하다!"

요압 사령관이 이끄는 이스라엘 정예병들이 돌풍처럼 무섭게 앞으로 돌격하니, 돈으로 고용된 용병들은 싸울 의지를 상실한 채 잔뜩 겁을 집어먹고 도주하기 시작했다.

“용병들이 도망간다! 요압 군대에게 속수무책으로 당하고 있다!”

때에 랍바 성문 앞에서 아비새 장군이 이끄는 이스라엘 군사들과 대치중에 있던 암몬 군사들, 그들은 아람 용병들이 우르르 퇴각하는 광경을 보았다. 그러자 사기가 꺾인 암몬 군사들도 아비새 군대 앞에서 도망치기 시작했다. 그들은 랍바 도성 안으로 들어간 뒤 성문을 굳게 잠갔다. 이스라엘의 일방적인 승리였다. 다윗 군대를 이끈 요압 총사령관은 암몬과의 싸움을 승리로 끝내고 예루살렘으로 개선했다.

▲ 다윗이 암몬 족속을 격파하다

다윗이 아람 족속과 ‘헬람 전투’를 치르다 (10:15-19; 대상 19:16-19)

“분하다! 이스라엘에게 패하다니! 이번에는 반드시 설욕하고 말겠다!”

요압에게 크게 패한 아람 사람들이 설욕을 다짐하며 다시 군대를 집결시켰다. 이때 소바 왕 하닷에셀은 군사령관 소박에게 대군을 주어 헬람으로 진격시켰다. 헬람은 갈릴리 호수에서 동쪽으로 50km 정도 떨어진 지점에 위치해 있다.

헬람 전투에는 다윗 왕이 직접 출정했다. 헬람 전투를 대승으로 이끈 다윗 왕은 아람 군대의 전차 700대를 부수고, 4만의 보병을 쳐 죽였다. 총사령관 소박도 죽였다. 그러자 소바 왕 하닷에셀을 모시던 주변의 도시국가들은 스스로 이스라엘과 화친조약을 맺고 굴복하였다. 이후로 아람은 다윗이 두려워서 감히 암몬을 돕지 못했다. 이스라엘과 다윗의 명성은 드높아졌다.

11
다윗과 밧세바

어느 봄날 저녁 무렵
궁궐 옥상을 거닐던 다윗은
목욕 중인 한 여인을 보고 마음이 빼앗기네
그녀는 우리아의 아내 밧세바

다윗의 범죄 - 우리아의 처 밧세바를 범한 간음죄(11:1-5)

해를 넘겨 이듬해 봄이 되었다. 봄철, 이때는 왕들이 전쟁을 나갈 때다. 겨울철의 우기(雨期)가 끝나고 봄철의 건기(乾期)로 접어드는 이때는 원정하기 좋은 전쟁 시즌이기에 왕들은 종종 군사들을 이끌고 전쟁터에 나갔다. 그래서 다윗의 군사령관 요압은 군대를 이끌고 암몬으로 진격하여 그들의 도성 랍바를 포위했다. 때에 다윗 왕은 예루살렘 왕궁에 그대로 남아 있었다.

저녁 무렵, 해는 서산에 걸리고 성읍은 평화로웠다. 사람들은 하루 일을 끝내느라 분주하게 움직였다. 낮잠을 즐긴 다윗도 자리에서 일어났다. 요압과 군사들은 전쟁터에 나갔는데 국정을 책임진 왕이 낮잠을 즐겼다는 것, 그것은 당시 다윗 왕이 안일함과 나태함에 빠져 있었음을 보여준다. 안일함과 나태함은 종종 사치와 방탕으로 이어진다.

다윗이 평평한 지붕 위를 산책하고 있을 때, 궁궐 저 아래의 어느

▲ 목욕하는 밧세바 (장 레옹 제롬 작, 1889년)

집 뒷마당 우물에서 목욕하는 한 여인을 우연히 보게 되었다. 다윗은 홀린 듯 그 자리에 서서 목욕하는 여인을 한참 내려다보았다. 타락은 보는 데서부터 시작된다. 하와가 선악과나무를 쳐다보는 데서부터 선악과를 따먹으려는 행동이 시작된 것처럼. 처음에는 어쩌다 우연히 바라보았다지만, 그 자리에 서서 물끄러미 바라보았다는 것은 분명 불순한 의도성이 있었다.

몰래 숨은 듯 지켜보는 목욕하는 여인의 자태에서는 뭔가 남성을 끌어당기는 매력이 흘러넘쳤다. 다윗은 자신도 모르게 솟구치는 욕망의 회오리 속으로 말려 들어가기 시작했다.

다윗은 시종을 보내어 목욕하고 있는 여인에 대해 알아보게 했다. 그런 다윗의 지시 속에는 기어코 그 여인을 차지하겠다는 탐욕이 배여 있었다. 당시 다윗에게는 많은 처첩이 있었다. 그럼에도 불구하고 정욕이 활활 솟구친 다윗은 또 다른 여인을 찾고 있는 것이다. 얼마 후, 다녀온 시종이 왕에게 아뢴다.

"그 여인은 엘리암의 딸로, 헷 사람인 우리아의 아내 밧세바입니다."

"우리아의 아내…? 나의 신복인 우리아의 아내라…. 거참…."

밧세바가 처녀였다면 당시엔 왕으로서 취할 권리가 있었다. 하지만 유부녀는 절대 취할 수 없었다. 무엇보다도 하나님의 율법이 그런 일을 엄히 금했다. 그런데 밧세바는 어엿한 남편을 둔 유부녀였다! 그것도 다윗의 신실한 충복인 우리아의 아내였다. 적어도 다윗은 이쯤에서 깨끗이 포기했어야 했다.

'아, 하필이면… 유부녀라니, 그것도 내 충복 우리아의 아내라니….'

다윗은 쓴맛을 다진다. 그러면서도 그 여인을 마음에서 놓지 못한다. 지금 전쟁터에 나가 대적과 한창 싸우고 있는 장수의 아내를 취한다는 것은 도저히 있을 수 없는 일이었다. 하나님 앞에서는 더 말할 나위 없이 물론이거니와, 임금과 신하 사이의 의리를 생각해서라도 밧세바를 건드려서는 절대로 안 되는 일이었다. 그럼에도, 다윗은 밧세바에 대한 욕망의 끈을 놓지 않는다. 고민하던 다윗 왕은 결국 사람을 시켜 밧세바를 궁궐로 불러들인다.

"밧세바, 그대는 참으로 아름다운 여인이구려. 궁궐 지붕을 거닐다가 우연히 그대가 목욕하는 모습을 보았소."

"아, 폐하…. 어찌 그런 일이…."

"그리 부끄러워할 것 없소. 그대의 목욕 모습을 본 뒤로 그 아름다운 모습이 내 눈에서, 내 마음에서 도무지 떠나질 않는구려."

다윗은 밧세바와 함께 포도주를 나누면서 이런저런 이야기를 나누었다. 밧세바는 왕 앞에서 그냥 수줍음 타는 여인이 아니었다. 왕의 얼굴을 똑바로 쳐다보면서 활짝 웃기도 하고 때로는 애교를 부렸다. 보통 여인이었으면 왕 앞에서 얼굴도 제대로 들지 못했을 텐데, 밧세바는 아름답기도 했거니와 당차고 야욕을 가진 여인이기도 했다. 다윗은 그런 그녀에게 점점 마음이 끌리더니 정분이 들었다.

그 날 밤, 결국 둘은 잠자리를 같이했다. 동침 후, 그 여인은 부정한 몸을 깨끗이 씻은 다음에 자기 집으로 돌아갔다. 그리고 모든 일이 그냥 잊힌 듯 얼마 동안의 날들이 흘렀다. 그런데 어느 날, 밧세바는 자신이 임신한 것을 알고는 그 사실을 왕에게 알렸다.

“뭐, 뭐요? 그, 그게 정말이오? 정말로 임신이 확실한 거요? 아, 어찌 이런 일이…. 낭패로다. 참으로 낭패로다.”

다윗의 범죄 (11:6-27)

밧세바의 임신 소식에 다윗은 크게 놀라고 당혹했다. 여인의 아름다운 모습에 마음이 끌려 그녀를 불러들여 잠자리를 같이했지만, 이런 식으로 엮어지는 것은 처음부터 원하지 않았다. 그런데 딱 한번 잠자리를 한 것이 곧바로 임신이라니…. 최악의 사태가 벌어진 것이다.

‘아, 낭패로다. 이를 어쩐다…? 뭐 좋은 수가 없을까. 그래, 그렇지! 그렇게 하면 감쪽같이 일을 덮을 수 있겠어. 좋아!’

머리를 싸매고 며칠을 궁리한 끝에 다윗은 묘수를 찾아냈다. 다윗은 즉시 사람을 시켜, 전쟁터에 나가 있는 군사령관 요압에게 급한 전갈을 보냈다. 때에 요압은 암몬의 도성 랍바를 무너뜨리기 위해 치열하게 공격하고 있는 중이었다. 다윗의 급한 전갈은 이러했다.

장군, 헷 사람 우리아 장군을 즉시 내게로 보내도록 하시오.

그러니까 다윗의 묘수는 이러했다. 밧세바의 남편 우리아를 급히 불러들여 그의 아내 밧세바와 동침하게 함으로써 밧세바의 임신이 정상적인 부부관계에서 비롯된 일인 것처럼 위장하려 한 것이다. 평소의 다윗이라면 생각조차 할 수 없는 치졸한 짓이었다. 그러나 지금은 이것저것 따지지 않는다. 불륜으로 인한 임신 사실을 덮고 감추기 위해 물불 가리지 않고 있다. 하나의 범죄가 또 다른 범죄로 계속 이어지고 있다.

우리아는 영문도 모른 채 왕명을 받잡고 한걸음에 달려왔다. 한눈에도 충성심으로 무장한 신실하고 용맹스런 장수였다. 다윗은 우리아에게 지은 죄가 있기에 똑바로 그의 얼굴을 쳐다보는 것이 괴로웠다.

"소장 우리아, 폐하의 부르심을 받잡고 전쟁터에서 급히 달려왔습니다! 하명 하소서!"

"오, 우리아 장군! 어서 오시오. 그래, 요압 장군과 우리 군사들의 사기는 어떠하오? 전쟁 상황은 어떻게 돌아가고 있는 것이오?"

왕은 형식적으로 전쟁터의 상황을 이것저것 물었고, 우리아의 대답도 건성으로 들었다. 그러다가 왕은 기회를 엿보아 우리아를 불러들인 진짜 의도를 실행에 옮긴다.

"장군! 전쟁터에서 얼마나 힘들었소. 잠시 휴식이 필요한 것 같구려. 그러니 그대는 오늘 집으로 돌아가서 발을 씻고 편히 쉬도록 하시오."

"폐하, 지금은 한창 전쟁 상황이라 그건…."

왕의 호의에 우리아는 얼떨떨한 표정을 지으며 선뜻 대답하지 않는다. 그런데도 왕은 막무가내다. 푸짐한 선물까지 딸려 보내며 기어코 우리아를 집으로 돌려보냈다. 그러나 우직한 군인 우리아는 끝내 집으로 돌아가지 않았다. 대신에 궁궐 문간의 시위병들 숙소에서 그들과 함께 잤다.

다음 날 아침, 다윗은 우리아가 집에 돌아가지 않았다는 사실을 알았다. 그래서 우리아를 다시 불러들인다.

"장군, 내가 특별히 호의를 베풀었는데, 왜 그대는 집에 가지 않았던 거요?"

왕의 물음에, 우리아가 확신에 찬 말투로 대답한다.

"폐하, 하나님의 법궤는 물론이고 요압 장군과 부하들도 지금 들판에서 지내고 있습니다. 그런데도 제가 어찌 집에서 편히 먹고 씻고 마시면서 아내와 동침할 수 있겠습니까? 폐하께 맹세하건대, 저는 결코 그와 같은 일을 하지 않을 것입니다."

우리아의 말에 다윗은 움찔했다. 틀린 말이 하나도 없기 때문이다. 모름지기 충직한 군인이라면 당연한 이치이기 때문이다. 왕은 겉으로는 아무런 내색을 보이지 않고 다시금 부드럽게 말한다.

"그대는 정말 충직한 군인이구려. 뜻이 정 그렇다면 여기에서 하루 더 묵고, 내일 전선으로 돌아가도록 하시오."

그러면서 왕은 우리아와 함께 취하도록 마셨다. 일부러 우리아에게 술을 많이 권했다. 술에 취한 김에 집으로 돌아가 아내와 동침할 수 있겠거니 하고, 판단했기 때문이다. 하지만 충직한 우리아 장군, 그는 그 날 저녁에도 궁궐 문간에서 시위병들과 함께 잤다. 그 소식에 다윗 왕은 쓴 웃음을 짓는다.

'그렇다면 방법이 없구나. 우리아의 충직함이 스스로 제 목숨을 거두는구나. 참으로 미안하지만 어쩔 수 없구나.'

다음 날, 다윗은 요압 장군에게 전해줄 편지를 써서 우리아의 손에 들려 보냈다. 편지 내용은 이러하다.

요압 장군! 그럴 만한 사정이 있으니, 우리아를 전투가 치열한 전방으로 배치하시오. 그런 뒤 한창 공격 중에 다른 군사들을 갑자기 후퇴시켜 우리아로 하여금 혼자 싸우다가 전사하게 만드시오. 더는 묻지 말고 내 말대로 꼭 시행하시오. 그리고 이건 장군과 나만 알고 있어야 하는 영원한 비밀이오.

평소 하나님을 굳건히 의지하던 신실한 그 다윗이 아니었다. 다윗의 일생에서 이때의 영성(靈性)이 가장 밑바닥이다. 깊은 바닥까지 떨어진 다윗, 그는 모든 수단을 동원해서 자신의 가증한 간통죄를 덮고 감추는 데에만 급급했다. 어쩌다 이 지경까지 추락했을까?

'참으로 이상한 일이로다. 어찌 다윗 왕께서 내게 이런 지시를 내렸을

꼬? 충직한 우리아 장군을 일부러 죽이게 하다니…. 거참, 이상하다….'

우리아가 전달해준 왕의 편지를 받아본 요압, 그는 몇 번이고 고개를 갸웃거렸다. 읽고 또 읽어도 도무지 납득이 가지 않았다. 그래도 왕명은 절대적이다. 요압은 우리아에게는 한없이 미안했지만 왕의 명령에 따르기로 결심했다. 요압은 가장 치열한 전투 지점이 어딘지를 잘 알고 있었다. 그래서 요압은 우리아 장군과 그의 부대를 그런 곳에 배치한다.

"암몬 군사들이여, 이곳이 뚫리면 안 된다! 끝까지 버텨라! 절대 물러서지 말고 필사적으로 막아라!"

암몬 군대의 저항은 강렬했고 거셌다. 죽기 살기로 저항했다. 우리아 장군과 그의 부하들도 죽을힘을 다해 싸웠다. 그렇게 격렬한 전투가 전개되던 중, 요압은 왕의 편지에 쓰인 대로 선봉에 선 우리아 장군을 받쳐주고 있던 이스라엘 군사들을 예고 없이 후퇴시켰다. 그러는 와중에 군사들 몇이 죽고, 우리아 장군도 적의 화살을 맞고 그 자리에서 전사했다. 이스라엘 군대의 손실이 제법 컸다. 누가 보더라도 요압 장군의 작전 실패였다. 노련한 요압 장군이 저런 어처구니없는 지시를 내리다니! 이스라엘 군사들은 모두 의아하게 생각했다. 그러나 요압도 어쩔 수 없었다. 다윗 왕이 시킨 대로 행해야 했기 때문이다.

우리아는 충직한 장수였다. 요압은 누구보다도 우리아의 용맹함과 충성심을 잘 알고 있었기에 그의 전사에 마음이 괴로웠다. 아무리 왕의 밀명에 따랐다고는 하지만, 충직한 장수의 목숨을 적군의 손에 넘겨주는 행위는 큰 잘못이다. 만일 우리아가 왕께 잘못하여 죽을죄를 지었다면, 이스라엘의 군법에 따라 재판하여 처형시키는 것이 마땅했다.

따라서 우리아의 직속상관인 요압은 도무지 이해할 수 없는 왕의 명령에 대해 적어도 부하의 목숨을 위해 왕께 탄원하는 성의를 보였어야 마땅했다. 이런 점에서 요압 역시 살인교사죄에 가담한 공범이었다. 어쨌든 요압은 전투 상황을 왕에게 보고하기 위해 전령을 예루살렘으로 보내면서 말한다.

"이번의 전투 상황을 왕께 보고하면 분명 화를 내실 것이다. 왕께서 화를 내시면, 헷 사람 우리아 장군도 죽었다고 아뢰거라. 잘 알겠느냐?"

"네, 시키는 대로 명을 받들겠습니다."

무리한 작전을 펼치다가 몇몇 군사들과 함께 우리아 장군도 죽었다는 보고를 받고 다윗은 전혀 화를 내지 않고 부드럽게 전령에게 말한다.

"요압 장군에게 전하라. 칼이란 이쪽저쪽 가리지 않고 다치게 하는 법, 그러니 전투 결과에 조금도 개의치 말고 랍바 성을 포위 공격하여 조속한 시일 내에 함락시키도록 하라고 전해라! 또한 우리아의 전사에 대해 크게 염려하지 않아도 된다는 말도 꼭 전하거라!"

전령을 떠나보내고서 다윗은 양심의 가책을 받았다. 하지만 이로써 모든 게 정리되었다는 생각에 죄책감을 훌훌 털어버린다.

우리아의 아내 밧세바, 다윗 왕의 음모를 모르는 그녀는 남편이 전투 중에 전사했다는 소식을 전해 듣고는 큰 충격을 받았다.

"남편이 적의 화살을 맞아 죽었다고요? 아, 그럴 수가!"

밧세바는 남편의 급작스런 죽음에 망연자실해하며 오래도록 슬피 울었다. 그렇게 7일에 걸친 애도 기간이 끝나자마자, 다윗은 밧세바를 궁궐로 데려와 자신의 아내로 삼았다. 그녀의 임신 사실을 최대한 감추려고 신속하게 일을 진행한 것이다. 궁궐로 들어온 밧세바는 오래지 않아 아들을 낳았다.

'아, 슬프도다. 내 신실한 종 다윗이 저토록 악한 일을 하다니….'

모든 일을 시종일관 줄곧 지켜보시던 주님, 다윗이 자행한 일을 아주 악하게 보셨다. 주님은 크게 한탄하시고 슬퍼하셨다.

12
다윗의 회개

나단 선지자가 비유를 들어 말하네
한 마을의 부자가 손님을 위해
가난한 자의 어린 양을 빼앗아
제 것처럼 잡았다고 합니다.

나단 선지자가 다윗의 죄악을 지적하고 책망하다 (12:1-14)

세월이 흘렀다. 흐르는 세월 속에서 다윗과 밧세바의 간통 사건도 그냥 묻히고 잊히는 듯했다. 그런데 어느 날, 나단 선지자가 왕궁을 찾아왔다. 그는 궁궐을 주요 무대로 삼아 왕에게 하나님의 메시지를 전하고 왕의 자문에도 응하는 '궁중 선지자'다. 이전에 다윗은 성전 건축 문제를 놓고 그와 상의한 적도 있었다. 다윗 왕을 찾아온 나단은 느닷없이 이야기 하나를 들려준다.

"폐하, 제 얘기를 한번 들어보십시오. 어느 마을에 부자와 가난한 사람이 살고 있었습니다. 부자에게는 양과 소가 많았지만, 가난한 사람에게는 어린 암양 한 마리밖에 없었지요. 그는 그 새끼 암양 한 마리를 애지중지 자식처럼 키웠습니다. 어린 양은 주인의 밥그릇에서 함께 먹고, 물그릇에서 함께 마시고, 주인의 품에 안기어 잤습니다. 마치 사랑스런 딸과도 같았습니다. 하루는 부자에게 손님이 찾아왔습니다.

하지만 부자는 자기 가축으로 손님을 대접하려 하지 않았습니다. 자기 가축이 아까웠기 때문입니다. 그래서 한 마리밖에 없는 가난한 사람의 그 어린양을 빼앗아 손님을 대접했습니다."

나단 선지자가 '암양 비유'를 통해 전달하고자 한 메시지의 내용은 이러하다. 다윗은 왕으로서 많은 아내와 첩을 소유하고 있는 큰 부자다. 그럼에도 불구하고 오직 사랑스러운 한 아내만을 둔 충직한 부하 우리아에게서 아내를 빼앗았다는 것이다. 하지만 비유 내용을 제대로 파악하지 못한 다윗은 크게 화를 낸다.

"저, 저런! 고얀! 참으로 괘씸한 자로다. 그자는 죽어 마땅하도다! 그 부자는 자기 탐욕에 따라 나쁜 짓을 저질렀으니, 어린 암양을 네 배로 갚아주어야 한다!"

이는 모세 율법의 규정이다. 율법에는 남의 양 한 마리를 훔쳤을 경우에는 양 네 마리로 갚아야 한다고 규정되어 있다. 그러자 나단

▲ 다윗의 죄를 지적하는 나단 선지자

선지자가 다윗 왕을 똑바로 쳐다보며 단호하고도 준엄하게 말한다.

"폐하! 그 부자가 바로 왕이십니다!"

"뭐, 뭐요? 대체 무, 무슨 말씀을…?"

"폐하, 주께서 전하라 하셨습니다. 이르시기를 '나는 너를 유다와 이스라엘의 왕으로 기름 부어 세웠고, 사울의 손아귀에서 구해주었노라. 사울의 왕궁도 넘겨주었고, 그의 모든 소유를 네 손에 맡겼노라. 만일 이 모든 것이 부족했다면, 나는 무엇이든 네게 더해 주었으리라. 그런데도 너는 어찌하여 나를 무시하고 욕되게 하였느냐? 너는 우리아를 죽이고 그의 아내를 빼앗았다. 더군다나 대적 암몬 사람의 칼을 이용하여 충직한 우리아를 살해하였다.' 하셨습니다."

나단 선지자의 지적에 다윗은 고통스런 비명을 지르며 두 손으로 머리를 감싸 쥐었다. 수백, 수천 개의 날카로운 양심의 가시가 온몸을 마구 찔렀다. 견딜 수 없이 괴로웠다. 그런 다윗을 향해 나단 선지자의 음성이 계속 들려온다.

"주께서 경고하셨소! 장차 다윗 왕궁에서 칼부림이 떠나지 않을 것이라고!"

하나하나가 듣기에 너무나 무섭고 힘들었다. 과연 나단 선지자의 예언대로 이후로 다윗의 집안에서는 피를 부르는 칼부림이 계속 이어졌다. 장남 암논이 동생 압살롬에게 피살당하고, 이어 압살롬이 아버지를 거슬러 반역의 칼을 치켜들고, 왕위 다툼으로 형 아도니야는 동생 솔로몬에게 처형당했다.

머리를 감싸 쥔 채 고통스런 비명을 내지르며 심히 괴로워하는 다윗, 그런 다윗에게 나단은 인정사정없이 매몰차게 계속 선언한다. 남의 부인은 몰래 빼앗았지만, 다윗의 후궁들은 백주에 강간당하고 고초당하여 백성들에게 조롱거리가 된다는 내용이다. 참으로 끔찍한 저주다.

나단 선지자의 예언은 후일에 고스란히 성취된다. 다윗의 아들 압살롬은 반란을 일으킨 후에 궁궐의 옥상에다 장막을 치고 모두가 보는 데서 아버지의 후궁들과 동침했다. 참으로 수치스럽고 끔찍한 패륜이다.

하지만 어떤 일이 닥치든 모든 것은 다윗 스스로 자초한 것! 여호와의 입에서 나온 말은 단 한 마디도 그냥 떨어지는 법이 없다는 것을 너무나 잘 알고 있었기에 다윗은 고통스럽게 가슴을 치고 회개의 눈물을 흘린다.

"오, 내가 정녕코 주님 앞에 크고도 가증한 죄를 지었노라. 나는 주님께 벌을 받아 마땅하고도 마땅한 자로다."

나단 선지자의 견책을 듣고 다윗은 옷과 가슴을 찢으며 통회한다. 침상을 눈물로 흠뻑 적실 정도로 회개한다. 그런 통회의 심정으로 지은 회개 기도가 시편 51편이다.

"오, 주여! 주님의 신실한 사랑으로 이 몸을 불쌍히 여겨주소서. 이 몸이 지은 죄를 말끔히 지워주소서. 나의 죄를 씻어주시고, 나의 허물을 깨끗이 닦아주소서. 내 죄를 어찌 모르겠나이까! 죄가 항상 나를 떠나지 않고 날마다 괴롭힙니다. 내가 오직 주님께 죄를 지었나이다. 이 몸이 주 앞에서 참으로 악하고 가증한 죄를 지었나이다.

오, 주님! 내 죄를 우슬초로 정결케 해주소서! 그리하시면, 이 몸이 깨끗해지리이다. 이 몸을 씻겨주소서! 내가 눈보다도 더 희게 되리이다. 오, 하나님이시여! 내 속에 정결한 마음을 주시고, 정직한 심령을 일으켜 나를 새롭게 하소서. 제발 주님의 거룩한 영을 내게서 거두어가지 마옵소서. …제발 피 흘린 죄에서 나를 구해주소서. 부디 이 가련한 몸에게 크신 은총을 베푸시어, 이 몸의 죄를 사해 주소서!"

다윗의 눈에서 눈물이 쉴 새 없이 흘러내렸다. 거짓 눈물이 아니었다. 위선의 눈물도 아니었다. 마음 깊숙한 데서 우러나오는 참된 회개의 눈물이었다.

다윗의 위대함이란 바로 이런 것이다! 그가 죄를 안 지어서 위대한 것이 아니었다. 그는 지은 죄를 어떻게 처리해야 하는지를 제대로 알았던 사람이었다. 지은 죄를 지적받았을 때, 구차하게 변명하거나 회피하지 않았다. 대신에 참된 회개의 눈물로써 하나님의 자비와 긍휼을 구하고 또 구했다. 이처럼 회개할 줄 알았기에 그는 하나님의 마음에 합한 사람이었다. 수많은 제사보다 진정 통회하는 심령을 원하시는 하나님, 그분 하나님은 다윗처럼 회개하는 자를 내치실 이유가 없다. 그리하여 눈물 흘리며 죄를 뉘우치는 왕을 보고, 나단 선지자가 말한다.

"주께서는 왕의 죄를 용서하실 것입니다. 그러니 그 일로 왕은 죽지 않을 것입니다."

"오, 주여…. 감사합니다."

"그러나 왕과 밧세바 사이에서 태어난 그 아들은 죽게 될 것입니다. 왕께서 아무리 간구하여도 아이의 생명은 주께서 거두실 것입니다. 어쨌든 이번 일로 왕께서는 주의 원수들에게 주의 영광을 훼손할 조롱거리를 주었기 때문입니다."

그렇다. 비록 회개의 눈물로 다윗 자신의 죄는 용서받았지만, 간통의 결과로 밧세바 사이에서 태어난 아이는 죽어야 하는 징벌을 받았다. 이처럼 죄는 주님의 용서로 말미암아 영원한 형벌에 대한 면죄부는 제공받을 수 있지만, 지은 죄의 책임에 대해선 종종 합당한 값을 요구한다. 그 결과, 죄의 악한 영향력은 당사자뿐만 아니라 당사자와 연관된 무죄한 자에게까지 미친다. 여기서는 그 대상이 둘 사이에 태어난 갓난아이가 되었다. 나단 선지자는 주께 받은바 모든 말씀을 다윗 왕에게 전달한 뒤 자기 집으로 돌아갔다.

다윗과 밧세바의 불륜으로 태어난 갓난아이가 죽다 (12:15-25)

나단 선지자의 선포가 있은 후, 주께서 밧세바가 낳은 다윗의 아이를 치시니 아기가 몹시 앓았다. 의술에 능한 왕궁 의사들이 주야로 매달렸지만 아무 소용이 없었다. 왕은 아이를 살려달라고 울면서 주께 간구했다. 아무것도 먹지 않고 침상에도 눕지 않고 맨 땅에 누워 여러 날을 보냈다.

"폐하, 옥체를 보존하셔야 합니다, 이러시다가 폐하까지도 병을 얻으실까 심히 우려되옵니다. 부디 음식을 드시고 기운을 차리소서."

금식과 불면으로 초췌해진 다윗 왕을 염려하여 원로 신하들이 왕을 일으켜 세우려고 했지만, 왕은 여전히 음식을 입에 대려 하지 않았다. 그렇게 7일이 지났다. 시름시름 앓던 아기는 결국 죽고 말았다.

"아, 큰일이다. 이 소식을 어떻게 왕에게 전할까…."

신하들은 딜레마에 빠진다. 아기가 죽었다는 말을 전하면 왕은 충격을 받고 더욱 큰 슬픔에 빠질 것이다. 그렇다고 아이가 죽은 것을 왕이 모르게 할 수는 없다. 이 일을 어쩌면 좋을까. 신하들은 근심 가득한 얼굴로 삼삼오오 모여서 수군댄다. 다윗은 신하들의 수군거림을 듣고 왕자가 죽은 것을 눈치챘다.

"아이가 죽었느냐?"

"네, 폐하! 아기 왕자님이 그만…."

희한한 일이 벌어졌다. 다윗은 아기가 죽었다는 말에도 크게 슬퍼하지 않았다. 오히려 자리에서 일어나 목욕을 한 뒤 몸에 기름을 바르고 새 옷으로 갈아입는 것이 아닌가! 그런 다음, 하나님의 법궤가 있는 성막으로 올라가더니 주님께 경배를 드렸다. 그

▲ 다윗의 간통죄로 태어난 갓난아기가 죽다

리고는 왕궁으로 돌아와 음식을 차려오게 하더니 먹기 시작했다. 그런 왕의 모습에 신하들이 의아하다는 표정으로 묻는다.

"폐하, 아가 왕자님이 살아있을 때는 금식하시면서 그토록 슬퍼하시더니, 막상 죽었다는 말을 들으시고는 이처럼 음식을 드시다니, 소신들로서는 도무지 이해할 수가 없습니다."

"의아하게 생각할 것 없소이다. 아픈 아이를 위해 금식하며 슬피 운 것은 주께서 내게 은혜를 베푸셔서 혹여 살려줄지도 모른다 생각했기 때문이오. 그러나 이제는 주님의 뜻에 따라 아이가 죽었으니, 더 이상 금식해야 할 까닭이 없지 않소? 이후로 나는 아이가 있는 곳으로 갈 수 있겠지만, 그 아이는 내게로 다시 돌아올 수 없는 몸이 되었잖소. 그래서 그리 한 것이오."

과연 다윗이다. 그는 순종과 믿음으로 하나님의 뜻을 순전히 받아들였기에 이런 행동을 보인 것이다. 다윗은 자신이 행할 바를 충실히 행했다. 아버지로서는 아들에 대한 죄책감으로 모든 일을 전폐하고 슬픔에 빠졌다. 그것만이 영문도 모른 채 죽어간 이름조차 없는 아들에 대한 아버지의 마지막 사랑이고 도리였다.

그러나 다윗은 또한 한 나라의 왕이다. 왕은 사사로운 일로 국정을 소홀히 할 수 없다. 그는 한 아기의 아버지이기에 앞서 온 백성의 아버지다. 그들은 슬픔에 계속 빠져 있는 아버지를 기다리는 것이 아니라, 슬픔을 딛고 일어나서 국가를 힘차게 다스리는 왕을 기다리고 있는 것이다. 그래서 다윗은 슬픔을 삼키며 아버지의 자리에서 왕의 자리로 돌아온 것이다.

밧세바의 고통은 왕의 슬픔과는 또 달랐다. 하루아침에 왕비가 된 신데렐라처럼 보이지만, 실상 그 여인은 몇 달 사이에 남편과 아들을 동시에 잃었다. 두 죽음 모두 자기의 죄 때문이기에 밧세바의 고통은 쉽게 멈추지 않았다. 다윗도 밧세바의 상처 난 마음을 잘 알았기에 정성껏 그녀를 위로했다.

세월이 또 흘러 밧세바는 다시 잉태하여 아들을 낳았다. 다윗은 그를 '솔로몬'이라 이름 지었다. '평강의 사람'이란 뜻이다. 주께서는 그 아이를 사랑하셨다. 나단 선지자를 보내셔서, 그 아이를 무척 사랑하신다는 사실을 전하고는 그 이름을 '여디디야'라 부르게 하셨다. '여호와의 사랑을 입은 자'란 뜻이다. 이는 주께서 다윗의 회개를 받아들였다는 것을 뜻한다. 아들 솔로몬은 다윗의 참된 회개에 대한 하나님의 사죄의 응답이고 은총의 선물이었다.

다윗의 여러 부인들 중에서 정결한 여인의 몸에서 출생한 아들이 다윗의 후계자가 되지 않고, 외간남자와 간통죄를 지은 밧세바에게서 태어난 아들로 왕통을 이어간다는 것이 쉽게 납득되지 않는다. 메시아(그리스도) 예수의 족보에 들어온 여인들을 보면 더욱 그러하다. 시아버지 유다 사이에서 쌍둥이를 낳은 다말, 여리고 성읍의 기생 라합, 모압 여인 룻, 왕과 간통한 밧세바에 이르기까지 모두가 하자가 있다. 그런데 하나님은 그런 하자 인생을 들어 위대한 구속사를 이끌어 가신 것이다. 여기에 하나님의 은혜가 있고 구속사의 신비로움이 있다.

다윗에게 밧세바는 골리앗과 함께 결코 잊을 수 없는 두 이름이다. 험악한 골리앗은 다윗에게 영성과 승리를 가져다주었고, 아름다운 여인 밧세바는 오히려 다윗의 영성을 파괴시켰으며 실패를 안겨주었다. 그러나 다윗을 성군(聖君)으로 만들어준 것은 놀랍게도 골리앗이 아니라, 수치와 고통을 안겨주었던 밧세바다. 만약 다윗에게 계속적인 승리만 있고 죄의 수치가 없었다면, 영웅은 되어도 성군이 되지는 못했을 것이다. 밧세바는 다윗에게 수치와 실패가 되었지만 가슴팍에 새겨진 주홍글씨처럼 '밧세바'라는 이름 때문에 다윗은 늘 회개하는 심정으로 살아 마침내 성군이 될 수 있었던 것이다.

이는 소중한 교훈을 준다. 우리를 더욱 성숙하게 만드는 것은 빛나는 승리와 실패 없는 성공이 아니라, 역설적으로 부끄러운 실패와 숨기고 싶은 죄악, 그런 실패와 죄악을 뼈아프게 괴로워하고 회개하며 주님 앞에 낮아지고 겸손해지려는 처절한 몸부림이라는 사실을 보여준다. 그렇다. 오늘날 주님의 교회는 잘 나가는 사람들을 모아서 영웅을 만드는 곳이 아니라, 부끄럽고 수치스럽고 실패한 인생들을 모아서 거룩한 백성 곧 성도로 만들어 나가시는 하나님의 수련원이요 기도원인 것이다.

다윗이 암몬 족속의 수도 랍바를 정복하다(12:26-31; 대상 20:1-3)

한편, 다윗의 군사령관 요압은 암몬 족속의 도성 랍바를 쳐서 주변의 모든 요충지들을 점령했다. 그리하여 이제 랍바 점령도 임박했다. 이때 요압은 왕이 내려와서 직접 랍바를 쳐서 점령하기를 요청했다. 도성 랍바를 점령하는 공로를 왕에게 돌린 것이다.

고대 전쟁에서는 정복자의 이름을 좇아 지역 이름이나 성읍 이름을 짓는 관례가 있었다. 그런 배경 하에서 요압은 왕께 대한 예우를 갖춘 것이다. 또한 왕께 대한 충성심을 드러내 보임으로써 군사령관으로서 자신의 입지를 한층 강화하기 위해서였다.

요압의 서신을 받은 다윗 왕, 그는 군사들을 소집하여 랍바로 올라갔다. 다윗은 이미 패색이 짙은 암몬 족속의 도성 랍바를 어렵지 않게 점령했다(주전 991년경). 랍바 점령 후, 다윗은 암몬 왕이 소유하고 있던 금 왕관을 빼앗았다. 그 무게가 한 달란트(대략 35kg)나 되었고, 비싼 보석들이 많이 박혀 있었다. 다윗은 승리의 전리품으로 그 금관을 차지하였다.

그런 뒤, 다윗은 랍바 성읍의 주민들을 포로로 사로잡아 톱질과 곡괭이질과 도끼질, 벽돌 굽는 일을 시켰다. 다윗은 암몬의 모든 성읍에서 이와 똑같이 행했다. 이처럼 암몬을 온전히 정복한 후에 다윗은 모든 군사들을 이끌고 예루살렘으로 당당하게 개선했다.

13
암논과 다말

암논은 병이 날 만큼
다말에게 정신이 팔렸네
배다른 여동생 다말은
제발 정신 좀 차리라고 밀쳐내네

다윗의 장남 암논이 이복여동생 다말을 겁탈하다 (13:1-22)

다윗이 암몬의 수도 랍바를 정복한 후(주전 991년경), 다윗 집안에는 이런 일이 있었다. 다윗의 장남 암논은 이복여동생 다말에게 연정을 품었다. 압살롬의 친여동생인 다말은 매우 아름다운 처녀였다.

'아, 다말이 보고 싶다. 다말을 내 것으로 차지하고 싶다.'

암논은 이복누이 때문에 병이 날 지경이었다. 때에 암논에게는 '요나답'이라는 친구가 있었다. 다윗의 형인 시므아의 아들로 매우 교활한 자였다. 하루는 요나답이 암논에게 묻는다.

"왕자님, 안색이 나날이 수척해지는데요. 분명 무슨 일이 있는 거지요? 나한테는 숨기지 말고 속사정을 다 털어놓아 보세요."

그 말에, 암논이 기다렸다는 듯 속마음을 털어놓는다.

"실은, 이복여동생 다말을 차지하고 싶은데 아무리 생각해도 방법이 없어. 그녀가 매일 눈앞에 어른거려 살 수가 없네."

“아하, 상사병이로군요! 가만…, 나한테 좋은 생각이 있어요.”

요나답은 무슨 그런 일로 고민하느냔 듯 다말을 차지할 방법을 소곤소곤 알려주었다. 사악하고 간교한 요나답, 그는 다윗 왕의 장남인 암논이 혈통상으로 왕위 계승 서열 1위였기에 장차 출세를 바라고 그의 환심을 사려고 애썼다.

요나답이 알려준 계략대로 암논은 침상에 누워 아픈 척했다. 왕은 장남이 아프다는 말에 문병하러 갔다. 왕을 보자, 암몬은 다 죽어가는 음성으로 말한다. 요나답이 일러준 대로다.

“아버지, 부탁이 하나 있습니다. 절 간병하도록 다말 누이를 보내주세요. 누이가 빵을 요리해 주면 제가 그걸 먹고 힘을 낼 수 있을 것 같습니다.”

고대 사회에서 왕은 왕비들에게 거처할 처소를 주고 딸들과 함께 살게 하였다. 따라서 공주들은 왕의 허락 없이는 왕자들의 처소에 함부로 들어갈 수 없었다.

“그런 부탁쯤이야 내가 들어주지 못하겠느냐. 알았다. 그리 하도록 하마. 그러니 어서 음식을 챙겨먹고 속히 건강을 회복하도록 하여라.”

요나답의 계략을 알 리 없는 왕은 순순히 암논의 부탁을 들어주었다. 왕의 명을 좇아 다말 역시 아무런 의심 없이 간병을 위해 오라비 암논의 처소로 갔다. 그녀는 병든 오라비를 위해 먹음직스럽게 정성껏 요리했다. 그런 뒤 다말은 오라비가 먹기 좋도록 냄비째 음식을 차려놓았다. 그러자 암논은 음식을 먹는 대신에 주변 사람들을 밖으로 다 물렸다. 방에는 암논과 다말 둘뿐이었다.

“저… 누이야, 빵을 내 침상으로 가져와서 네 손으로 직접 먹여다오.”

“네, 오라버니.”

다말은 의심 없이 요리한 빵을 들고 암논의 침상으로 가져갔다. 그런 뒤 환자인 오라비의 입에 음식을 넣어주려는데, 암논이 갑자기 침상에서 벌떡 일어나더니 다말을 와락 끌어안는 게 아닌가!

"누이야, 이리 들어와 나와 함께 눕자. 내가 얼마나 널 좋아하는지 넌 모를 거야. 내가 너 때문에 병이 났단다."

갑작스런 암논의 행동에 소스라치게 놀란 다말은 오라비를 극구 뿌리치고 말리며 말한다.

"오라버니, 제발, 제발 이러지 마세요! 강제로 이러시면 안 됩니다. 이스라엘에서는 이런 일을 하지 못하게 되어 있어요. 제발 내게 이런 나쁜 짓은 하지 마세요. 오라버니, 제가 이런 수치를 당하면, 앞으로 제가 설 자리가 어디 있겠어요? 그러니 제발!"

"아니다, 누이야! 이 일은 우리 둘만의 비밀로 하면 된다!"

"오라버니, 세상에 비밀은 없어요! 이 사실이 알려지면, 오라버니는 못된 치한으로 여겨질 거예요. 그러지 말고, 왕께 한번 말씀드려 보세요. 왕께서는 틀림없이 제가 오라버니의 아내가 되는 것에 반대하지 않으실 거예요."

모세 율법은 자기 살붙이와의 성관계를 엄격히 금지시키고 있다. 남매 사이의 근친결혼도 금지되었다. 그런데도 다말이 자신을 겁탈하려 드는 암논과 결혼을 암시한 것은, 당장의 위기 상황을 모면하기 위해 임시방편으로 둘러댔던 것이다. 그러나 눈이 뒤집힌 암논, 그는 이미 이성을 잃고 막무가내로 다말을 침상에 눕힌 채 힘으로 밀어붙인다. 성폭행이다.

▲ 이복여동생 다말을 성폭행하는 암논

"아…, 안 돼요! 오라버니, 제발 제게 이러지 마세요! 제발요!"

다말은 온 힘을 다해 벗어나려 몸부림치고 발버둥쳤다. 그러나 건장한 남자의 완력을 당해낼 수 없었다. 끝내 암논에게 당하고 말았다.

강제로 다말을 욕보이긴 했지만 암논은 막상 제 욕구대로 다말을 차지하고 나자 갑자기 누이가 싫어지고 미워졌다. 다말에 대한 그의 마음은 사랑이 아니라 욕정에 불과했던 것이다. 그래서 이전에 그녀를 사랑했던 마음보다 지금의 미워하는 마음이 도리어 더욱 커졌다. 주섬주섬 옷매무새를 고치면서 암논은 다말을 향해 버럭 소리 지른다.

"야! 어서 일어나 내 방에서 빨리 나갓! 썩 꺼져버려!"

병이 날 정도로 다말을 원했던 암논, 하지만 이제 제 욕심을 다 채우고 나니 그제야 와락 두려움이 생겼다. 또한 자기를 순순히 받아들이지 않고 발버둥치며 거절한 다말에 대해 혐오감도 갖게 되었다. 암논의 어이없는 행동에 다말은 실로 기가 차고 어처구니가 없었다. 무엇보다 분하고 억울했다.

"오라버니, 나를 이렇게 쫓아내는 것은 방금 저지른 행위보다 더 나빠요! 어찌 내게 이럴 수 있는 거예요!"

하지만 싸늘하게 변해버린 암논의 귀에는 다말의 외침이 전혀 들리지 않았다. 그는 시종들을 불러 잔인한 지시를 내린다.

"이 여자를 내 방에서 얼른 끌어내어 멀리 쫓아내라. 다시는 내 방에 들어오지 못하게 대문에 빗장을 질러라!"

암논의 명을 좇아 시종들은 다말을 억지로 끌어낸 뒤 대문을 닫고 빗장을 질렀다. 겁탈당한 뒤 수치스럽게 쫓겨난 다말, 그녀는 머리에 재를 뒤집어쓰고 입고 있던 색동옷을 갈기갈기 찢었다. 그녀의 옷은 공주들이 시집가기 전에 입는 고운 색동옷이다. 다말은 찢겨진 옷에 얼굴을 감싼 채 목놓아 엉엉 울면서 자기 처소로 돌아갔다. 친오빠 압살롬이 그 소식을 듣고 얼른 달려왔다.

"아니, 이게 무슨 꼴이냐? 대체 어떤 자가 네게 이런 짓을 한 거야? 다말! 말 좀 해보렴! 누구야? 어떤 놈이야?"

다말은 말없이 구슬프게 울기만 할 뿐이었다. 눈치가 빠른 압살롬은 모든 사실을 이내 알아차렸다.

"암논이구나. 그자가 널 욕보였구나. 내 이 놈을! 아니지, 누이야! 지금은 가만히 있거라. 내게 생각이 다 있으니, 너는 이 일로 너무 자책하지 마라. 이건 절대로 네 잘못이 아니다. 내 기회를 봐서 반드시 네 원수를 갚아주마."

그 이후로 다말은 친오빠 압살롬의 집에서 버림받은 여인처럼 처량하게 지냈다. 공주로서의 명예로운 결혼에 종지부를 찍히고 폐인처럼 괴로운 나날들을 보냈다. 그런 다말의 모습에 압살롬은 억장이 무너지며 암논에 대한 복수심을 활활 불태웠다. 다윗 왕은 나중에야 다말 사건에 관한 사정을 전해 듣고는 노발대발했다.

"뭣이? 이런 못된 녀석을 봤나! 감히 제 누이를 범하다니, 고얀 놈!"

하지만 크게 화만 낼 뿐, 다윗은 그 일로 암논에게 별다른 처벌을 내리지는 않았다. 그런 다윗 왕의 미지근한 태도가 압살롬과 다말에게 더욱 큰 상처를 주었다. 특히 압살롬은 속으로 이를 갈았다.

'오냐, 기다려라! 내 언젠가는 꼭 복수하고 말리라!'

하지만 겉으로는 아무런 티를 내지 않았다. 이후에 형 암논을 자주 만났지만, 한 마디의 시시비비도 가리지 않고 조용히 지냈다. 다말의 성폭행 사건은 그렇게 별 다른 일 없이 그냥 묻히는 것처럼 보였다.

압살롬이 이복형 암논에게 복수하다 (13:23-39)

2년의 세월이 흘렀다. 압살롬의 집에 양털 깎는 날이 다가왔다. 이 날은 농부에게 추수감사절처럼 가축 치는 자들에겐 큰 축제였다. 이처럼 양털 깎는 축제를 맞이하여 압살롬은 에브라임 근처의 바알하솔로

아버지 다윗의 아들들 곧 왕자들을 모두 초대할 계획을 세웠다. 그런 뒤 압살롬이 다윗 왕에게 청한다.

"아버님, 이번에 제 집에서 양털을 깎는데, 부디 신하들과 함께 참석하셔서 축복해 주시기 바랍니다."

"축하한다. 하지만 모두가 내려갈 필요가 있겠느냐? 그건 네게 짐만 될 뿐이다."

"정 그러시다면 아버님을 대신해서 암논 형이라도 저와 함께할 수 있도록 허락해 주십시오. 아버님 대신 맏형이 집안 대표로 참석해서 축하해 주면 참으로 기쁘겠습니다."

압살롬의 간청에 못 이겨 다윗은 맏아들 암논과 함께 다른 왕자들도 그 축제에 참석하도록 했다. 암논이 친누이 다말을 겁탈한 사건이 있은 지 2년이 지났지만, 압살롬은 한시도 그 일을 잊지 않았다. 암논에게 복수하기 위해 치밀한 계획을 준비해 왔다. 왕자들은 압살롬의 무서운 음모가 진행되고 있는지를 까맣게 모른 채 들판의 시원한 바람과 풍성하게 차린 음식으로 즐거운 시간을 보냈다. 축제를 벌이기 전, 압살롬은 자기 부하들에게 미리 명령해놓았다.

"암논이 술에 취하면, 내 명령에 따라 암논을 쳐서 죽여라. 오직 암논만 쳐 죽이고, 다른 왕자들은 건드리지 마라."

암논은 이복동생 압살롬의 무서운 계략은 전혀 눈치채지 못한 채 혀가 꼬부라지게 술을 마셔댔다. 압살롬의 친누이를 욕보인 일은 기억 속에 아예 없었다. 아까부터 그런 암논을 매섭게 지켜보던 압살롬, 때가 됐다고 판단해서 마침내 부하들에게 명령을 내린다.

"자, 이때다! 모두 암논을 쳐라!"

압살롬의 부하들이 우르르 달려 나와 암논을 칼로 마구 찔러 죽였다.

술에 만취한 암논은 별다른 저항도 해보지 못한 채 외마디 비명을 지르며 즉사하고 말았다. 다른 왕자들은 기겁을 했다. 모두가 놀라

자리를 걷어차고 일어나, 각자 노새를 타고 사방으로 뿔뿔이 달아났다. 그 소식은 왕자들에 앞서 다윗 왕에게 재빨리 전해졌다.

"폐하! 크, 큰일났습니다. 압살롬이 양털 깎는 축제 마당에서 왕자님들을 모조리 쳐 죽여 한 사람도 살아남지 못했습니다."

왕은 비틀거리며 일어나 옷을 찢으며 부들부들 떨더니 그대로 쓰러졌다. 모든 신하들도 옷을 찢으며 크게 슬퍼했다. 그때, 다윗의 형인 시므아의 아들 요나답, 이전에 암논에게 다말을 범할 사악한 계획을 일러준 그자가 왕에게 말한다.

"폐하, 너무 상심하지 마소서. 암논이 다말을 욕보인 날부터 그녀의 친오라비인 압살롬은 공공연히 맏형을 그냥 두지 않겠다고 말해 왔습니다. 그러니 왕자님들이 모두 죽었다는 말은 헛소문임에 분명합니다. 소신의 생각엔 분명 암논 혼자만 죽었을 것입니다."

요나답의 말에 왕은 지푸라기라도 잡은 심정으로 겨우 일어나 앉았다.

▲ 암논에게 복수하는 압살롬

때에 예루살렘 망대에서 보초를 서던 파수꾼이 호로나임 쪽에서 산비탈을 타고 내려오는 사람들을 발견했다. 파수꾼은 그 사실을 즉각 왕에게 보고했다. 그 말을 곁에서 듣고 있던 요나답이 받았다.

“폐하, 그것 보십시오! 저들은 바로 왕자님들입니다.”

요나답이 말을 마치자마자, 왕자들이 우르르 몰려와 다윗 왕 앞에서 서럽게 울었다. 왕은 물론이고, 모든 신하들이 암논의 죽음을 슬퍼하며 통곡했다.

‘맏형 암논을 죽였으니 난 처형을 면치 못할 것이다. 일단 몸부터 피하고 보자.’

압살롬은 일을 저지른 후 그술 왕 달매에게로 도주했다. 그술은 아람의 여러 소국들 중 하나로 이스라엘 북쪽에 인접한 나라다. 그술 왕 달매는 압살롬의 어머니인 마아가의 부친으로, 압살롬에게는 외할아버지가 된다. 암논을 죽이고 그술 땅으로 도피한 압살롬은 그곳에서 3년 동안 망명생활을 했다.

다윗은 맏아들의 죽음을 슬퍼하며 괴로운 나날을 보냈다. 그가 특히 괴로워한 것은 이번 일이 자기 죄에서 비롯되었다고 생각했기 때문이다. 이전에 우리아의 아내 밧세바를 범했을 때 나단 선지자가 자신을 향해 선포한 예언, 곧 ‘장차 네 집에서 칼이 떠나지 아니하리라!’란 예언의 성취라고 보았기에 더욱 괴로워했고 두려움에 떨었다.

세월은 흐르는 강물처럼 무심히 흘러갔다. 압살롬이 그술 땅으로 피신해간 지도 어언 3년이 지났다. 그 무렵, 다윗은 맏아들 암논의 죽음에 대해서 어느 정도 마음이 진정되었다. 그러다 보니 죽은 자는 어차피 죽은 자요, 살아있는 압살롬을 보고 싶은 마음이 차츰 들기 시작했다. 그게 아버지의 마음이다.

14
압살롬의 사연

압살롬이 요압의 보리밭에 불을 지르자
요압이 달려와서 도대체 무슨 짓이냐고 따지자
압살롬은 요압에게
아버지 다윗을 뵙게 해달라고 청하네

압살롬이 예루살렘으로 돌아오다 (14:1-24)

다윗의 군사령관 요압은 왕이 어느 사이에 압살롬을 보고 싶어 한다는 것을 알아차렸다. 그래서 요압은 압살롬을 예루살렘으로 귀환시켜 왕과의 만남을 주선하려는 계획을 세웠다. 자신이 앞장서서 압살롬을 복권시키는 것이 앞으로 자신의 출세와 입지 강화에 큰 몫을 하리라고 계산한 것이다. 맏아들 암논이 죽고 없는 지금, 압살롬은 차기 왕위를 계승할 장자였기 때문이다. 살펴보면, 암논 바로 밑에 아비가일의 소생인 차자 길르압이 있었으나, 그는 일찍 세상을 뜬 것으로 보인다.

'어떻게 왕의 마음을 움직여 압살롬을 데려오면 좋을까?'

이런저런 생각을 하다가 요압은 한 가지 꾀를 냈다. 일단 드고아 지역에 사는 슬기로운 한 여인을 데려왔다. 드고아는 베들레헴 남쪽 8km 지점에 있는 성읍이다. 오늘날의 유적지는 높이 822m 언덕 위에 위치한 '데쿠아'다. 드고아 여인은 요압에게 지시를 받고 왕을 찾아갔다.

그녀는 땅에 엎드려 왕 앞에 절을 한 뒤에 차근차근 말하기 시작한다.

"남편은 일찍 죽고 두 아들이 있었는데, 형제끼리 서로 싸우다가 그중 하나가 죽었습니다. 그런데 제 친척들이 그 소식을 듣고 우르르 몰려와서는, 형제를 죽인 놈을 내놓으라고 윽박지릅니다. 그리되면 제게는 상속자가 사라지고, 마지막 남은 제 소망의 불꽃마저 꺼져버립니다. 또한 제 남편은 이름도, 자손도 남기지 못하게 됩니다. 폐하, 부디 제 딱한 처지를 헤아려 주십시오."

"무슨 말인지 잘 알았다. 도와줄 테니 걱정 말고 돌아가도록 하라."

"폐하! 감사합니다. 왕께서 그렇게 도와주셔도, 모든 허물은 저와 제 아버지의 집안에 있습니다. 왕과 왕실에는 아무런 잘못도 없습니다."

"알았느니라. 만일 누군가 이 일로 그대를 탓하는 사람이 있다면, 그자를 내게로 데려오라. 다시는 그대를 괴롭히지 못하게 하겠노라."

여인은 자신의 탄원이 원만하게 잘 해결되었는데도 웬일인지 왕 앞에 계속 엎드려 있었다. 왕이 의아한 듯 묻는다.

"다른 할 말이라도 더 있는 것이냐?"

"폐하! 이 여종이 왕께 한 말씀만 더 올리도록 허락해 주십시오."

"오냐, 말해 보아라."

"그런데 폐하께서는 어찌하여 똑같은 부당한 일을 범하고 계십니까? 형제를 죽이고 도망친 아들을 돌아오지 못하게 하심은 같은 잘못이 아니겠습니까? 엎지른 물은 주워 담을 수 없듯 누구나 죽게 되어 있습니다. 주님께서는 사람의 생명을 쉽게 빼앗지 않으시고, 비록 쫓겨난 사람일지라도 영영 버림받지 않도록 길을 열어주십니다."

순간, 다윗 왕의 얼굴빛이 싹 변했다. 이 여인은 자기 집안 사연으로 자신에게 알현을 요청한 여인이 아니었다. 왕이 모르는 뭔가 있었다. 어떤 속셈을 갖고 찾아온 여인임에 분명했다.

"흠! 그대에게 묻노니 조금도 숨기지 말고 솔직하게 대답하라. 네게 이 모든 일을 시킨 것이 요압이더냐?"

다윗은 이 모든 일이 압살롬의 복권을 위한 요압의 계략임을 눈치챘다. 이런 엄청난 일을 한낱 여인이 꾸몄다고 보기는 힘들었다. 결국 기회주의자요 지략가인 요압이 이 일에 개입했으리라는 심증을 굳힌 것이다. 왕의 직설적인 물음에 여인은 떨리는 목소리로 대답한다.

"그렇습니다. 폐하! 요압 장군께서 지시했습니다. 진실로 왕께서는 천사처럼 지혜로우셔서 이 땅에서 일어난 일들을 훤히 다 알고 계십니다."

다윗 왕은 곧장 요압을 불러들였다. 요압의 영악한 행위가 마음에 들지 않았지만, 한편으로 생각하면 진즉부터 압살롬을 데려오고 싶었지만 특별한 명분이 없어 미적거리는 중이었기에, 차라리 요압의 처신이 다행이다, 싶었다. 그리하여 왕은 못 이긴 체 요압에게 명하여 압살롬을 데려오라 명한다.

"이 종의 간청을 들어주시니, 이 몸이 왕의 총애를 크게 입었나이다."

요압은 즉시 그술로 달려갔다. 그술은 이스라엘 북쪽에 있는 인접국가로 아람 소국들 중 하나다. 요압은 왕궁의 사정을 말한 뒤 압살롬을 데리고 예루살렘으로 돌아왔다. 하지만 압살롬에 대한 왕의 감정이 완전히 풀린 상태는 아니었다. 그래서 왕은 요압에게 단호하게 명했다.

"압살롬을 데려와 자기 집에 두긴 하되, 내게는 데려오지 마라. 당분간은 그를 만나고 싶지 않느니라!"

다윗은 압살롬의 귀환은 허락했지만, 공의로 나라를 다스려야 하는 통치자의 입장에서 죄인 압살롬을 일종의 연금 상태로 두길 원했다. 그리하여 압살롬은 예루살렘에 있는 자기 집에서 다시 살게 되었지만, 아버지 다윗 왕을 만날 수는 없었다. 그렇게 또 2년의 세월이 흘렀다.

압살롬이 마침내 다윗 왕을 알현하다 (14:25-33)

한편, 다윗의 아들 압살롬은 용모가 아주 준수했다. 온 이스라엘에서 그렇게 잘생긴 미남은 없을 정도였다.

"와, 압살롬 왕자다! 어쩜 저리도 잘 생겼을까!"

누구든지 압살롬을 보면 입에 침이 마르도록 그의 잘생긴 용모를 칭찬했다. 실제로 그는 머리끝에서부터 발끝까지 어디 한 군데 흠 잡을 데 없었다. 특히 그의 머리털은 숱이 아주 많았고 길었다. 연말이 되면 무거운 머리채를 한 번씩 잘랐는데, 그 무게를 달아보면 왕궁 저울로 200세겔(대략 2.3kg)이나 되었다. 이는 보통사람의 1년 머리털 무게의 4배에 해당된다. 압살롬에게는 아들 셋과 딸 하나가 있었다. 그 딸의 이름은 '다말'이었는데 무척 아리따운 아가씨였다.

압살롬이 예루살렘으로 돌아온 지도 어느덧 2년 세월이 흘렀다. 그런데 그는 아직도 부왕 다윗을 대면하지 못했다. 압살롬은 요압을 통하면 왕을 알현할 수 있을지 모른다는 생각에 그를 불렀지만 요압조차도 부름에 응하지 않았다. 다시 사람을 보냈지만 여전히 요구에 응하지 않았다. 이는 요압이 압살롬과 거리를 두고 있다는 것을 의미한다.

요압은 압살롬이 왜 자신을 찾는지 잘 알았다. 보나마나 다윗 왕을 알현할 수 있도록 자리를 마련해 달라는 부탁을 할 게 뻔했다. 요압은 왕과 압살롬 사이에서 벌어질 불편한 일에 끼어들고 싶지 않았다. 과거 압살롬의 귀환에 앞장섰던 요압은 왕이 압살롬을 만나려하지 않자, 더는 왕의 심기를 거스르면서까지 압살롬을 위해 나서지 않기로 다짐한 것이다. 그러자 참다못한 압살롬이 종들에게 명령을 내린다.

"너희는 요압의 밭에다 불을 질러라!"

한창 보리가 익어가고 있던 요압의 밭에 압살롬의 종들이 불을 질렀다. 한순간에 무르익어가던 보리밭이 잿더미가 되었다. 요압이 그 소식을 듣고 눈이 뒤집혔다. 당장 압살롬에게로 달려가서 따진다.

"아니, 왕자님! 대체 무슨 짓을 한 겁니까? 어째서 내 보리밭에다 불을 질렀습니까?"

▲ 압살롬이 종들을 시켜 요압의 밭에 불을 지르다

압살롬은 자신에게 달려와 따질 줄 알았다는 투로 요압에게 말한다.

"나는 누차 장군께 사람을 보내어 내게 와 달라 요청하였소. 폐하께 내 말을 전해 달라 부탁하려던 것이오. 그런데도 장군께서는 내 부름에 전혀 응하지 않았소. 그래서 할 수 없이 이런 일을 벌인 겁니다."

"대체 왕께 무슨 말을 전해 달라는 겁니까?"

"아버님을 뵙고 싶습니다. 제가 죽을 죄인이라면, 차라리 왕께서 이 몸을 깨끗이 죽이라고, 그렇게 전해 주십시오."

더는 요압이 나서지 않을 수 없게 되었다. 그는 날을 정해 왕에게 나아갔다. 요압에게서 압살롬의 말을 전해들은 다윗, 압살롬의 말에 일리가 있다는 듯 고개를 끄덕였다. 몇 날이 지난 후, 왕은 마침내 압살롬을 궁궐로 불러들인다.

"폐하, 제가 아버님께 죽을죄를 졌습니다. 저를 죽여 주십시오!"

"그래, 모두 지난 이야기다. 그동안 고생 많았다. 이리 가까이 오너라."

왕은 두 팔로 아들을 껴안고 입을 맞추었다. 서로 포옹하면서 볼에다 입을 맞춘 것이다. 이런 행위는 용서와 화해와 교제를 나타내는 표시였다. 이로써 왕은 압살롬이 형 암논을 살해한 지 5년이 지나서야 비로소 그를 용서하고 자신의 품속에 받아들였다.

15
압살롬의 반란

압살롬은 각 지파에 밀사를 보내네
내가 헤브론의 왕이다
다윗은 반란 세력이 점점 커지자
후궁들만 남기고 궁궐을 떠나네

압살롬이 반란을 일으키다 (15:1-12)

부왕에게 용서받고 화해를 이룬 압살롬, 이제 그에게는 더 이상 거칠 게 없었다. 병거와 여러 필의 말을 지닌 채 50명의 호위병을 거느리고 위세 당당하게 예루살렘 도성을 누볐다. 특히 그는 아침 일찍 예루살렘 성문으로 향하는 길목에 서 있다가 왕께 판결을 받으러 나아오는 사람이 지나가면 친절하고 부드러운 태도로 그에게 물었다.

"잠깐만요, 그대는 지금 어느 지역에서 무슨 일로 오시는 길이십니까?"

그러면 그 사람은 대개 자신이 살고 있는 성읍과 속한 지파 이름을 대고는 압살롬에게 이런저런 하소연을 늘어놓게 마련이었다. 압살롬은 바로 그것을 노렸다. 하소연을 듣고서 압살롬은 전적으로 그 사람의 편을 들며 말하곤 했다.

"맞소! 듣고 보니, 그대 주장이 전적으로 옳소. 하지만 지금의 왕에게는 그대 사정을 들어줄 만한 사람이 아무도 없소이다. 참으로 안 됐소."

이렇게 말한 다음, 압살롬은 못내 아쉽다는 듯이 말하곤 했다.

"만일 내가 이 나라의 최고 재판관이 된다면, 누구를 막론하고 억울한 사정을 다 풀어줄 수 있을 텐데…. 아무튼, 참으로 안타까운 노릇이오."

또 누군가가 다가와 절이라도 하려고 하면, 압살롬은 얼른 손을 내밀어 그자를 친근하게 일으켜 세운 뒤 그의 볼에다 다정하게 입을 맞추었다. 이런 식으로 압살롬은 모두에게 겸손하고도 친근하게 대했다. 그러다보니 날이 갈수록 민심이 압살롬에게로 급격히 기울어갔다.

압살롬의 행위가 다윗 왕에게 낱낱이 보고되었지만, 다윗은 압살롬의 행위에 대해 별다른 조치를 취하지 않았다. 압살롬과 어렵게 화해한 상태이기에, 압살롬의 월권행위에 대해 아버지의 너그러운 마음으로 모른 척 용납해 주었다. 다윗은 압살롬의 그런 행동이 반역을 위한 치밀한 계획인 줄은 꿈에도 생각하지 못했던 것이다.

압살롬이 부왕 다윗과 화해하고 복권된 지 어언 4년이 흘렀다(주전 979년경). 그러니까 만형 암논을 살해한 때로부터는 9년(망명생활 3년, 예루살렘 귀환 후 연금생활 2년, 화해와 복권 후 정치 활동을 개시한 지 4년)이 흘렀다. 하루는 압살롬이 부왕을 찾아가 아뢴다.

"폐하, 헤브론으로 내려가 제사를 드리고 오도록 허락해 주십시오. 아람 땅의 그술에서 살 때 '주님께서 저를 예루살렘으로 무사히 돌아가게 해주신다면, 헤브론에 올라가 주님께 제사를 드리겠습니다.'라고 서원했었습니다."

압살롬은 서원 제사를 핑계로 헤브론에서 거사를 도모하기로 치밀하게 준비하고 작심한 것이다. 헤브론을 거사 장소로 삼은 이유는 분명하다. 무엇보다 그곳은 압살롬의 고향으로, 일찍이 다윗도 이 성읍에서 기름부음을 받아 유다 지파의 왕위에 오른 뜻 깊은 성읍이었기 때문이다. 또한 거사에 실패할 경우에는 이전 망명지인 그술 땅으로 도주하기도 쉬웠다. 더구나 그곳 헤브론 주민들은 다윗이 헤브론을 떠나 예루살렘으로 천도한 것에 불만을 품고 있었다. 압살롬의 의도를 전혀 눈치채지 못한 왕은 순순히 허락한다.

"주님께 서원한 것은 반드시 지켜야 하는 법이니라. 잘 다녀오너라."

압살롬은 헤브론으로 곧장 내려갔다. 그런 뒤, 이스라엘의 모든 지파들에게 은밀히 정탐꾼들을 보내어 전갈하게 했다.

"나팔 소리가 들리거든, 각처에서 일제히 일어나 '압살롬이 헤브론에서 왕이 되었다! 압살롬 만세!' 하고, 크게 외치라고 하십시오!"

헤브론으로 내려갈 때 압살롬은 예루살렘에서 유력한 인사 200명을 거느리고 갔다. 그들은 압살롬의 서원 제사에 자신들이 귀빈으로 초대된 줄 알고 기쁘게 따라갔다. 그러나 서원 제사는 거사를 위한 명분에 불과했다. 그들은 압살롬의 거사 작전에 이용당한 것이다.

뿌우우 뿌우 뿌! 압살롬이 사전에 계획한 대로 헤브론을 비롯하여 이스라엘 도처에서 정한 시간에 나팔이 크게 울려 퍼졌다. 그러자 이스라엘 도처에 파견되어 있던 압살롬의 정탐꾼들이 앞장서서 외친다.

"압살롬이 헤브론에서 왕이 되었다! 우리의 새로운 왕, 압살롬 만세!"

나팔소리가 울리자, 이스라엘의 민심이 압살롬에게로 확 쏠렸다. 반란 세력은 순식간에 커졌고, 각처에서 압살롬을 따르는 지지 세력들이 급속도로 늘어났다.

압살롬은 길로에 사람을 보내어 '아히도벨'을 모셔왔다. 때에 아히도벨은 헤브론에서 가까운 자신의 고향 길로에 머물고 있었다. 특별히 공들여 아히도벨을 모신 까닭은, 그가 지략에 뛰어난 당대의 탁월한 모사였기 때문이다.

압살롬의 반란을 피해 다윗이 급히 피난길에 오르다 (15:13-37)

"폐하! 반란입니다! 압살롬 왕자가 헤브론에서 폐하를 대적하여 반란을 일으켰습니다!"

"뭐라고? 그게 정말이냐? 내 아들 압살롬이 정말 반란을 일으킨 게 맞느냐? 그래, 그렇다면 반란 세력의 형편은 어떠하냐?"

압살롬의 반란 소식에 다윗은 큰 충격을 받았다. 아들이 아버지를 대적하여 반란을 일으키다니!

"폐하! 민심이 압살롬에게로 크게 기울어졌습니다. 반란 세력들의 기세가 하늘을 찌를 듯 합니다."

▲ 다윗의 피난 (제임스 J. 티소 작)

다윗 왕은 충격을 받아 크게 비틀거렸다. 잠시 뒤 정신을 수습한 다윗, 일단은 예루살렘을 떠나 피신하는 것이 상책이라 생각했다.

"여봐랏, 당장 여기서 나가자! 지체하다가는 압살롬에게 붙잡혀 도망칠 길도 없을 것이다. 맞서 싸우면, 이 도성은 피로 물들게 될 것이니, 우선 피하고 보자. 모두 서둘러라! 어서 여길 빠져나가야 한다!"

그렇다. 전쟁터에서 잔뼈가 굵은 백전백승의 다윗은 싸우고자 했다면 얼마든지 압살롬의 세력에 대항할 수 있었다. 하지만 다윗은 예루살렘을 포기하고 피신하는 길을 택했다. 압살롬을 따르는 추종자들도 많았으므로, 맞서 싸우면 양측 피해가 너무나 클 것이기 때문이다. 그렇게 되면, 하나님의 도성 예루살렘은 피로 물들고 크게 파괴되지 않겠는가! 다윗은 그걸 원치 않았다. 또한 무엇보다도 왕권을 두고 아들과 죽기 살기로 맞서 싸운다면 천하의 웃음거리가 되지 않겠는가!

다윗은 왕궁을 지킬 후궁 10명만 남겨둔 채 예루살렘 궁궐을 급히 빠져나왔다. 왕이 피난길에 오르자, 많은 예루살렘 백성들도 따랐다. 그렛 사람들과 블렛 사람들이 앞장서 왕을 호위하고, 가드에서부터 다윗을 따라나선 가드 사람 600명도 왕 앞에서 걸었다. 그렛 사람들, 블렛 사람들, 그리고 가드 사람들은 모두 블레셋 족속의 일파로서 일찍이 피난 시절부터 다윗에게 충성을 맹세하고 용병이 된 자들이다. 이후에 다윗이 이스라엘의 왕이 된 뒤에는 왕실 근위대의 핵심을 이루었다.

그때, 다윗 왕이 가드 사람 잇대에게 말했다. 잇대는 블레셋 성읍 가드에서 한 무리를 이끌고 정치적으로 망명해 온 사람이다. 무용(武勇)이 뛰어난 용사였기에, 다윗은 그를 요압 및 아비새와 더불어 3인의 군지휘관 가운데 한 명으로 크게 중용한 터였다.

"장군은 어찌하여 나와 함께 피난길에 오르려고 하시오. 그대는 그대의 수하들을 이끌고 돌아가서 압살롬을 왕으로 섬기도록 하시오. 그대는 이방인으로서 고향을 떠난 처지가 아니오. 나를 찾아온 것이 엊그제인데 또 다시 방황해서야 되겠소. 더구나 나는 지금 어디로 가야 할지도 모르오. 그러니 그대는 동족들을 데리고 압살롬에게로 가시오. 주께서 그대에게 은혜를 베풀어주셔서 무사히 살도록 지켜주실 것이오."

그 말에 잇대는 크게 황망해하며 당찬 결기로 왕에게 대답한다.

"폐하! 살아계시는 여호와 앞에서, 그리고 제 주인이신 왕 앞에서 굳게 맹세합니다. 폐하께서 가시는 곳이라면 소신은 어디든지 따라가겠습니다. 살든지 죽든지 함께 따라가겠습니다."

한 치의 흔들림 없는 결연한 맹세다. 타이른다고 될 일이 아니었다. 그런 모습을 보고, 다윗이 잇대에게 다시 말한다.

"장군, 참으로 고맙소. 그렇다면 나보다 앞장서 가시오."

왕의 명령에 잇대는 행렬을 거느리고 앞장서서 행군해 나아갔다. 이때 신하들은 왕의 앞을 지나면서 너무 초라한 피난 행렬에 큰 소리로 울었다. 왕이 기드론 골짜기를 건너가니, 신하들은 광야 쪽을 향해 나아갔다. 예루살렘에서 여리고를 거쳐 요단강 동편으로 향하는 길이다. 다윗은 요단강을 건넌 후에 마하나임으로 피신하고자 했다.

이때 대제사장 사독의 인솔 하에 레위인 제사장들은 하나님의 법궤를 메고 따라왔다. 그들은 기드론 골짜기 건너편에 있는 감람산에 법궤를 내려놓고, 왕의 신하들이 예루살렘 도성을 빠져나올 때까지 기다렸다. 머잖아 대제사장 아비아달도 올라와 피난 대열에 합류했다. 이렇게 기다리던 중에 다윗 왕이 대제사장 사독에게 말한다.

"그대는 법궤를 예루살렘으로 도로 모셔가시오. 주께서 나를 어여삐 여기신다면, 나로 법궤를 다시 보게 하실 것이오. 만일 주께서 어여삐 여기지 않으신다면, 나는 다만 주님의 뜻을 기다릴 것이오."

다윗은 일찍이 나단 선지자가 예언한 대로 압살롬의 반란을 자신의 죄악에 대한 하나님의 징계로 받아들였다. 그래서 정처 없이 떠나는 자신의 고단한 피난길에 거룩한 하나님의 법궤를 동반하는 것이 바람직하지 않다고 판단한 것이다.

"아, 폐하! 아닙니다. 저는 법궤를 모시면서 폐하 곁에서 함께…."

"아니오, 그러지 마시오. 그대는 하나님의 뜻을 알려주는 선견자가 아니오? 그러니 예루살렘 궁궐로 돌아가시오. 돌아갈 때, 그대의 아들 아히마아스와 더불어 대제사장 아비아달의 아들 요나단도 데려가시오."

왕의 음성은 침통했다. 하지만 쫓기는 사람에게서 보이는 초조감은 없었다. 다윗은 이 모든 일이 하나님의 섭리와 경륜 가운데 이루어지고 있음을 믿었다.

"참, 대제사장 아비아달도 함께 돌아가시오. 돌아가서, 예루살렘 소식을 속히 전해 주구려. 빠를수록 좋소. 소식이 올 때까지 나는 광야의 이 나루터에서 기다리고 있겠소이다."

그리하여 대제사장 사독과 아비아달은 하나님의 법궤를 예루살렘 도성에 도로 모셔다 놓고 그곳에 머물렀다. 다윗 일행은 감람산 언덕으로 올라갔다. 왕은 머리를 가린 채 계속 울면서 맨발로 나아갔다. 신하들도 머리를 가린 채 울면서 왕을 따랐다. 머리를 가리는 행위는 굴욕과 수치의 표시였다. 그때 누군가가 다급하게 왕에게 소식을 전한다.

"폐하! 아히도벨이 압살롬 편에 서서 이번 반역에 가담했습니다."

뛰어난 지략가인 아히도벨의 배신에 다윗은 큰 충격을 받았다. 하지만 이내 마음을 다잡고 주님께 기도를 올린다.

"주여, 이제부터는 아히도벨의 모략을 어리석은 것이 되게 해주소서. 그의 모략이 하나도 이루어지지 말고 모두 땅에 떨어지게 해주소서."

다윗 일행이 감람산 꼭대기에 이르자, 왕의 친구인 아렉 사람 후새가 옷을 찢고 머리 위에 흙을 뒤집어쓴 채 왕을 맞이했다. 그런 후새를 보고 다윗이 말한다.

"오, 내 친구여! 그대는 나를 따라오지 마시오. 대신 예루살렘 도성으로 들어가 압살롬의 충직한 신하처럼 행세하시오. 그런 다음, 압살롬의 모사가 된 아히도벨의 계획을 꺾음으로써 나를 돕도록 하시오."

"폐하! 제가 어찌 압살롬을 섬길 수 있겠습니까. 저는 오직…."

"아니오. 지금은 내 말대로 하시오. 예루살렘 도성에서 대제사장 사독과 아비아달이 그대와 함께하게 될 것이오. 압살롬에게서 무슨 말을 들으면 그대는 두 제사장에게 그 말을 전해주시오. 그러면 그들은 두 아들을 통해 내게 연락할 것이오."

다윗의 친구요 모사인 후새, 그는 다윗의 말대로 예루살렘으로 들어갔다. 압살롬이 수많은 신하들과 군사들을 거느리고 예루살렘 도성에 의기양양하게 들어선 때와 거의 같은 시각이었다.

"오, 후새! 잘 생각하셨소. 나의 부친의 시대는 끝났으니, 이제부터는 나를 위해 힘을 써주시오. 내가 섭섭하지 않게 잘 대우해 드리겠소."

다윗의 오랜 친구이며 탁월한 모사인 후새까지 자기편으로 돌아서자 압살롬은 크게 기뻐했다. 거사가 완전히 성공했다고 생각했다.

16
다윗의 피난길

시므이가 욕설을 퍼부으며
다윗 일행에게 돌팔매질을 하네
내 자식도 나를 죽이려는데
베냐민 사람은 오죽하랴

시바가 다윗의 피난길 와중에 자기 욕심을 채우다 (16:1-4)

다윗 왕의 피난 행렬이 감람산에서 내려가기 시작한 지 얼마 지나지 않아서였다. 므비보셋 집안의 집사인 시바가 왕을 기다리고 있었다. 그는 나귀 두 마리에 안장을 얹은 뒤 빵 200덩이와 건포도 100봉지, 무화과로 만든 과자 100봉지, 포도주 한 가죽 부대를 싣고 왕에게로 나아왔다. 시바는 본래 사울 집안의 종이었지만, 다윗의 명령으로 지금은 요나단의 아들 므비보셋을 섬기게 된 자다. 재물을 밝히는 인물로, 간사한 성품의 소유자다. 다윗이 시바에게 묻는다.

"그대는 어찌하여 이런 것들을 내게 가져왔느냐?"

"네, 나귀 두 마리는 왕의 가족이 타고 가시라고 가져왔고, 빵과 건포도와 과일은 왕의 신하들이 먹고, 포도주는 광야를 지나는 동안에 지친 사람이 있으면 마시라고 정성껏 준비한 것입니다."

다윗의 얼굴에는 고마워하는 표정이 역력했다. 아들에게 쫓기는 궁색한 처지일 때, 자신에게 보여준 시바의 정성이 크게 와 닿았던 것이다. 사실, 시바는 이런 점을 노리고 의도적으로 다윗에게 다가온 것이다. 그런데 다윗이 갑자기 뭔가 생각난 듯 시바에게 묻는다.

"그런데, 네 주인 므비보셋은 어디에 있느냐?"

그러자 시바가 그럴 순 없다는 듯 혀를 끌끌 차며 대답한다.

"제 주인은 예루살렘에서 자기 세상이나 온 듯이 좋아하고 있습니다. 이제 할아버지 사울의 왕국을 되찾을 수 있을 줄로 믿고 있습니다."

다윗은 분노하고 한탄했다. 세상인심의 비정함과 강퍅함에 새삼 몸을 떨었다.

"좋다, 시바! 이제부터 그대는 네 주인 므비보셋에게 속한 것들은 전부 네가 차지하도록 하여라."

"아, 폐하! 감사합니다. 앞으로도 언제나 제게 이처럼 은총 베풀어주시기를 원하나이다."

시바가 함박웃음과 함께 엎드려 큰절을 했다. 나중에 밝혀지지만, 이때 시바는 자기 주인을 모함한 것이다. 그 모함에 다윗이 쉽게 속고 말았다. 굶주린 일행에게 적절하게 제공된 시바의 음식물로 인해 크게 감동을 받아 판단력이 흐려진 것이다.

또한 므비보셋에 대한 시바의 말이 아주 그럴듯했다. 므비보셋은 본래 사울 왕가의 왕손이었으므로, 압살롬의 반란을 환영할 만한 충분한 이유가 있었다. 뿐만 아니라 다윗은 압살롬에게 쫓기는 다급한 입장이었으므로, 일의 전후 사정을 깊이 생각할 겨를조차 없었다. 그래서 현명한 다윗도 깜짝 속아 넘어갔다. 이처럼 시바는 다윗조차 속일 정도로 철저하게 계산하여 때를 노려 행동한 악한 자였다.

시므이가 피난길에 오른 다윗을 향해 저주를 퍼붓다 (16:5-14)

감람산 언덕에서 내려가던 다윗 일행이 바후림 마을에 이르렀을 때, 어떤 사람이 달려 나오며 다윗 왕에게 마구 욕을 퍼붓기 시작했다.

"하하하, 꼴좋다! 내 이리 될 줄 진즉에 알았다! 사울 왕을 쫓아내고 왕좌에 앉을 때부터 언젠가는 이런 날이 올 줄 알았어! 참으로 후련하다!"

그자의 이름은 시므이, 사울 집안의 먼 친척인 게라의 아들이었다. 왕의 좌우에 호위병들이 많은데도, 그는 아랑곳없이 심한 욕설을 퍼부으며 돌팔매질까지 했다. 그의 욕설은 차라리 저주에 가까웠다.

"에잇, 저리 꺼져라! 피비린내 나는 살인자야! 사울 집안의 사람들에게 흘린 피를 주께서 지금 갚아주시는 것이다. 너는 폭삭 망하게 된 거다. 네 죗값을 치르는 거다! 멀리 꺼져버려라!"

시므이는 다윗이 사울 집안을 진멸하고 그 핏값으로 이스라엘 왕위에 올랐다고 욕했다. 터무니없는 저주다. 사실, 다윗은 사울을 비롯하여 사울 집안의 누구 하나 죽이지 않았다. 오히려 사울의 손자요 요나단의 아들인 므비보셋을 왕자의 예우로서 정성껏 돌봐주기까지 했다. 그러니까 베냐민 지파 소속인 시므이는 자기 지파 소속인 사울 집안에서 왕위가 계승되지 않고, 유다 지파 소속인 다윗이 왕이 된 게 무조건

▲ 시므이가 돌을 던지며 다윗 왕을 욕하고 저주하다

싫었던 것이다.

"저 미친 자가 감히 누구를 저주하는 것이냐!"

왕을 호위하고 있던 스루야의 아들 아비새가 크게 격노하며 왕께 아뢴다.

"폐하, 죽은 개만도 못한 저놈이 지금 왕을 저주하고 있는데, 제가 당장 그놈의 목을 잘라 버리겠습니다! 허락해 주십시오!"

그러나 다윗이 고개를 가로저으며 힘없이 대답한다.

"아니다, 그냥 두어라. 저자는 주님의 저주를 대신하고 있는 것이다! 그러니 그냥 내버려두어라."

그렇게 말한 뒤, 다윗은 주변을 돌아보며 모든 신하들에게 말한다.

"내 몸에서 태어난 내 아들조차도 지금 나를 죽이려 하고 있소. 하물며 사울 집안이 속한 베냐민 지파의 사람이야 더 말해 무얼 하겠소. 주께서 그렇게 하라고 명하신 것이니, 계속 나를 저주하도록 내버려두시오. 오늘 이런 수모로 인해 주께서 나의 가련한 모습을 살펴보시고, 내게 긍휼을 베푸시어 앞으로 좋은 일로 갚아주실는지 누가 알겠소."

다윗의 신실한 믿음을 잘 보여준다. 이때 다윗은 시므이의 저주를 밧세바 사건에 대한 하나님의 마땅한 징계로 받아들였다. 그래서 그자의 저주를 듣고서도 화를 낸 것이 아니라, 도리어 근신하고 반성하는 자세를 취한다.

"꺼져라! 멀리 사라져서, 다시는 예루살렘으로 돌아오지 마라! 퉷퉷!"

시므이는 반대편 산비탈을 따라 줄곧 내려오면서 다윗 왕을 향해 계속 독설을 내뱉었다. 돌을 던지고 흙먼지를 뿌리면서 저주하기를 그치지 않았다.

다윗 왕과 신하들이 계속 걷고 걸어 요단 강가에 이르렀을 때, 그들은 몹시 지치고 기진맥진하여 여기저기에 널브러져 쉬고 있었다. 시므이는 더 이상 따라오지 않았다. 왕은 흘러가는 강물을 바라보며 깊은 상념에 빠졌다. 자신의 인생이 어찌 이리 되었는가. 무심한 강물은 빠르게 흘러 내려갔다. 아, 이 고난의 행군도 저 강물처럼 쉬이 흘러갔으면 좋으련만…. 왕은 길게 한숨을 내쉰다.

압살롬이 아히도벨의 계략대로 부왕의 후궁들과 동침하다(16:15-23)

피 한 방울 흘리지 않고 거사에 성공했다고 확신한 압살롬, 그는 의기양양하게 헤브론을 떠나 예루살렘으로 입성했다. 모사 아히도벨도 함께 들어갔다.

"압살롬 만세! 이스라엘 왕, 만만세!"

이스라엘 백성들은 너도나도 거리로 나와 압살롬 일행을 영접하며 환호했다. 다윗의 친구 후새도 나아와 환영한다.

"왕 만세! 우리의 왕, 만세!"

그런 후새를 보고, 압살롬이 거만한 태도로 묻는다.

"그대는 내 아버지 친구인 후새가 아니오? 어째서 옛 친구를 따라 예루살렘을 떠나지 않은 거요? 이것이 옛 친구에게 보여주는 그대의 우정이오?"

"왕이시여, 무슨 말씀을 그리 섭섭하게 하십니까? 소신은 주께서 선택하시고 온 이스라엘 백성들이 세운 분의 편입니다. 그렇다면 오늘날 소신이 누구를 섬겨야 하겠습니까? 이제부터 소신은 부왕을 섬기던 마음으로 왕을 정성껏 섬기겠나이다."

"좋소! 그럼, 이제부턴 내 곁에서 나를 잘 보좌해 주시오."

평소 후새가 아버지 다윗과 절친한 관계였으므로, 압살롬은 일단 의심을 품었다. 하지만 이미 거사에 성공했다고 확신한 압살롬은 자신의 정통성을 인정해 주는 후새의 아첨 섞인 말을 그대로 믿고 자기 곁에 두었다. 그러나 후새의 가담은 다윗의 전략으로 아히도벨의 모략을 저지하기 위한 고도의 위장전술이다. 후새의 가담과 아첨에 기분이 한층 좋아진 압살롬, 예루살렘 왕궁에 이르러 모사 아히도벨에게 말한다.
"자, 아히도벨. 이제는 우리가 무슨 일부터 해야 하겠소?"
"네, 부왕 다윗이 왕궁을 지키도록 남겨둔 후궁들을 범하십시오. 그렇게 해서 부왕과 완전히 원수 되었음을 온 이스라엘 백성들이 알게 되면, 왕을 따르는 지지 세력이 더욱 많아질 것입니다."
"그래요? 좋소. 그렇다면 내 그리 하리다."
왕궁 옥상에 임시 장막이 세워졌다. 그런 뒤 압살롬은 모든 백성들이 보는 앞에서 부왕의 후궁들과 동침했다. 왕권을 취한 자가 이전 왕의 후궁들까지 취하는 것이 당대의 관례이긴 했지만, 어디까지나 이건 천륜을 어기는 패륜적인 일이었다. 그렇지만 압살롬의 이런 행위는 결국 밧세바 간통 사건에 대한 하나님의 징벌이었다.
오래전, 다윗이 우리아의 처 밧세바를 범했을 때 나단 선지자는 다윗에게 나아와 주님의 말씀을 선포하기를 '너는 몰래 남의 아내를 빼앗았지만, 너는 너와 가까운 자에게 네 아내를 빼앗길 터인데, 그자는 모든 사람들이 보는 앞에서 대낮에 공개적으로 너의 아내들과 동침할 것이다'라고 했다. 보라, 지금 그 예언이 성취되고 있음을! 이처럼 하나님의 말씀은 일점일획도 땅에 떨어지지 않고 때가 이르면 반드시 성취된다.
한편, 당시 이스라엘 백성들은 모사(謀士) 아히도벨을 굳게 신뢰했다. 백성들은 그의 말을 주께로부터 받은 답변의 말씀처럼 여겼다. 그만큼 모사 아히도벨은 탁월한 지략가였고, 그의 계획과 전략은 어느 한 구석 빈틈을 찾아볼 수 없을 정도로 완벽했다. 그래서 이전에 다윗 왕도 아히도벨을 굳게 믿었는데, 이제는 압살롬도 아히도벨의 계획이라면 철석같이 믿었다. 그래서 압살롬은 조금도 망설이지 않고 아히도벨의 계획대로 실행한 것이다.

17
후새와 아히도벨

아히도벨이 압살롬에게 말하네
오늘밤 다윗을 죽입시다
그를 죽이면 전쟁이 끝나니
즉시 실행합시다

압살롬이 아히도벨의 전략 대신 후새의 전략을 채택하다 (17:1-14)

"자, 이제 우리가 어떻게 하면 왕의 세력을 완전히 궤멸시킬 수 있겠소? 좋은 의견들이 있으면 망설이지 말고 의견을 내놓으시오."

압살롬이 다 이겨놓은 전쟁인 양 호기롭게 말하자, 모사 아히도벨이 즉각 나선다.

"시간을 주지 말고, 즉각 추격해서 궤멸시켜야 합니다. 제가 1만 2천의 정예병을 뽑아 오늘 밤에 곧장 추격하겠습니다. 왕만 잡으면 이 전쟁은 끝납니다. 그러면 모두 우리 편으로 돌아서고 나라는 평안해질 것입니다."

그렇다. 지금 요단강 나루턱에 쉬고 있는 다윗 일행은 그야말로 기진맥진, 지칠 대로 지쳐 있다. 아히도벨의 의견대로 쉴 틈을 주지 않고 들이닥쳐 공격하면 그대로 속수무책 무너질 판국이었다.

"그것 참 좋은 의견이오! 역시 모사께선 남다르군요. 하하."

▲ 압살롬이 후새의 전략을 택하다

아히도벨이 내놓은 제안은 압살롬을 비롯하여 모든 신하들에 의해 환영받았다. 하지만 압살롬은 최종 결정을 내리지 않고 후새의 의견까지 구한다.

"이번엔 어디 후새의 의견도 한번 들어보도록 합시다. 그대의 의견은 어떠하오? 어떡하면 다윗 왕의 세력을 단번에 궤멸시킬 수 있겠소?"

아렉 사람 후새, 그는 당시 아히도벨과 더불어 최고의 모사로 알려진 인물이다. 특히 후새는 오랜 세월 동안 다윗의 측근이었기에 왕의 사정을 잘 알고 있으리라 여기고, 압살롬은 최종 결정을 내리기 전에 그의 의견도 듣고자 했다. 다윗이 전략상 예루살렘 궁궐에 남겨놓은 후새는, 아니나 다를까 다른 전략을 내놓는다.

"이번만큼은 아히도벨의 전략이 적절하지 않습니다. 다윗 왕과 그를 따르는 자들은 전쟁터에서 잔뼈가 굵은 노련한 용사들입니다. 지금 그들은 새끼 빼앗긴 야생 곰처럼 아주 무섭게 화가 나 있습니다. 더욱이 왕의 부친은 전쟁이라면 백전백승의 영웅이 아닙니까?"

"음, 맞소. 그건 맞는 말이오."

"수많은 전쟁을 치른 왕의 부친은 기습에 대비하여 밤에는 군사들과 함께 진영에서 잠도 자지 않는 사람입니다. 그러니 지금쯤 어느 동굴이나 다른 은밀한 곳에 숨어 있으면서 기습에 대비하고 있을 것입니다."

"그렇군! 충분히 가능성 있는 이야기요!"

압살롬은 고개를 끄덕이며 후새의 말에 귀를 쫑긋 기울인다.

"이런 마당에 섣불리 추격했다가 왕의 군사들 중 일부가 먼저 공격을 받고 쓰러진다면 '압살롬의 군대가 패했다!'라는 소문이 삽시간에 퍼지게 될 것입니다. 그러면 사자처럼 용맹스러운 왕의 군사들일지라도 겁에 질려버리겠지요! 왕의 부친이 전쟁 영웅이요 또한 그의 부하들도 용감한 전사들이라는 것은 온 이스라엘 백성들이 다 압니다."

"아, 그렇다면 무슨 좋은 전략이라도 따로 갖고 있소?"

"네, 소신의 의견은 이렇습니다. 왕께서는 따로 날을 잡아 북쪽의 단 성읍에서부터 남쪽의 브엘세바 성읍에 이르기까지, 온 이스라엘에서 군사들을 불러 모으십시오. 그리하여 해변의 모래 같은 대군을 거느리고 다윗이 있는 곳이면 어디든지 공격하여, 온 대지에 내리는 아침 이슬처럼 힘으로 누르고 덮쳐버리는 것입니다. 그러면 천하의 다윗인들 어찌 견뎌내겠습니까! 한 마디로 '전쟁 끝!'이지요."

"시간을 끌면, 그들이 어느 성읍에 들어가 문빗장을 걸어 잠그고 계속 버틸 수도 있지 않소. 그러면 그들을 궤멸하는 데 너무 시간이 오래 걸릴 수도 있지 않겠소?"

"걱정 마십시오. 어떤 성읍으로 들어가 숨으면 밧줄로 성읍을 꽁꽁 동여맨 후 골짜기에 내동댕이쳐버리면 됩니다. 그러면 그 성읍엔 돌멩이 하나도 남아 있지 않게 될 것입니다. 왕을 따르는 백성들이 이토록 많은데, 그까짓 성읍 하나 따위가 대수겠습니까!"

후새가 확신 있게 장담하자, 모든 신하들이 그 전략에 적극 찬동했다. 후새는 다윗 일행을 '새끼 빼앗긴 곰'에, 압살롬 측의 군사를 '해변의 모래'에 비유하여, 시간을 두고 압도적인 군사력으로 전면전을 펼쳐 다윗 일행을 일거에 소탕하자는 전략을 펼쳤다. 적절한 비유가 압살롬은 물론이고 모두에게 그럴듯하게 들렸다.

"좋소! 결정했소이다. 후새의 전략대로 행하겠소!"

압살롬이 최종적으로 후새의 전략을 택했다. 이로써 다윗 일행은 요단강을 무사히 건너갈 수 있는 시간을 벌게 되었다. 결국 하나님께서 배후에서 일하셔서 다윗을 구하시기 위해 아히도벨의 좋은 전략을 좌절시킨 것이다.

후새의 도움으로 다윗이 위기를 모면하다 (17:15-29)

압살롬이 자신의 전략을 선택하자 후새는 뛸 듯이 기뻤다. 그는 이 소식을 곧장 다윗에게 전했다. 예루살렘 성 바깥의 에느로겔에는 다윗의 사람인 요나단과 아히마아스가 항시 대기 중에 있었는데, 예루살렘 성읍을 드나드는 하녀를 통해 그들에게 정보를 전달해 주면, 그들은 그 정보를 왕에게 전달하는 방식을 통해서였다.

요나단과 아히마아스는 후새가 전해주는 정보를 갖고 즉시 달렸다. 하지만 그들의 수상한 낌새가 그만 노출되고 말았다. 그러자 그들은 바후림 민가의 마당 우물에 급히 숨었다. 다행스럽게도 그 집의 주인 여자는 다윗을 지지하는 여인이었다. 그녀는 우물 위에 뚜껑을 덮고 그 위에 찧은 보리를 널어놓음으로써 그들을 완벽하게 숨겨주었다. 머잖아 압살롬의 군사들이 들이닥쳤지만 그들을 찾아낼 수 없었다. 군사들이 떠나가자, 위기에서 벗어난 요나단과 아히마아스는 곧장 다윗에게로 달려가 소식을 전했다.

"폐하, 지금 즉시 요단강을 건너셔야 합니다. 아히도벨이 오늘밤 안으로 정예병을 이끌고 기습해야 한다는 전략을 내놓았습니다. 후새가 다른 전략을 제시해 겨우 말렸지만, 일이 어찌될지 모르니 조금도 지체하지 말고 속히 요단강을 건너셔야 합니다."

다윗은 즉시 일어나 지친 신하들과 군사들을 다잡아 이끌고 요단강을 건넜다. 그래서 날이 샐 무렵에는 한 사람도 빠짐없이 무사하게 전부 요단강을 건넜다.

'어리석은 압살롬…. 스스로 제 무덤을 파고 말다니! 주께서 압살롬을 버리셨구나. 아, 나도 이제 여기에 계속 머물면서 수모를 겪을 수 없다.'

지금껏 자신의 계략이 한 번도 거절당해 보거나 실패한 적이 없는 천하의 모사 아히도벨, 그는 이번 일에 자신의 전략이 채택되지 않고 그냥 버려지자 밀려드는 모욕감과 수치심에 몸을 부들부들 떨었다. 그는 아무 미련 없이 나귀에 안장을 얹어 타고는 고향으로 돌아갔다. 그런 뒤 집안일을 정리하고서 스스로 목을 맸다.

이후 압살롬은 이스라엘 전역에서 군사들을 모은 뒤, 직접 대군를 거느리고 요단강을 건넜다. 후새의 전략대로 행한 것이다. 이때 압살롬은 이드라의 아들 아마사를 온 이스라엘 군대의 총사령관으로 세웠다. 이드라는 나하스의 딸 아비갈과 결혼하여 아마사를 낳았는데, 아비갈은 요압의 어머니인 스루야의 여동생이다. 그러니까 아마사는 요압의 이종사촌이다. 이종사촌들이 양쪽 진영의 총사령관이 되어 서로 대결을 펼치는 판국이다.

때에 다윗은 마하나임 성읍에 머물고 있었다. 그러자 암몬의 도성 랍바에서는 나하스의 아들 소비가 찾아왔고, 로데발에서는 암미엘의 아들 마길이 찾아왔다. 또 로글림에서는 길르앗 사람 바르실래가 찾아왔다. 그들은 담요, 접시, 냄비를 비롯하여 밀과 보리, 밀가루와 볶은 곡식, 콩과 팥, 꿀과 버터, 양고기와 치즈 등을 대량으로 가져왔다. 피난길에 오른 다윗과 그의 부하들이 광야에서 굶주리고 목마르며 지쳐 있을 것이라고 생각했기 때문이다. 고마운 일이었다.

다윗과 그의 군대에게 식량을 제공해준 소비와 마길과 바르실래, 그들은 그 지역의 부호(富豪)들로 평소 다윗의 통치에 감사하고 그의 인격과 덕망에 감명을 받은 자들이었다. 그래서 다윗 왕이 곤고함과 위경에 처하자, 자발적으로 음식물과 생필품을 정성껏 마련한 뒤 다윗을 도우러 찾아왔던 것이다.

18
압살롬의 죽음

노새를 탄 압살롬이 도망치다
머리털이 나뭇가지에 걸려 공중에 매달리고
요압의 단창을 맞고 죽네
비로소 싸움이 그치네

다윗 군대와 압살롬 군대가 결전을 치르다 (18:1-8)

‘기어코 이런 순간이 오고야 말았구나. 참으로 슬프도다.’

다윗은 목숨 걸고 아들과 싸워야 하는 현실이 미치도록 가슴 아팠다. 하지만 그는 나라와 영토와 백성을 지켜야 하는 왕이었다. 피할 수 없는 싸움이라면 반드시 이겨야 했다.

다윗은 군대를 3군으로 나누었다. 제1군은 요압 장군에게, 제2군은 아비새 장군에게, 제3군은 가드 사람 잇대 장군에게 맡겼다. 이때 다윗도 직접 출정하려 했지만, 모두가 펄쩍 뛰며 극구 말린다.

“폐하! 절대로 안 됩니다! 왕께서는 저희들 1만 명보다 소중합니다. 만일 폐하께 무슨 일이 생기면, 전쟁은 그대로 끝나고 맙니다. 그러므로 폐하께서는 성읍 안에 그대로 계시면서 후방에서 지원하시는 것이 훨씬 낫습니다.”

모두가 한 목소리로 왕의 출전을 결사적으로 반대하자, 다윗도 신하들의 뜻을 받아들여 후방에 남기로 했다. 이때 다윗은 각 군의 지휘관들에게 특별히 압살롬을 부탁한다.

“장군들은 내 말을 새겨들으시오. 나를 보아서라도 어린 압살롬을 너그럽게 대해주시오. 그를 죽이지 말고 반드시 사로잡도록 하시오.”

다윗은 자신에게 닥친 모든 환난과 재앙이 순전히 과거의 수치스런 죄악에 대한 하나님의 징벌인 줄 분명히 인식했다. 아들 압살롬은 하나님께서 사용하시는 징벌의 막대기일 뿐임을 깨달았다. 다윗 왕이 압살롬에 대해 특별히 당부하는 말을 다른 군사들도 모두 들었다.

“모두 나를 따르라! 앞으로 계속 진격하라!”

압살롬은 대군을 이끌고 요단강을 건너 곧장 진격해 왔다. 군사들의 수효가 어마어마했다. 다윗의 군사들은 비교조차 되지 않았다. 수많은 깃발들을 바람에 휘날리면서 압살롬의 거대한 군대가 뽀얀 먼지를 일으키며 전쟁터로 행진해 왔다. 마침내 에브라임 숲 지대에 이르렀을 때, 압살롬이 부하들을 향해 소리친다.

“오늘이다. 바로 오늘이 다윗 군대를 멸하고 왕을 잡아 없애는 날이다. 우리의 군대가 훨씬 많고 강력하니, 모두들 힘껏 싸워라! 승리는 우리 것이다!”

와! 와! 압살롬의 군사들이 기세가 올라 크게 함성을 울린다. 이에 맞서 다윗의 군사들도 함성을 지른다. 뿌우! 뿌! 뿌우우! 에브라임 숲 지대에서 양측 간에 치열한 전투가 시작되었다. 칼

▲ 압살롬의 반란과 에브라임 숲 전투

과 칼이 부딪히고, 창과 창이 엉겨 붙었다. 화살이 어지럽게 빗발치고 있었다. 초반의 전쟁 상황은 엇비슷하게 전개되었다. 하지만 시간이 흐를수록 다윗의 군대가 우세를 보였다. 압살롬의 군사들은 머릿수만 많을 뿐 제대로 통제가 되지 않았다. 게다가 오랜 행군으로 지쳐 있었다. 하지만 다윗의 군사들은 전쟁터에서 잔뼈가 굵은 노련한 전사들이라 능히 일당백이었다. 게다가 싸울 명분도 뚜렷했다. 본래 싸움판이란 게 그렇다. 한번 기울기 시작하면 걷잡을 수 없이 기울게 마련이다. 압살롬의 군대가 점차 기울더니 급격히 무너져 내리기 시작했다.

"아, 안 되겠다! 모두 후퇴다! 일단 물러나라!"

압살롬의 군대가 더는 견디지 못하고 퇴각하기 시작했다. 그러자 더욱 사기가 오른 다윗의 군사들이 맹렬하게 추격하며 크게 무찔렀다. 그 날, 압살롬의 군사들 가운데 2만 명이 전사했다. 싸움이 에브라임 숲속 전체로 번져나가면서 칼과 창에 찔려죽은 자들보다 숲속에서 늪과 구덩이에 빠지고 또 절벽에서 떨어져 목숨을 잃은 자들의 수효가 더 많았다.

이는 에브라임 숲 지대의 거친 지형 때문이다. 아히도벨의 좋은 계략을 물리치고 후새의 거짓 계략에 속은 압살롬, 그는 어리석게도 전쟁터를 '에브라임 숲 지대'로 잡았다. 요단 동편의 그곳은 짙은 숲속에 늪과 구덩이가 도처에 있었고, 좁은 계곡과 가파른 벼랑도 곳곳에 있었다. 이런 곳에서는 전투 경험이 많은 다윗의 소수 정예 군사들에게 유리했고, 압살롬의 수많은 군사들에게는 도리어 불리했다. 결국 다윗 군대의 효율적인 공격 앞에 압살롬의 군대는 전력을 집중하지 못하고 뿔뿔이 흩어지고 말았다. 그들은 허둥대며 도망치다가 에브라임 숲 지대의 거친 지형 속에서 늪과 구덩이에 빠져죽거나 절벽 아래로 떨어져 죽었다. 그리하여 나라의 운명을 놓고 격돌한 그 날의 총력전은 다윗 군대의 일방적인 승리로 마무리되었다. 압살롬의 반란이 진압되었다.

압살롬이 비극적 최후를 맞다(18:9-18)

"보라, 저기 압살롬이 도망간다! 추격하라!"

마침내 다윗의 군사들이 도주하는 압살롬과 마주치게 되었다. 압살롬은 노새를 타고 부랴부랴 도망가고 있었다. 그런데 노새가 상수리나무 아래를 지날 때 압살롬의 길고 풍성한 머리털이 그만 나뭇가지에 휘감기고 말았다. 그 결과, 압살롬은 나뭇가지에 대롱대롱 매달려 있었고, 노새는 혼자서 빠져 달려갔다. 그 광경을 목도한 다윗의 군사들 중 한 명이 즉시 군사령관 요압에게 보고한다.

"사령관님, 지금 압살롬이 상수리나무에 매달려 있습니다!"

"그게 정말이냐? 그러면 왜 그를 즉시 쳐 죽이지 않았느냐? 그랬더라면, 내가 너에게 은화 10개와 용사의 띠를 주었을 텐데!"

요압이 무척 흥분한 어조로 소리쳤다. 하지만 군사는 고개를 절레절레 흔들며 대답한다.

"제게 은화 일천 개를 쥐어 주신다 해도, 감히 왕의 아들에게 손댈 수 없습니다. 우리가 똑똑히 듣는 가운데 왕께서는 압살롬을 죽이지 마라 명하셨습니다. 그런데 어찌 그 목숨을 해칠 수 있겠습니까?"

"시끄럽다! 네가 하지 못하겠다면 저리 비켜라!"

요압 장군은 그 군사에게 야단치더니 자리를 박차고 일어나 단창 세 자루를 들고는 부리나케 달려 나갔다. 그런 뒤 상수리나무에 매달려 있는 압살롬의 심장에 그대로 내리꽂았다. 그러자 요압의 무기를 들고 다니던 젊은 군사 열 명이 곧장 요압을 뒤따라와 압살롬을 둘러싼 채 아직도 숨이 붙어 있는 그를 쳐서 완전히 죽였다.

이처럼 군사령관 요압은 왕의 아들 압살롬을 가차없이 죽였다. 다윗은 압살롬을 철없는 아들로 보고 그의 생명을 아낀 반면, 요압은 왕국의 존립을 해치는 반란 주모자로 보고 그를 제거하는 것이 나중에라도 안전하다 판단했기 때문이다.

▲ 다윗의 아들 압살롬의 죽음 (태피스트리)

단지 그 이유 때문일까? 압살롬의 귀환을 누구보다 앞장서서 추진했던 요압, 그런 요압이 이제는 그를 죽이는 데 도리어 앞장선 까닭은 다윗 왕의 성격으로 미루어 아들 압살롬에 대한 사면령(赦免令)을 내릴 것을 염두에 두었으리라. 그렇게 되면 장차 자신의 입지가 흔들릴 것을 우려해서 아예 화근을 없애기로 작정한 것이다. 여하튼 압살롬의 복권에 앞장섰던 자가 왕의 특별 명령에도 불구하고 일말의 망설임 없이 압살롬을 제거한 것을 보면, 요압은 분명 상황에 따라 이기적으로 행동하는 기회주의자요, 피도 눈물도 없는 냉혹한 성격의 소유자임에 틀림없다.

뿌우 뿌 뿌우우 뿌!

압살롬을 죽인 다음, 요압은 전군에 나팔을 불게 하여 전투를 그치라는 신호를 보냈다. 그러자 다윗의 군사들이 모든 추격을 멈추고 본진으로 돌아왔다.

"압살롬을 도대체 누가 죽였지? 왕께서는 죽이지 말라 명하셨는데…"

압살롬의 시체를 보고 다윗의 군사들이 저마다 수군거렸다. 그러자 요압은 부하들을 시켜 숲속의 큰 구덩이에다 그 시체를 던져 넣게 했다. 그런 뒤 그 시체 위로 커다란 돌무더기를 쌓았다. 부왕 다윗을 거슬러 패륜적인 반역을 도모한 압살롬, 헛된 야망으로 한 나라의 왕좌를 노리다가 기껏 숲속 구덩이 가운데 떨어진 압살롬, 그는 결국 비극적인 최후를 맞고 말았다. 일장춘몽이었다.

한편, 압살롬은 생전에 '왕의 골짜기'에 자기 기념비를 미리 세워두었다. 자기 이름을 기억나게 해줄 아들이 아무도 없음을 탄식하다가 스스로 기념비를 세운 것이다. 그가 자기 이름을 따서 세운 그 기념비는 '압살롬의 기념비'라 불린다. 사실 압살롬에게는 세 명의 아들이 있었다. 하지만 압살롬의 아들들은 모두 일찍 죽었다. 그래서 자기 이름을 이을 아들이 없었던 압살롬은 변칙적인 방법으로 기념 비석을 세워 자기 이름을 후대에 전하려 했던 것이다.

압살롬. 성공 위주의 왜곡된 비전과 왜곡된 성취를 추구하기 위해 왜곡된 방법을 총동원하며 살아간 뒤틀린 영성의 소유자다. 성공, 출세, 명예를 좇는 권력 추구형 사람으로 처세술은 좋지만 영성이라곤 찾아볼 수 없다. 대중들은 종종 이런 모습에 잘 속아 넘어간다. 하지만 하나님을 속일 수는 없다.

외모가 아름다웠던 사람 압살롬, 그는 성군 다윗의 아들로서 정말 아름답게 살아갈 수도 있는 사람이었다. 하지만 뒤틀린 영성은 그의 모든 삶의 행동까지 뒤틀리게 만들어버렸다. 그가 추구했던 삶은 하나님 보시기에 아름다운 삶이 아니라, 세상적인 욕망 추구에만 급급해하는 뒤틀리고 일그러진 모습, 그 욕망을 이루기 위해서는 폭력도, 거짓말도, 부모에 대한 효성도 헌신짝처럼 버리는 뒤틀린 영성의 소유자였다.

압살롬을 반면교사 삼자. 언제든지 하나님은 우리가 우리 스스로의 힘으로 왕관 쓰는 것을 원치 않으신다. 도리어 하나님을 위해서라면 이미 쓰고 있는 왕관조차도 겸허히 내려놓을 수 있는 사람, 그런 사람에게 하나님은 기꺼이 왕관을 씌워주신다. 하나님은 스스로 높아지려는 자를 반드시 끌어내려 낮추시고, 스스로 낮아지는 자를 친히 일으켜 세운 뒤 높은 자리에 앉히신다.

압살롬의 전사 소식을 듣고 다윗이 통곡하다 (18:19-33)

"사령관님! 당장 왕께로 달려가 승전 소식을 알리겠습니다. 허락해 주십시오!"

대제사장 사독의 아들 아히마아스가 요청했다. 그러자 요압이 말한다.

"안 된다. 오늘은 왕께 소식을 전하러 가지 마라. 다른 때라면 몰라도, 오늘은 절대로 안 된다. 왕의 아들이 죽었기 때문이다."

요압은 아히마아스로 하여금 승전 소식을 전하지 못하도록 했다. 왕자 압살롬이 죽었기 때문이다. 다윗 왕은 전쟁의 승리도 원할 것이지만, 압살롬의 생사 여부도 그에 못지않게 중요하게 여길 것임을 파악한 군사령관 요압, 그는 아히마아스를 아껴 '압살롬의 죽음'이라는 나쁜 소식을 전하지 못하게 막은 것이다. 대신에 요압은 어떤 구스(에티오피아) 사람을 불러 명한다.

"네가 다윗 왕께 달려가서, 오늘 본 대로 보고하도록 하라."

명을 받은 구스 사람이 엎드려 절한 뒤 즉시 왕께로 달려갔다. 그러자 아히마아스가 다시 요압 사령관에게 요청한다.

"사령관님, 무슨 일을 당해도 좋으니 저 구스 사람을 뒤따라가게 허락해 주십시오!"

그러나 요압이 여전히 손을 내저으며 그를 말린다.

"아니다! 이번 일은 아무리 잘 전한다 해도 어떤 보상도 돌아올 것이 없다. 그만두어라."

그래도 아히마아스가 굴하지 않고 계속 요청한다.

"사령관님, 괜찮습니다. 무슨 일을 당해도 좋으니 저를 꼭 보내주십시오! 제발 부탁드립니다! 제가 왕께 보고할 수 있도록 허락해 주십시오!"

아히마아스가 한사코 왕께 소식을 전하려 한 까닭은 무얼까? 그의 평소 성품으로 보아, 상을 받으려는 공명심 때문이 아니다. 자신이 왕의 심기를 잘 살펴 적절하게 보고할 수 있다고 생각했기 때문이다. 군주의 심기까지도 깊이 헤아리는 신복 아히마아스의 신실하고 사려 깊은 성품을 엿볼 수 있다. 아히마아스가 극구 간청하므로, 요압은 하는 수 없이 허락했다.

어렵사리 요압의 허락을 받은 아히마아스, 그는 요단 골짜기를 지나는 길로 힘껏 달려서 구스 사람을 앞질렀다. 앞서 떠난 구스 사람은 에브라임 숲 지대에서 마하나임으로 가는 직선거리를 택했다. 거리상으로는 짧지만 언덕과 골짜기를 지나야 하는 험난한 길이다. 그러나 아히마아스가 택한 요단 골짜기의 길은 조금 둘러가지만 탄탄한 평지 길이었으므로 구스 사람보다 빨리 갈 수 있었다.

'아, 전투는 어찌 되었을꼬? 내 아들 압살롬은 무사한지….'

다윗은 그 날의 전투에 관해 이런저런 생각을 하며 마하나임 성읍의 바깥 성문과 안쪽 성문 사이에 앉아 있었다. 파수꾼들은 바짝 긴장한 채 성문의 지붕 위에 설치한 망대에 서서 먼 곳까지 내려다보고 있었다. 그때였다.

"저기 누군가 이쪽으로 달려오고 있다!"

파수꾼이 망대에서 뛰어 내려가 왕에게 그 사실을 보고한다.

"그래? 혼자서 달려오고 있다 했느냐? 그렇다면 좋은 소식을 가져오고 있을 게다."

만일 전쟁에서 패배했으면 패잔병들이 떼거리로 몰려올 것인데, 승리했을 경우에는 전령이 기쁜 소식을 빨리 전하려고 혼자 달려올 것이기 때문이다. 그런데 파수꾼은 멀리서 또 한 사람이 성문 쪽으로 달려오고 있는 것을 보았다. 왕께 그 사실도 보고한다.

"왕이시여! 또 어떤 사람 하나가 이쪽으로 급히 달려오고 있습니다!"

그러자 다윗 왕이 말한다.

"혼자더냐? 그렇다면 좋은 소식을 가져오는 것이 분명하다."

조금 있다가 또 다른 파수꾼이 달려와 왕께 보고한다.

"앞서 달려오고 있는 사람은 대제사장 사독의 아들 아히마아스인 것 같습니다."

"그래? 그는 좋은 사람이니, 분명 내게 좋은 소식을 가져올 것이다."

마침내 아히마아스가 다윗 왕에게 이르러 큰 소리로 외친다.

"폐하, 평강하옵소서! 모든 일이 잘 되었습니다!"

그러면서 그는 왕께 엎드려 큰절을 올린 다음 이어서 말한다.

"폐하! 폐하의 하나님이신 주님께 찬양을 올려드립니다. 하나님께서는 폐하를 거슬러 반역한 자들을 폐하의 손에 다 넘겨주셨습니다. 우리가 전쟁에서 크게 이겼습니다."

"잘 되었구나! 그런데, 내 아들 압살롬은 어찌 되었느냐? 그가 살아 있느냐? 어디 상하지는 않았느냐?"

요압이 예상한 대로, 과연 왕의 최대 관심은 압살롬의 생사 여부에 있었다. 아히마아스도 그런 왕의 반응을 예상한 듯 담담하게 대답한다.

"폐하! 요압 장군께서 저를 보낼 때 무리들 가운데 큰 소동이 일어난 것을 보았습니다. 그러나 그 소동이 무엇 때문인지는 알 수 없었습니다."

아히마아스는 압살롬의 일에 대해 일부러 모른 체했다. 고대에 나쁜 소식을 전한 전령은 때로 처형을 당하기도 했다. '압살롬의 죽음'이라는 나쁜 소식은 뒤이어 구스 사람이 전할 것이기에, 아히마아스 자신은 '전쟁의 승리'라는 좋은 소식을 왕께 먼저 전해주고 싶었다. 그렇게 함으로써 아들의 죽음으로 인해 크게 상심할 왕의 마음을 미리 다독여놓았던 것이다. 아히마아스의 대답을 듣고 왕이 말한다.

"압살롬에 대해선 모른다고? 그렇다면 물러나 기다리고 있도록 하라."

바로 그때, 구스 사람이 도착하여 왕께 아뢴다.

"폐하, 기쁜 소식을 가져왔습니다! 오늘 주께서 폐하를 거슬러 반역을 일으킨 무리들을 모두 물리쳐 없애주셨습니다."

다윗은 그 보고에 대해선 듣는 둥 마는 둥하며 구스 사람에게 급히 묻는다.

▲ 압살롬의 죽음과 다윗의 통곡

"그래, 압살롬, 내 아들, 어린 압살롬은 어찌 되었느냐?"

구스 사람은 왕의 심기는 전혀 헤아리지 못한 채 곧이곧대로 대답한다.

"폐하! 폐하의 원수들은 모두 압살롬 같은 일을 당해야 마땅할 것입니다. 우리가 그를 쳐 죽여 구덩이에 던진 뒤 돌무더기를 쌓았습니다."

"뭐, 무엇이라고? 압살롬이 죽었다고? 그게, 그게, 정말이더냐? 네 눈으로 똑똑히 확인하였느냐? 그게 정말이냐?"

"네, 폐하! 제 눈으로 분명히 확인했습니다. 정말입니다."

"아! 압살롬!"

다윗 왕은 마음이 찢어지는 것 같은 큰 충격을 받았다. 몸을 제대로 가누지 못하고 그 자리에 털썩 주저앉았다. 놀란 신하들이 우르르 달려들어 왕을 부축했다. 몸을 추슬러 자리에서 겨우 일어난 다윗, 성문 위의 다락방으로 올라가 소리내어 울며 큰 소리로 부르짖는다.

"아, 내 아들 압살롬아! 내 아들, 압살롬아! 너 대신에 차라리 내가 죽었더라면…. 압살롬아, 내 아들, 내 아들아! 차라리 내가 죽었더라면 좋았을 것을! 아들아, 내 아들아! 내 아들 압살롬아!"

사랑하는 새끼를 잃은 아버지의 처절한 부르짖음이다. 차라리 비명에 가깝다. 지금, 다윗의 가슴 속엔 아버지를 거슬러 반란을 일으킨 패륜아 압살롬은 온데간데없었다. 살펴보면, 다윗은 자식들에 대해 무척 여린 마음을 지녔다. 자식들의 잘못된 행위에 대해 다만 화를 낼 뿐, 누구에게도 단호하게 대처하지 못했다.

그 무엇보다 과거에 지은 뼈저린 죄악, 곧 우리아의 아내를 범한 일에 대해 죄책감도 강했다. 그 일로 나단 선지자를 통해 주님께 징벌을 받았고, 그 징벌이 결국 압살롬을 통해 실현되었다고 생각했기에 마냥 솟구치는 슬픔을 가눌 길 없었다. "차라리 내가 너를 대신하여 죽었더라면 좋았을 것을!"이란 말 속에, 다윗의 죄스런 심정이 잘 나타나 있다.

말뿐만이 아니다. 그렇게 할 수만 있었더라면, 정말로 다윗은 압살롬을 대신하여 자신이 죽는 길을 기꺼이 택했으리라. 그래서 다윗의 절규는 시대를 초월하여 모든 부모 된 이들의 가슴 속에 오늘도 깊숙이 파고든다.

"아, 아들아, 내 아들 압살롬아! 너 대신에 차라리 내가 죽었더라면…. 차라리 내가 죽고 네가 살았더라면 좋았을 것을!"

19
다윗, 예루살렘에 돌아오다

다윗이 요단강에 닿자
유다 백성이 몰려나와
무사히 강을 건너게 하네
1천 명의 베냐민 지파도 있네

다윗이 압살롬의 죽음을 크게 슬퍼하다 (19:1-8)

누군가가 요압에게 왕의 소식을 전한다.

"사령관님, 압살롬이 죽은 일로 인해 지금 왕께서는 크게 통곡하고 계십니다. 승전에 대한 기쁨은 하나도 찾아볼 수 없습니다."

"거 참! 예상은 했다만 그렇게까지 상심하고 통곡하실 줄이야. 큰일이로군. 이 사태를 빨리 수습해야 할 텐데…."

왕이 아들 압살롬을 잃고 크게 슬퍼한다는 소식이 모든 군사들에게 알려졌다. 그러자 승전의 기쁨은 일순간에 사라지고 군대 전체가 비통한 분위기에 휩싸였다. 다윗의 군사들은 마치 패잔병들처럼 부끄러운 기색을 띠고 하나둘씩 슬그머니 성 안으로 들어갔다. 그런 와중에도 다윗 왕은 두 손으로 얼굴을 감싸 쥔 채 계속 울부짖었다.

"아, 내 아들 압살롬아! 내 아들, 내 아들아! 차라리 내가 너를 대신하여 죽었더라면…. 아들아, 압살롬아! 내가 대신 죽었더라면…."

왕의 통곡이 좀체 수그러들거나 그치지 않고 계속 이어지자, 군사들 사이에서 차츰 불만불평이 새어나왔다.

"이게 뭐야, 목숨 걸고 죽어라 싸웠더니 승전의 기쁨은 고사하고 기껏 패잔병 같은 신세라니! 이럴 거면 차라리 압살롬 군대에게 져주는 편이 나았을 것 같아. 에이, 젠장!"

"그러게 말이야! 내 평생 전쟁에 이기고도 오늘처럼 부끄러운 적은 처음일세. 우리가 대체 누굴 위해, 무엇 때문에 싸운 거지! 나 원 참!"

투덜거리고 구시렁대는 말들이 여기저기서 터져 나왔다. 사태가 영 심상치 않게 돌아가고 있었다. 그런 분위기를 파악한 군사령관 요압, 급히 다윗 왕을 찾아간다.

"폐하, 소신들은 목숨 걸고 대적과 싸워 왕과 모두의 목숨을 구했습니다. 그런데도 왕께서는 반역자인 아들의 일로 모든 군사들을 도리어 부끄럽게 만드셨습니다. 왕께서는 왕을 사랑하는 사람들보다 왕을 미워하는 무리를 더 사랑하시는 듯합니다."

"아, 그, 그건 결코 그렇지 않소."

"폐하께서 부인하셔도 저희 신하들이나 군사들은 왕께 아무것도 아니라는 사실을 지금 보여주고 계십니다. 그렇다면 압살롬이 아직 살아 있고, 소신들이 모두 죽었더라면, 왕께서 더욱 기뻐하셨겠습니다. 정녕 그러하신 것입니까?"

"장군! 어찌 그런 말을…."

요압의 비아냥대는 투의 말에 왕은 적이 못마땅한 표정을 지었다. 왕의 표정에 아랑곳없이 요압은 계속해서 말을 잇는다.

"그렇다면 폐하, 이제 마음을 추스르시고 군사들의 승리를 치하해 주십시오. 지금 치하해 주시지 않는다면, 폐하 곁에는 누구도 남아 있지 않을 것입니다. 그러면 젊은 시절부터 지금까지 당한 그 어떤 환난보다도 폐하께서는 더욱 혹독한 어려움을 겪게 될 것입니다."

군사령관 요압의 충고는 시의적절했다. 요압은 왕의 당부를 무시하고 압살롬을 쳐 죽인 장본인으로서 누구보다도 현재의 사태를 정리할 책임을 지닌 사람이었다. 그래서 그는 군사들의 불만과 동요를 명분으로 다소 무례하고 강경한 어조로 항변하듯 충고한 것이다. 요압이 다윗 왕의 속 깊은 심정을 헤아리지 못한 것은 무정한 일이지만, 당시 압살롬의 죽음으로 인해 큰 슬픔에 잠겨 있던 왕으로 하여금 사태의 심각성을 직시하고 감정을 정리할 수 있게 해주었던 것만은 사실이다.

총사령관 요압의 말을 묵묵히 듣고 있던 왕도 사태의 심각성을 직시했다. 울음을 그친 뒤 자리에서 일어나 성문에 나와 앉았다. 고대의 성문은 적군에 대한 방어와 백성들의 출입뿐만 아니라 공적 모임, 재판, 매매, 행사 등을 담당하던 무대였다. 따라서 다윗 왕이 마하나임 성읍의 성문에 앉았다는 것은, 전쟁에서 이기고 돌아온 군사들을 치하하고 격려하는 승전 축하식에 공식적으로 참석했다는 것을 의미한다.

"와, 보라! 우리 왕께서 지금 성문에 나와 앉으셨다!"

왕이 성문에 나와 앉으셨다는 소식이 전해지자 군사들이 우르르 몰려나왔다. 다윗은 슬픈 감정을 최대한 추스른 채 전쟁을 승리로 이끈 군사들의 노고를 성심껏 치하해 주고 격려해 주었다. 그러자 군사들은 비로소 승전의 기쁨을 마음껏 누렸다.

"다윗 왕 만세! 이스라엘 왕 만세! 만만세!"

백성들이 다윗 왕의 예루살렘 환궁을 준비하다 (19:9-14)

압살롬의 죽음과 다윗의 승전 소식을 전해들은 이스라엘 지파의 지도자들은 입장이 여간 난처한 게 아니었다. 이번 일에 다윗을 등지고 압살롬을 지지했기 때문이다.

"압살롬 군대가 그리 허무하게 패하다니! 우리가 압살롬의 편에 섰으니, 낯짝을 들 수가 없게 되었구료."

"그러기에 우리는 애초부터 다윗을 지지했어야 했어요! 생각들 해봐요, 주변의 대적들 손에서 우리를 구해준 것은 다윗이 아니던가요? 또 블레셋의 압제에서 우리를 건져준 것도 역시 다윗 왕이지 않소."

"맞아요! 그런 분을 배척하고 등을 돌렸으니, 우리가 무슨 면목으로 왕을 다시 맞이할 수 있단 말이오. 거 참, 정말 곤란하게 되었구료!"

이스라엘 지파의 지도자들은 자신들의 판단 실수를 탓하면서도, 당장 다윗 왕에 대해 어떤 태도를 취할 것이냐에 대해서는 의견이 분분했다. 설왕설래 이런저런 말들이 많았다.

"우리가 왕으로 세운 압살롬은 싸움터에서 이미 죽었소. 이런 판국이니, 우리가 다윗 왕을 다시 왕궁으로 모셔 들여야 하지 않겠소?"

"그렇지만 우리 손으로 쫓아낸 왕을 우리 손으로 다시 모셔 들이는 게 영 찜찜하구료! 무슨 면목으로 다윗 왕을 다시 대면할 수 있단 말이오."

이 같은 이스라엘 지파들의 말이 다윗 왕에게 전달되었다. 그러자 왕은 당시 예루살렘에 남아 있던 대제사장 사독과 아비아달에게 급히 사람을 보내어 말한다.

"그대들은 유다 지파의 장로들에게 즉시 내 말을 전하시오. '이스라엘 전역에서 왕을 다시 모셔오자는 소리가 들리는데, 어찌하여 그대들은 왕을 다시 모실 생각을 하지 않는 것이오? 누구보다 가까운 나의 동포요 혈육인 유다 지파가 왕을 왕궁으로 돌아오게 하는 일에 어찌 꼴찌가 되려 하는 것이오?' 그렇게 전하시오."

압살롬이 전사한 후, 다윗 왕의 환궁(還宮) 문제에 대해 이스라엘 열한 지파는 활발한 움직임을 보였다. 하지만 정작 다윗의 소속 지파인 유다 지파는 잠잠했다. 그 까닭은, 유다 지파는 압살롬의 반역에 적극 가담한 일로 인해 왕의 보복이 두려웠기 때문이다. 그래서 다윗은 당시 예루살렘에 남아 있던 두 대제사장을 유다 지파에게로 보내 먼저 화해를 도모한 것이다. 이는 자신의 통치기반을 다시금 유다 지파 위에 굳건히 세우기 위한 전략적인 차원이기도 했다. 다윗의 말이 계속 이어진다.

"그리고 압살롬 군대의 총사령관인 아마사를 특별히 중용하여 요압 대신에 나라의 총사령관으로 삼겠다고 전하시오!"

다윗이 반란군의 사령관인 아마사를 군사령관으로 기용하려 한 것은, 자신의 명령을 무시하고 기어코 압살롬을 쳐 죽인 요압을 강등시키려 했기 때문이다. 또한 그런 아마사를 기꺼이 포용함으로써 반란에 가담한 반대 세력을 모두 자신의 품안으로 끌어들여 국가의 대통합을 이루려 했기 때문이다. 그것은 대단한 결심이었고, 군주의 포용력과 도량을 보여주는 탁월한 정치력이었다.

다윗 왕의 말을 전해들은 대제사장 사독과 아비아달, 그들이 유다 지파의 장로들에게로 나아가 왕의 말을 전하자 모두가 기꺼이 환영했다. 이로써 다윗은 유다 지파 사람들의 마음을 마치 한 사람의 마음처럼 온전히 사로잡았다. 그들은 즉각 다윗 왕에게 전갈을 보냈다.

"폐하, 폐하께서는 언제나 우리의 왕이십니다. 그러하오니 폐하께서는 모든 신하들을 거느리시고 다시금 예루살렘 왕궁으로 돌아오소서!"

환궁 중의 다윗이 시므이에게 자비를 베풀다 (19:15-23)

이제 다윗은 예루살렘 왕궁으로 돌아가기 위해 길을 떠났다. 모든 신하들과 함께 마하나임 성읍을 떠나 요단 강가에 이르렀다. 한때는 반란을 피하여 허겁지겁 요단강을 건넜지만, 이제는 승전한 군대를 거느리고 위풍당당하게 요단강을 건너려 한다.

유다 지파의 지도자들이 이미 소식을 듣고 왕을 영접하여 요단강을 함께 건너려고 길갈에서 기다리고 있었다. 길갈은 여리고 근처에 있는 요단 강가의 성읍으로, 일찍이 여호수아 군대가 요단강을 건넌 후에 이스라엘 열두 지파의 기념비를 세운 곳이다.

그때, 소식을 접하고 베냐민 지파 소속인 게라의 아들 시므이도

▲ 다윗의 예루살렘 환궁 (제임스 티소 작, 1836-1902년)

바후림 마을에서 내려와 그곳에 있었다. 베냐민 지파 1천 명과 시바도 동행했다. 베냐민 지파 사람들은 반가운 기색을 띠며 왕을 환영했다. 피난길에 다윗 왕을 욕하고 저주했던 시므이, 그가 앞으로 나와 왕 앞에 넙죽 엎드려 큰절을 올린다.

"오, 나의 주 왕이시여, 부디 지난날 이 종의 허물을 마음에 담아두지 말아 주십시오. 그 날 종은 왕께 큰 죄를 지었나이다."

왕은 땅에 바짝 엎드린 시므이에 대해 애써 무심하게 대한다.

"이 종도 제 잘못을 잘 알고 있습니다. 그렇기에 이스라엘 지파의 모든 사람들 가운데서 가장 먼저 왕을 맞으러 이렇게 달려 나왔습니다."

아까부터 시므이의 간사한 모습에 비위가 뒤틀린 아비새 장군, 그가 불쑥 끼어든다.

"폐하! 저자는 죽여 마땅한 자입니다! 왕을 비난하고 저주한 자입니다. 감히 주께서 기름 부어 세우신 왕을 저주했습니다! 명하시면, 당장 저자의 목을 치겠습니다!"

아비새가 칼을 뽑으려 하자, 다윗이 손을 내저으며 만류한다.

"아니오, 장군은 왜 나의 일에 간섭하고 나서는 게요? 내가 오늘에야 비로소 온 이스라엘의 왕이 되었는데, 오늘 같은 기쁜 날에 굳이 사람을 죽여서야 되겠소. 그러니, 그만두시오."

다윗은 슬기로운 군주였다. 자신을 저주한 일로 사울 왕을 배출한 베냐민 지파 소속의 유력 인물을 죽인다면, 다시금 지파간의 갈등과 내분이 재연될 것은 뻔했다. 그렇게 되면 왕국의 평화와 지파 간의 통합은 영영 멀어진다. 그래서 다윗은 개인적인 감정을 최대한 자제하고 대승적인 차원에서 시므이를 용서해 주었다.

그렇지만 기름부음 받은 왕을 저주한 시므이, 그는 후일 다윗의 후계자인 솔로몬 왕 때에 자신의 범과로 인해 결국 처형당하고 만다. 원수를 직접 갚지 않고 하나님의 손에 맡기는 믿음과 관용, 그것은 일찍이 아비가일을 통해 얻은 지혜이기도 했다.

아비새를 만류한 다음에 다윗은 다시 시므이를 노려보았다. 시므이는 부들부들 떨고 있었다. 그를 따라온 베냐민 지파 사람들 1천 명도 다윗의 선처만 바라고 있었다. 생각해 보면 그러하다. 아들인 압살롬조차 주께서 자신을 징계하는 막대기로 사용하셨다면, 사울 왕의 지파 소속인 베냐민 사람 시므이야 더욱 그러했지 않았으랴! 이때 다윗은 시므이의 모욕과 저주를 자신의 죄 된 행동을 꾸짖는 주님의 채찍으로 받아들였다. 그렇게 믿음으로 그때의 수치스러운 상황을 마음에 받아들이면서 다윗이 시므이에게 말한다.

"좋소, 내 용서하리다. 그대의 허물은 기억하지 않겠소. 그러니 그대는 처형당할 걱정은 하지 않아도 좋소."

환궁 중의 다윗이 므비보셋의 사정을 헤아려주다 (19:24-30)

요나단의 아들 므비보셋, 그도 다윗 왕의 환궁 소식을 듣고는 요단강을 건너왔다. 그는 왕이 예루살렘을 떠난 날부터 발도 씻지 않고 수염도 깎지 않고 의복도 빨아 입지 않았다. 이렇게 처신함으로써 므비보셋은 졸지에 왕위를 빼앗긴 다윗의 슬픔과 고통에 동참했다는 것, 그리고 왕께 대한 변함없는 감사함과 충성심을 지녔다는 것을 보여주었다.

다윗 왕은 므비보셋의 모양새에 고개를 갸웃거렸다. 므비보셋이 압살롬 편으로 돌아섰다는 말만 믿고 그를 괘씸하게 생각했던 참이었다. 왕은 궁금증을 드러낸다.

"므비보셋, 그대는 왜 나와 함께 예루살렘을 떠나지 않았던 것이냐?"

두 다리를 저는 므비보셋에게서는 늠름했던 요나단 왕자의 얼굴이 어른거린다. 할아버지 사울 왕과 아버지 요나단 왕자가 전쟁터에서 전사만 하지 않았어도 지금쯤 멋진 용사가 되었을 것이다. 왕의 물음에, 므비보셋이 머리를 조아리며 자신의 입장을 변호한다.

"폐하! 종은 다리를 절기 때문에 나귀를 타고 왕을 따라가려 했습니다. 그래서 제 나귀에 안장을 얹으라고 나의 종 시바에게 말했지만, 그가 저를 속이고 배신했습니다. 뿐만 아니라 그자는 이 종에 대해 왕께 모함까지 했습니다."

다윗 왕은 귀담아 듣는다. 므비보셋의 얼굴에 깃들여 있는 진실성으로 보아 거짓을 말하는 것 같지는 않았다. 그러나 아직 확신이 서지 않는다. 제 할아버지 사울을 닮았으면 거짓말이고, 제 아버지 요나단을 닮았으면 진심을 토로하고 있을 것이다. 므비보셋은 다윗의 반응에는 개의치 않는 표정이었다. 담담히 자기 말을 이어간다.

"폐하께서는 좋으실 대로 이 종을 처분하십시오. 폐하 앞에서 죽어 마땅한데도 폐하께서는 이 종을 왕의 식탁에서 함께 먹을 수 있도록 허락해 주셨나이다. 이제 이 종에게 또 무슨 염치가 남아 있어서 폐하께 은총을 베풀어 달라고 감히 말할 수 있겠나이까?"

마침내 다윗 왕이 므비보셋의 진심을 확신한다.

'지금 므비보셋은 진실을 말하고 있다. 그렇다면 시바가 내게 거짓을 말했다는 것인가.'

다윗 왕은 시바의 얼굴을 찾는다. 기름기가 좔좔 흐르는 그의 얼굴이 영 못마땅하다. 그러나 자기의 사사로운 감정을 물리치고, 근엄한 표정으로 말한다.

"알겠다. 그대 므비보셋은 사울 집안의 밭을 그대의 종 시바와 반절씩 나누어 가지도록 하여라."

므비보셋의 해명을 듣고서 다윗은 모든 사실을 알았다. 그럼에도 주인을 모함한 시바를 벌하지 아니하고, 므비보셋에게 절반의 재산만 환수시켜 주었다. 다윗의 이 같은 처분은 시바에 대한 자신의 이전 결정에 대해 어느 정도 책임을 느꼈고, 또한 당시의 상황이 그러한 만큼 누구나 불만이 없도록 원만한 탕평(蕩平) 정책을 펴려 했기 때문이다. 다윗의 처분을 듣고서 므비보셋이 왕께 아뢴다.

"폐하! 사울 집안의 밭은 시바가 전부 차지하게 하십시오. 폐하께서 이처럼 안전하게 왕궁으로 돌아오셨으니, 이제 이 종은 더 바랄 게 없나이다."

그 말로도 므비보셋은 결코 다윗 왕을 배신한 적이 없다는 사실이 확실해졌다. 왕은 지긋이 미소를 보낸다. 므비보셋도 왕의 마음을 이해하는 듯 희미하게 웃는다. 어디서 본 듯한 미소다. 알겠다, 그건 친구 요나단의 미소였다.

환궁 중의 다윗이 바르실래의 호의에 대해 보답하려 하다(19:31-39)

그때, 길르앗 사람 바르실래도 다윗을 안전하게 요단강까지 건네 드리려고 로글림에서 내려와 있었다. 나이 많은 80세 노인 바르실래, 그는 부유한 사람으로 다윗이 압살롬의 반란을 피해 마하나임에 머물러 있는 동안에 계속해서 음식을 공급해 주었다. 다윗 왕이 요단 강가에 나와 있는 바르실래를 보고는 크게 반긴다.

"오, 바르실래! 마하나임에 머무는 동안 그대에게 많은 신세를 졌소이다. 나와 함께 요단강을 건너갑시다. 그래서 예루살렘 궁궐에서 함께 살도록 합시다. 내가 그대를 후히 대접해 드리리다."

그러자 바르실래가 손을 내저으며 겸손하게 대답한다.

"폐하, 이 늙은이가 앞으로 얼마나 더 살겠다고 왕과 함께 예루살렘으로 가겠나이까? 나이 팔십에 무엇이 좋고 나쁜지를 제대로 분간할 수나 있겠나이까? 좋은 것을 먹고 마신들, 그 맛을 어찌 알겠나이까? 공연히 폐하께 짐만 될 뿐입니다."

"어려울 때 내게 베풀어준 그대의 지극 정성을 내 어찌 잊을 수 있겠소이까. 그러니 사양치 마시고 나와 함께 궁궐로 들어가십시다."

"아닙니다, 폐하! 이 종으로 하여금 부모의 무덤 곁에서 죽게 해주십시오. 정 그러시오면 이 늙은이 대신에 제 아들 김함으로 하여금 폐하를 섬기게 하시고, 폐하께서 원하시는 대로 그에게 일을 시켜 주시길 바랍니다."

"알겠소. 그대의 뜻이 정이 그러하다면 알겠소이다. 그대의 아들 김함을 데리고 가도록 하리다. 그리고, 혹시라도 내게 원하는 것이 있으면 모두 말씀해 보세요. 다 들어 드리리다."

"아, 아닙니다. 모든 것이 족합니다. 폐하께서는 부디 옥체를 잘 보존하시길 바랍니다."

다윗 왕이 바르실래에게 입 맞추며 복을 빌어주었다. 다윗 왕을 배웅한 뒤 바르실래는 평안히 자기 고향으로 돌아갔다.

다윗의 환궁을 놓고 유다 지파와 이스라엘 지파가 다투다 (19:40-43)

"자, 많이 지체되었다. 이제 모두 서둘러 요단강을 건너도록 하자."

바르실래가 고향으로 떠나자, 다윗과 신하들도 서둘러 요단강을 건넜다. 바르실래의 아들 김함도 왕을 따라갔다. 이때 유다 지파의 군대 전체와 이스라엘 지파의 군대 절반이 왕을 모시고 따라갔다. 요단강을 건넌 왕의 행렬이 전진하고 있을 때였다. 갑자기 온 이스라엘 지파 사람들이 왕에게 몰려와서 항의한다.

"유다 지파는 우리와 동족이면서 어떻게 자기들끼리만 왕을 모시고 요단강을 건널 수 있단 말입니까? 그렇게 왕을 도둑질해도 되는 겁니까?"

압살롬의 반란이 평정된 후, 예루살렘 환궁을 먼저 논의하고 준비한 측은 이스라엘 열 지파 사람들이었다. 그렇지만 정작 환궁을 주도한 측은 반란에 적극 가담했던 유다 지파 사람들이었다. 그들은 물밑 교감을 통해 전격적으로 요단강에서 왕을 영접한 것이다. 이에 왕의 환궁 행사에서 배제된 열 지파 사람들이 유다 지파를 향해 분노를 터뜨린 것이다. 뿌리 깊은 지파간의 알력과 주도권 다툼이 환궁 행사를 두고 재연된 셈이다. 이스라엘 열 지파 사람들의 말을 듣고 유다 지파 사람들이 반박한다.

"왕이 우리 지파 소속이기에 우리가 특별히 열심을 낸 것이오. 우리가 왕의 것을 조금이라도 먹기라도 했단 말이오?"

이스라엘 열 지파도 지지 않고 유다 지파 사람들에게 대든다.

"다윗 왕에 대해서는 우리에게 더 많은 권리가 있소. 우린 열 몫을 가졌소. 왕을 다시 예루살렘 왕궁으로 모셔오자고 먼저 말한 사람들도 바로 우리란 말이오."

"당치도 않는 말일랑은 집어치우시오. 누가 뭐래도 왕은 유다 지파의 혈족이오. 그러니 우리가 모셔 들이는 게 마땅하단 말이외다."

왕의 환궁 문제를 놓고, 이스라엘 열 지파의 주장은 거셌다. 하지만 유다 지파는 더 강경했다. 이스라엘 지파는 전체 이스라엘 열두 지파 중 열 지파가 자신들 소속이라는 '지분(持分) 우위론'을 펼쳤다. 여기서 열 지파는 이스라엘 열두 지파 가운데 유다 지파와 베냐민 지파를 제외한 나머지 지파들을 말한다.

이에 맞서 다윗 왕의 환궁 행사를 주도한 유다 지파 사람들은 왕의 혈통과 출신이 자기들 지파 소속이라는 '종친(宗親) 우위론'을 강조했다. 이른바 선민이라는 이스라엘 백성들도 이런 지역감정, 지파 감정에서는 어쩔 수가 없었다. 이 같은 충돌의 와중에서 다윗 왕의 입장만 난처해졌다.

20
세바의 반란

세바는 압살롬보다 위험하니
그를 제거하라!
아비새의 지휘 아래 모여든
다윗 군대가 추격하네

베냐민 지파 사람 세바가 반란을 일으키다 (20:1-26)

다윗 왕의 환궁 문제를 둘러싼 분쟁은 쉬이 가라앉지 않았다. 오히려 갈수록 격화되었다. 어느 한쪽도 밀리거나 양보하려 들지 않았다.

"그럼, 다윗 왕이 유다 지파만의 왕이란 말이오? 우리 이스라엘 열 지파는 왕과 아무 상관이 없다는 말이오?"

"누가 아무 상관이 없다고 그랬소? 다만 우리 유다 지파가 왕에 대해 우선권을 갖고 있다는 것이오. 왜 억지를 부리시오?"

"뭐요? 억지요? 우리가 지금 억지를 부리고 있다고요? 말이면 다 말인 줄 아시오! 기껏 한 개 지파에 불과한 유다 지파가 뭐 그리 대단하다고 온갖 유세를 부리는 거요? 이거야, 아니꼬워서 원!"

마침 그곳에는 베냐민 지파 출신으로 난동 부리기를 좋아하는 불량배가 있었다. 비그리의 아들 '세바'다. 한창 다툼 중에 그가 갑자기 나팔을 불며 크게 외친다.

“이스라엘 열 지파여! 우리가 다윗과 무슨 상관이 있겠소? 이새의 아들에게서 우리가 받을 몫은 아무것도 없소. 그러니 우리끼리 왕을 세웁시다!”

▲ 세바의 반란

반란을 부추기는 말이다. 이처럼 세바가 격동시키는 말로 반란을 선동하자, 감정이 상할 대로 상한 이스라엘 열 지파는 비그리의 아들 세바를 추종했다. 그러는 사이에 유다 지파는 요단강에서 예루살렘까지 다윗을 모셔갔다. 다윗에게 열 지파가 떠나간 자리는 허전하고 쓸쓸했다. 거짓 선동자에게 쉽게 미혹되는 백성들이 안타깝기만 했다.

예루살렘 성안, 이곳은 언제 반란이 있었느냔 듯 평화스러웠다. 모든 건물들도 멀쩡했다. 압살롬의 반란은 다행히도 예루살렘 성에서는 이루어지지 않았다. 거룩한 성 예루살렘이 파괴되는 것을 우려한 다윗이 서둘러 성읍을 떠났기 때문이다. 그래서 예루살렘에서 멀리 떨어진 요단강 건너 마하나임 근방에서 대격전이 벌어졌기에, 예루살렘 성읍에는 전쟁이 남기고 간 상흔을 찾아볼 수 없었다.

다윗은 왕궁을 지키라고 남겨두었던 열 명의 후궁들을 별실에 가두었다. 후궁들은 아들 압살롬에 의해 백주에 성적 수치를 당했다. 그래서 후궁들은 더 이상 다윗 왕에 의해 받아들여질 수 없었고, 다른 사람과 결혼하는 것도 허락되지 않았다. 사실, 후궁들의 잘못은 없었다. 그래도 왕으로서는 몸이 더럽혀진 후궁들에 대해 그런 조치를 취할 수밖에 없었다. 국가에는 지엄한 법이 있는 것이다.

세바의 반란은 의외로 세력을 더해갔다. 압살롬의 반역에 놀랐던 다윗은 반란군의 세력이 더 커지기 전에 진압해야 했다. 왕은 서둘러 압살롬의 군사령관이었던 아마사를 찾았다. 다윗의 군대에 편입된 아마사, 그는 매사에 왕은 물론 다른 장수들의 눈치를 살폈다. 과거 이력이 떳떳하지 못했기 때문이다. 왕은 아마사에게 명한다.

"장군, 유다 지파의 모든 장정들을 사흘 안으로 소집하시오."

다윗 왕의 이 같은 명령은 세바의 반란을 진압할 군대 사령관으로 아마사를 임명했음을 뜻한다. 그렇게 함으로써 다윗은 이중 효과를 노렸다. 우선 요압을 견제하려 했다. 거칠고 반항적인 요압의 세력을 꺾으려 했던 것이다. 또한 아마사를 내세워 유다 지파의 용사들과 함께 세바의 반란을 진압케 함으로써, 압살롬의 반란에 적극 가담했던 유다 지파 사람들의 사기를 북돋워 주려 했다.

다윗 왕의 명을 받은 아마사, 그는 유다 지파의 장정들을 모으러 나갔다. 하지만 왕이 정해준 3일 기한을 지키지 못했다. 그러자 다윗은 요압의 동생인 아비새 장군에게 명한다.

"아비새 장군! 이대로 두면, 세바가 압살롬보다 더욱 위험한 존재가 될 듯하오. 그러니 장군은 부하들을 이끌고 당장 세바의 무리를 추격하시오. 그들이 요새화된 성읍에 숨어버리면, 우리가 찾지 못하게 될까봐 염려스럽소."

아비새는 요압의 부하들인 그렛 사람, 블렛 사람, 그리고 모든 용사들을 이끌고 즉각 출동했다. 이때 아비새의 형 요압도 함께 했다. 요압에게는 왕이 아무런 임무도 맡기지 않았지만, 요압은 아마사를 제거할 기회를 얻으려고 자원해서 합류한 것이다. 상황 판단이 빠른 요압, 그는 아비새의 군대가 도중에 틀림없이 아마사를 만날 것이라고 예상하고 있었다.

요압의 예상은 적중했다. 아비새의 군대가 기브온에 있는 큰 바위에 이르렀을 때, 왕의 명령을 수행 중이던 아마사가 다가왔다. 엊그제만

해도 아마사와 요압은 양쪽 진영의 사령관으로 서로 원수지간이었지만, 전쟁이 끝난 지금은 사촌간이다. 아마사는 요압의 흉계는 까맣게 모르고 반갑게 손을 흔들어 보인다. 두 사람 간에는 어색함이 흐른다. 알게 모르게 긴장감이 있다.

'흠, 내 예상대로 아마사를 제거할 절호의 기회가 왔어. 흐흐.'

요압은 군복을 입고 허리띠를 매고 있었는데, 칼이 칼집에서 삐져나와 있었다. 아마사에게 가까이 다가간 요압은 친근하게 말한다.

"형님! 그간 평안하셨소이까?"

요압은 애써 친근하게 아마사를 '형님'이라 부르며 오른손으로 아마사의 턱수염을 붙잡고 볼에 입을 맞추었다. 아주 다정한 모습이다. 하지만 그건 눈속임이었다. 반갑게 인사하는 척하는 동시에 요압은 품속에 숨겨두었던 단도를 꺼냈다. 아마사는 전혀 눈치채지 못했다. 요압의 음흉한 속마음을 꿈에도 몰랐다.

그럴 수밖에 없는 것이, 아마사에게 요압은 외사촌이고 반갑게 뺨에 입을 맞추는 우호적인 동작에 마음을 놓았던 것이다. 아마사가 방심하는 사이, 요압은 왼손으로 품속의 단검을 재빨리 꺼내 아무런 망설임 없이 그대로 아마사의 배에 깊숙이 찔렀다.

"으윽! 요압! 네가 어찌 내게… 이럴 수가…."

"형님, 미안하게 됐소이다."

▲ 단검으로 아마사를 찔러 죽이는 요압

요압이 단도를 비틀며 쑥 빼어내자, 아마사의 창자가 땅바닥에 쏟아졌다. 두 번 찌를 것도 없이 아마사는 푹 거꾸러져 그 자리에서 죽고 말았다. 요압이 아마사를 살해한 이유는 군사령관의 직위를 되찾기 위해서였다. 그는 반란군의 사령관이었던 아마사가 결정적인 공로를 세운 자신을 밀어내고 군사령관 자리를 차지한 걸 도무지 이해할 수 없었다. 그래서 왕을 원망하는 동시에 아마사에 대해서도 원한을 가졌다.

아마사를 죽인 다음, 요압은 동생 아비새와 함께 비그리의 아들 세바를 뒤쫓았다. 이때 요압의 부하들 중 한 사람이 아마사의 시체 곁에 서서 큰 소리로 외친다.

"요압을 지지하고 왕 편에 설 자들은 즉시 사령관을 따라 세바를 추격하라!"

하지만 아마사가 길바닥 한가운데에 피투성이가 된 채 쓰러져 있었기에 군사들이 머뭇거리며 거기에 모두 멈추어 섰다. 그러자 요압의 부하가 시체를 길바닥에서 옮겨 들판으로 치워놓았다. 그런데도 군사들이 힐끔힐끔 쳐다보며 계속 멈추어 서 있자, 그 부하는 자기 겉옷을 벗어 아마사의 시체를 덮었다. 그제야 군사들은 더 이상 지체하지 않고 요압과 아비새를 따라 세바를 추격했다.

아벨 성읍의 슬기로운 여인과 세바의 최후(20:14-22)

베냐민 지파 출신의 불량배 세바, 그는 이스라엘 열 지파를 두루 돌아다니며 선동전을 펼쳤다.

"모두 들으시오! 이새의 아들 다윗은 우리와는 아무 상관 없소! 그러니 이제부터 나 세바를 지지하는 자들은 나를 따르시오!"

세바는 선동에 속아 자신을 따르는 무리를 이끌고서 아벨 지역과 벧마아가 지역과 베림 지역에 이르렀다. 이들 지역은 납달리 지파의 최북단에 위치한 요새지들인데, 오늘날의 유적지는 훌레 호수 북쪽

20 km 지점에 있는 '텔 아빌' 마을이다.

요압은 군사들을 이끌고 아벨과 벧마아가 지역으로 진격해서 즉시 그 성읍을 포위했다. 그런 뒤, 성벽보다 더 높은 토성을 쌓고는 성벽을 부수어 무너뜨리기 시작했다. 때에 그 성읍에는 슬기로운 한 여인이 살고 있었다. 그 여인이 토성 위에서 성벽을 무너뜨리고 있는 요압의 군사들에게 크게 외친다.

"잠깐만요! 긴히 할 말이 있으니, 요압 장군을 불러주세요!"

요압이 성벽 아래에 서자, 여인이 큰 소리로 말하기 시작한다.

"장군님! '중요한 일은 아벨 성읍에 가서 물어보라'는 말을 아십니까?"

"그게 무슨 뜻이오?"

"아벨에만 가면 무슨 일이든지 잘 해결된다는 옛말입니다."

그렇다. 이스라엘 사회에는 예로부터 그런 말이 있었다. 아벨 성읍에는 지혜자들이 많아서 사람들 사이의 분쟁을 지혜롭게 해결했던 것으로 보인다. 요압은 여인의 말에 흥미를 느껴 귀를 기울였다.

"그처럼 아벨 성읍은 이스라엘에서 가장 지혜롭고 평화스러우며, 성읍의 주민들은 모두 신실하고 성실합니다. 그런데 장군님은 어머니 같은 이 성읍을 이렇게 쉽사리 없애버리실 작정이십니까?"

그러자 요압이 손을 크게 내저으며 대답한다.

"대체 그게 무슨 말이냐? 우리가 성읍을 없애다니! 그게 아니다! 지금 이 성읍에 반역자 세바가 들어가 있기에 이러는 것이다. 그러니 반역자 세바만 넘겨준다면, 우리는 당장 이 성읍에서 철수할 것이다."

요압의 말을 듣고, 그 슬기로운 여인이 요압에게 말한다.

"장군님, 그렇다면 그자의 머리를 베어 성벽 아래로 던지겠습니다. 그렇게 할 테니, 당장 이 성읍을 파괴하는 일을 멈추라고 하십시오!"

"좋다, 그리 하도록 하겠다!"

아벨 성읍의 슬기로운 여인은 지혜로운 말로 성읍 주민들을 설득한다.

"세바는 정통성 없는 반란군 두목에 불과합니다. 여러분, 백전노장 요압이 이끄는 정규군에 비해 세바의 반란군은 오합지졸에 불과합니다. 우리가 그자를 내어주지 않는다면, 그자와 함께 이 성읍과 우리까지 다 망하고 말 것입니다."

그녀는 성읍 주민들을 부지런히 설득했다. 그러자 주민들은 한 마음이 되어 세바를 붙잡았고, 그자의 머리를 베어 성벽 아래로 던져주었다.

세바의 머리를 확인하자, 요압은 즉시 나팔을 불어 군사들을 철수시켰다. 이에 세바 반란 작전에 동원된 군사들은 소집이 해제되어 저마다 집으로 돌아갔고, 요압도 승전보를 들고서 예루살렘으로 돌아왔다(주전 978년경).

다윗이 행정 조직을 재정비하다 (20:23-26)

압살롬의 반역에 이어, 세바의 반란까지 진압되었다. 이제 다윗의 왕권은 완전히 회복되었다. 이에 다윗은 나라의 행정 조직을 재정비하기에 이른다.

스루야의 아들 요압은 다시금 군대의 총사령관이 되고, 여호야다의 아들 브나야는 그렛 사람과 블렛 사람으로 구성된 왕의 근위부대를 맡았다. 아도니람은 국가적인 건축 사업을 총감독하는 노동 감독관을, 아힐룻의 아들 여호사밧은 궁중 문서를 기록하고 왕에게 중요 약속과 업무를 일러주는 사관이 되었다. 그리고 스와는 공문서의 기록, 보관, 발송 등의 업무를 관장하는 서기관을 맡았다.

당시 사독과 아비아달은 대제사장으로 봉직하고 있었다. 사독은 아론의 3남인 엘르아살 계통의 기브온 대제사장이었고, 아비아달은 아론의 4남인 이다말 계통의 예루살렘 대제사장이었다. 그리고 야일 출신의 이라는 다윗의 대신이 되었다. 이 직위는 민심과 여론을 수렴하여 왕에게 충언하는, 이른바 왕의 고문 역할을 하는 자리였다.

21
사울 가, 심판을 받다

3년 동안 기근이 계속되자
사울 가의 집안 남자 일곱 명을 죽여
나무에 매다니
그제야 기근이 그치네

다윗 시대에 있었던 3년 대기근 사건(21:1-14)

"아, 올해도 극심한 가뭄이 이어지는구나. 벌써 몇 년째 가뭄이 계속되는지…. 참으로 큰일이로다."

다윗은 깊은 한숨을 내쉬며 탄식했다. 3년 연속 큰 가뭄이다. 히브리인들에게 가뭄(기근)은 단순히 자연재해 이상의 의미를 지닌다. 가뭄은 칼(전쟁), 전염병 등과 더불어 하나님께서 죄를 범한 백성들에게 내리시는 3대 징벌 중 하나였다. 그래서 다윗이 통회하는 심령으로 주 앞에 나아가 여쭙는다.

"주여, 이 땅에 3년 동안 연속해서 극심한 가뭄이 들었습니다. 온 땅이 바싹 메말라, 온 백성들이 극심한 기근의 고통을 겪고 있나이다. 주여, 우리가 주님께 무슨 죄를 지었나이까? 속히 이 기근에서 우리를 건져주소서!"

다윗의 기도에 응해 주께서 대답하신다. 전혀 뜻밖의 내용이었다.

"사울 집안의 살인죄 때문이다. 사울이 기브온 사람들을 부당하게 죽였기 때문이니라!"

"아, 그것 때문이로군요. 그렇다면 이 땅에서 속히 그 피 흘린 죄악을 씻어내겠나이다."

가나안 정복전쟁 당시(주전 1405년경), 본래 가나안 땅의 모든 족속들은 진멸의 대상이었다. 하지만 이스라엘은 기브온 족속의 술책에 속아 '여호와의 이름으로' 그들과 화친조약을 맺었는데, 이유야 어떻든 그 조약은 유효했다. 하지만 후일 사울 왕은 히브리 혈통의 단일 민족을 구축하고자 민족주의적인 열성으로 화친조약을 깨뜨리고 기브온 주민들을 대량 학살함으로써 결과적으로 '여호와의 이름'을 더럽혔다. 따라서 사울의 행위는 신성한 여호와의 이름을 훼손시킨 명백한 살인죄였다.

기근의 원인을 알게 된 다윗, 즉시 기브온 사람들을 부른 뒤 그들에게 묻는다.

"사울 왕이 그대들에게 행한 잘못을 진심으로 사과드리오. 이제 어떻게 해드리면 좋겠소? 내가 어떻게 보상해 드려야 그대들이 이스라엘을 위해 주님께 복을 빌어 주시겠소?"

그러자 기브온 사람들이 다윗에게 대답한다.

"폐하! 저희의 원한을 풀어주시겠다니 성은이 망극하옵니다! 하지만 저희와 사울 집안 간의 분쟁은 은이나 금으로 해결될 문제가 아닙니다. 또한 저희에겐 이스라엘 사람을 죽일 권리가 없습니다."

다윗이 기브온 사람들에게 재차 묻는다.

"자, 에둘러 말하지 말고 구체적으로 말해보시오. 내가 그대들에게 어떻게 해주면 되겠소?"

그러자 기브온 사람들이 입을 열어 마음에 있는 말을 왕에게 아뢴다.

"폐하! 예전에 사울 왕은 우리 족속을 전멸시키려 했습니다. 이스라엘 영토 안에서는 어디에도 발붙여 살지 못하도록 우리 모두를 없애려

했던 사람입니다."

그 말은 사실이다. 이방인들과의 화친조약을 업신여긴 사울은 비뚤어진 열심을 품고 기브온 주민들을 대량 학살했다.

"사울의 자손 중에서 남자 일곱을 저희에게 넘겨주십시오. 그러면 사울의 고향 기브아 성읍에서 그들을 나무에 매달아 죽여 주님 앞에 보이겠습니다. 그런 뒤에야 저희가 이스라엘을 위해 주님께 복을 빌겠습니다."

다윗은 잠시 망설였다. 요구가 뜻밖이었고 난감했다. 이방 원주민들의 요구대로 사울 집안의 혈통을 본보기로 죽인다면, 겨우 봉합되었던 베냐민 지파와의 관계가 다시 틀어질 수도 있었다.

'아, 이 일을 어찌하면 좋을까.'

다윗은 하나님의 뜻을 구하는 묵상기도를 한다. 그런 뒤, 마음에 결단을 내린다. 다윗은 일국의 왕이다. 사울의 집안 사람 일곱 명을 구하기 위해 매년 대가뭄이라는 엄청난 재앙으로 수천, 수만 명의 백성을 죽일 수는 없다. 또한 그들을 내어주는 것은 하나님의 뜻에 위배되는 것도 아니다. 법을 어긴 사람은 오히려 선대 왕 사울이다. 다윗은 마음을 굳히고는 기브온 주민들에게 자신의 결심을 전한다.

"좋소! 내가 사울의 자손 일곱 명을 그대들에게 넘겨주겠소."

그렇다면 누구를 내주었을까? 요나단과는 주님 앞에서 맹세한 일이 있었기에 요나단의 아들 므비보셋을 일단 제외시켰다. 그런 뒤, 아야의 딸 리스바가 사울과의 사이에서 낳은 두 아들 '알모니'와 '므비보셋'(요나단의 아들 므비보셋과 동명이인), 그리고 사울의 딸 메랍이 므홀랏 사람 바르실래의 아들인 아드리엘과의 사이에서 낳은 다섯 명의 형제들을 선정했다.

다윗은 그 명단을 기브온 사람들에게 넘겨주었다. 기브온 사람들은 곧장 사울의 고향 기브아 성읍으로 달려가 그들 일곱 명을 죽인 다음

▲ 밤낮으로 시신들을 지키는 리스바

언덕 위에 매달아 놓았다. 그렇게 함으로써 그들은 주님 앞에 그 시체들을 보이고는, 가뭄이 멈춰지기를 호소했다. 자신들의 원한이 풀렸으니, 이제 이스라엘 땅에 비를 내려달라는 기도였다. 때는 보리를 거두기 시작할 무렵이었다(4월경).

"이럴 수는 없다! 언제 적 일로 내 생때같은 자식들을 죽일 수 있단 말인가!"

사울의 첩 리스바는 아무런 죄 없이 처형된 두 아들의 시체 곁에 굵은 베옷을 펼쳐놓고 그 위에 앉아 대성통곡했다. 얼마나 구슬프게 울어대는지 누구도 그 어머니를 달랠 엄두를 내지 못했다. 하늘도 슬픈 듯 흐렸다. 하지만 리스바의 탄식에도 불구하고 지금 그녀는 사울이 뿌린 씨앗을 두 아들의 죽음으로 거두고 있는 것이다. 그러하기에 남편의 무모한 행동을 탓할 수밖에 없었다.

리스바는 낮에는 독수리들이 시체들 위에 앉지 못하도록, 밤에는 들짐승들이 달려들지 못하도록 두 아들의 시신을 정성껏 돌보았다. 시신이 무덤에 안치되지 않고 방치되어 들짐승에게 손상당하는 것은 큰 모멸이요 수치였다. 따라서 아들의 시신을 정성껏 돌본 그 어미의 행위는 모두에게 동정을 받았고, 모두들 가슴 아프게 생각했다. 다윗도 사울의 첩 리스바가 행한 일을 전해 듣고는 감동을 받았다.

"그 어미가 그토록 지극 정성으로 시체를 돌보고 있다니 참으로 가상한 일이로다. 내 그들을 긍휼히 여겨 사울 집안의 후손들을 한

데 묻어주어야겠구나."

다윗은 길르앗 지역의 야베스 마을로 내려가서 사울과 요나단의 뼈를 거두어 왔다. 일전에 블레셋 족속이 길보아산에서 두 사람을 죽인 뒤 그 시체를 벧산의 광장에 매달아두었는데, 길르앗 야베스 주민들이 목숨 걸고 그 시신을 거두어다가 자신들의 성읍에 안장시켜 주었던 것이다(주전 1010년경).

다윗은 사울과 요나단의 뼈를 가지고 오면서, 기브온 사람들이 나무에 매달아 죽인 다른 일곱 명의 사울 자손들의 뼈도 수습해 왔다. 그리하여 그들 모두의 뼈를 베냐민 지파의 땅 셀라에 있는 사울의 아버지 기스의 무덤에 함께 묻어 주었다.

이처럼 다윗은 온 정성을 기울여 사울과 요나단, 그리고 나무에 매달려 죽은 사울 집안의 후손 일곱 명의 뼈를 가족묘에 안장시켜 주었다. 그 까닭은, 그 어미 리스바의 애통함을 불쌍히 여기는 마음도 있었지만, 특별히 다윗 자신은 사울 집안에 대하여 아무런 개인적 원한이 없다는 사실을 온 이스라엘 백성들에게 보여주고자 했기 때문이다. 이 같은 다윗의 세심한 배려로 인해 실추되었던 사울 집안의 명예, 나아가 베냐민 지파의 명예는 어느 정도 회복될 수 있었다.

사울 집안의 후손 일곱 명을 처형한 뒤, 기브온 사람들이 깊고 오랜 한을 풀고 이스라엘을 위해 주님께 기도하자, 주께서는 그들의 기도를 들어주셨다. 그리하여 이스라엘 땅에 비를 내려주셔서 더는 가뭄이 들지 않게 하셨다. 지독한 3년 가뭄이 끝나고 마침내 그 땅에 풍년이 들었다.

블레셋의 장수들을 쳐 죽인 다윗의 용사들(21:15-22; 대상 20:4-8)

사사 시대 말엽부터 사울 시대를 거쳐 다윗 시대의 초기에 이르기까지(주전 11세기 무렵), 지중해 연안에 자리 잡은 블레셋 족속은 이스라엘의 최대 숙적이었다. 그들은 함의 후손으로, 지중해의 그레데(갑돌) 섬에서 가나안 땅으로 이주하여 원주민인 아위 족속을 멸망시킨 뒤, 그 땅에 장착하여 원주민으로 자처하는 해양민족이었다. 일찍이 철기문화를 받아들인 블레셋 족속은 팔레스타인의 서남쪽 해안, 곧 북으로 에그론에서부터 남으로 이집트 강(시홀)에 이르는 비옥한 땅에 거주하면서 가사, 아스돗, 아스글론, 가드, 에그론 등 다섯 개의 성읍으로 구성된 강력한 도시국가 체제를 갖추었다. 그래서 끊임없이 동쪽 내륙으로 확장해 나가려는 과정에서 필연적으로 이스라엘과 충돌할 수밖에 없었다.

다윗 시대에도 블레셋과 숱한 충돌이 있었다. 그때마다 다윗의 탁월한 지도력과 요압 장군을 비롯한 용맹한 장수들이 있어서 대부분 이스라엘의 승리로 끝났다. 다윗이 이스라엘의 영웅으로 일약 부각된 것도 블레셋과의 전투에서 그가 거인 장수 골리앗을 물리쳤기 때문이다. 다윗은 또한 사울 왕의 박해를 피해 블레셋 땅으로 도피하여 목숨을 구걸한 적도, 또 그곳에서 망명생활을 한 적도 있었다. 그만큼 다윗 왕에게 블레셋은 인연이 깊은 곳이었다.

다윗 왕은 오랜만에 평온한 날들을 보내고 있었다. 더 이상 반란세력도 일어나지 않았고, 이스라엘 열두 지파도 다윗을 중심으로 통일된 연합국가를 이루었다. 또한 각자 자기 소견대로 살았던 무법천지의 시대도 사라지고, 왕을 중심으로 신앙부흥이 어느 때보다 꽃피우고 있었다. 그야말로 태평성대였다.

블레셋 족속은 이스라엘이 잘 되는 꼴을 보지 못했다. 그들 스스로도 가나안 땅에서 최대 숙적은 이스라엘이라는 것을 잘 알았다. 유일신을 신봉하는 히브리인들을 완전히 추방하거나 멸족시키지 못한다면 자신들이 항상 위험에 처할 수 있다는 것을 알았기에 기회만 생기면 침공을 거듭했다.

어느 해에 블레셋이 이스라엘을 침공했다. 다윗은 군사들과 함께 전쟁터로 나갔다. 적진 깊이 들어가 맞서 싸우다 보니 힘이 부치고 지치게 되었다. 손놀림이 약해지고 왕을 호위하던 군사들도 적들을 상대하느라 잠시 틈을 보였다.

"앗, 저기 다윗이 있다! 그가 지쳐 있다! 지금이 기회다!"

다윗을 알아보고, 거인 족속의 후손인 이스비브놉이 무게 300세겔(대략 3.5kg) 나가는 청동 창을 들고서 허리에는 새 칼을 차고 세차게 덤벼들었다. 다윗의 목숨이 위험한 상태였다. 바로 그때, 그 광경을 목도한 아비새가 만사를 제쳐두고 왕을 구하러 돌진해 왔다. 아비새는 그 블레셋 거인을 쳐 죽이고 다윗 왕을 위기에서 건져냈다. 그 위기 상황을 목격한 이스라엘 군사들은 지휘관을 비롯하여 온 군대가 한 목소리로 왕에게 호소했다.

"폐하, 다시는 저희들과 함께 전쟁터에 나가지 마소서! 왕은 이스라엘의 등불이오니, 부디 그 등불을 꺼뜨리지 마소서!"

그 누가 세월을 이길 수 있을쏜가! 다윗은 예전에 거인 장수 골리앗을 물리칠 때와는 달리 나이도 들었고, 수많은 전투로 인해 심신이 무척 피곤해져 있었다. 게다가 블레셋 거인이 사용한 무기를 감안해 볼 때 벅찬 상대였다. 그리하여 다윗은 부하들의 충언을 따르기로 했다. 전쟁터에 나가 직접 싸우는 일은 용사들에게 맡기고, 자신은 예루살렘 도성에서 이스라엘의 등불이 되어 보좌를 굳건히 지켜나가는 일을 감당하기로 했다.

다윗이 전선에서 물러난 후에도 블레셋과의 전쟁은 계속 있었다. 어느 때에 양 군대는 곱에서 맞서 싸웠다. 이때는 후사 사람 십브개가 거인 족속의 후손인 삽을 쳐 죽였다. 곱에서 또다시 블레셋과 전쟁이 터지자, 이번에는 베들레헴 출신의 야레오르김의 아들인 엘하난이 가드 사람 골리앗의 아우 라흐미를 쳐 죽였다. 이 블레셋 거인은 베틀의 용두머리만큼 굵은 창자루를 들고 있었다.

그 후에 가드에서 또다시 블레셋과 이스라엘 사이에 전쟁이 났다. 그때에도 블레셋 쪽에서는 엄청난 거인이 등장했다. 그의 양 손가락과 발가락은 전부 6개씩으로, 합하면 모두 24개였다. 그도 역시 거인 족속의 후손이었다.

"핫핫핫! 이 겁쟁이 조무래기들아! 너희들 중 용기 있는 자는 앞으로 나와서 나와 싸우자! 우리의 신이 너희의 신을 산산조각 내줄 것이다!"

블레셋 거인은 자신의 장대한 체격을 믿고 이스라엘의 신과 군대를 멸시하고 조롱했다. 그러자 다윗의 형인 삼마의 아들 요나단이 당당히 나가 그와 맞서 싸워 그를 쳐 죽였다.

이상 언급된 네 명의 블레셋 거인들(이스비브놉, 삽, 라흐미, 양 손가락과 발가락이 전부 6개인 거인)은 모두 가드에서 태어난 거인 족속의 후손들이었다. 하지만 그들은 전쟁터에서 다윗 부하들의 손에 차례대로 죽임을 당했다.

예전에 블레셋의 거인 장수 골리앗의 경우에서 보듯, 이스라엘의 숙적인 블레셋은 언제나 가드 출신의 거인 족속 곧 르바임 족속의 후손들을 앞세워 이스라엘을 침공했다. 하지만 골리앗을 쳐 죽인 다윗을 필두로, 그럴 때마다 다윗의 용감한 전사들에 의해 그들 모두가 죽임 당함으로써 블레셋의 침공은 빈번히 실패로 끝났다.

22
다윗의 감사시

주님은 나의 등불이시며 생명
어둠 속에서 빛을 찾을 때면
사방을 밝혀주시는
영원한 피난처이시며 방패

주님을 향한 다윗의 감사 찬송 (22:1-51)

'오, 주께서 내게 베풀어주신 은혜가 얼마가 크고 감사한지! 이제 내가 감사의 시를 지어 주님께 찬송을 올려드려야겠구나.'

전쟁 일선에서 물러난 다윗은 이후로 주님께 감사하는 찬송의 시들을 지었다. 그러니까 오랜 세월 동안 자신을 집요하게 추격한 사울 왕의 칼에서 완전히 벗어나 이스라엘의 왕위에 오른 뒤, 주변의 많은 이방 국가들(블레셋, 아람, 모압, 암몬, 아말렉, 소바, 에돔 등)을 제압한 뒤에 지은 일종의 승전가(勝戰歌)다.

또한 이 감사의 찬송은 하나님께서 다윗에게 후손 대대로 왕위를 보장해 준 약속, 이른바 '다윗 언약'을 다윗이 나단 선지자를 통해 전달받은 직후에 기록된 것이다. 따라서 이 감사 찬송을 부른 때는 다윗 왕의 통치 초기다(주전 1000-995년경). 이 시기에 다윗의 신앙 상태는 최고조에 이른다. 그래서 감사 찬송에는 주님께 대한 기쁨,

▲ 주님을 찬양하는 다윗 왕

감사, 감격, 헌신, 경외감 등이 철철 흘러넘치고 있다. 이제, 귀 기울여 영성(靈性) 넘치는 다윗의 감사 찬송을 들어보자.

"주님은 나의 반석, 나의 요새, 나의 구원자로다. 나의 하나님은 나의 견고한 반석, 안전한 피난처, 든든한 방패, 내 구원의 뿔이로다. 정녕 주께서는 나의 요새, 나의 도피처, 나의 구원자시니, 언제나 포악한 자들에게서 나를 구해 주셨나이다."

다윗은 오랜 세월을 광야에서 보냈다. 광야에 널려있는 바위들, 그것들은 그에게 비와 바람과 추위에서 그를 보호해 주는 보호막이자 피난처였다. 실제로 광야의 석회암 동굴들은 종종 사울의 추격에서 다윗을 숨겨주곤 했다. 그리하여 다윗은 예루살렘 왕궁에서 지난 세월을 회고한다. 지난날 광야의 망명시절에, 혹독한 역경과 환난의 때에, 자신을 바위와 요새에 숨기시어 위기를 넘기게 하신 하나님의 구원 은혜를 기억하고, 그분 하나님을 반석과 요새에 비유하여 노래하고 있는 것이다.

"오, 주여! 내가 위태로운 상태에서 부르짖을 때마다 주께서는 대적들에게서 나를 구해주셨으니, 내가 입을 크게 벌려 주님을 찬양하리로다. 죽음의 물결이 나를 위협하고, 거센 파도가 나를 삼키려 덮칠 때에,

무덤의 밧줄과 사망의 올가미가 내 눈앞에 놓였을 때에 '아, 어찌할꼬!' 하며 부르짖으면, 그때마다 주께서는 내 목소리를 주의 성전 안에서 알아들으셨고, 내 부르짖는 소리에 바짝 귀를 기울이셨나이다."

다윗의 승전가다. 다윗은 많은 날들을 전쟁터에서 보냈다. 어린 나이에 블레셋의 거인 장수 골리앗과의 일대일 결투를 벌여 이긴 후 손에서 칼자루를 놓아본 적이 없었다. 전쟁터는 죽고 사는 것이 일상사다. 언제나 위험이 상존한다. 다윗도 죽음의 위기에 놓인 적이 한두 번이 아니었다. 그러나 그럴 때마다 다윗은 주님께 부르짖었고, 그때마다 주님의 도우심으로 위기에서 벗어나 승리를 일구었다. 그러므로 다윗의 모든 승리는 전적으로 하나님의 도움이었고 은혜였다.

"오, 주님의 권능이 크시고 주님의 위엄이 위대하십니다! 주께서 분노하시니 땅이 흔들리고 하늘의 토대가 부르르 떨립니다. 주님의 코에선 검은 연기가 뿜어져 나오고, 입에선 휘황찬란한 불꽃이 솟구쳐 나오면서 화염을 토해냅니다. 주께서 하늘을 가르시며 땅으로 내려오실 때 구름이 발아래에 빽빽이 깔려 있나이다. 주께서는 천사들을 타고 날아가시고, 바람 날개를 타고 강림하시나이다. 주께서는 성막을 지으시고 비구름 휘장으로 성소를 만드셨나이다."

다윗은 이스라엘 가운데 임재하시는 주님을 경배한다. 다윗의 감사 찬양을 들으면서 이스라엘 백성들은 마치 눈앞에 주께서 나타나기라도 한 듯이 여호와의 크신 영광에 "할렐루야!"로 화답한다.

"보라, 주께서는 하늘에서 우르르 쾅쾅 천둥을 치시고, 그 음성으로 하늘과 땅을 크게 진동시키셨나이다. 공중에서 화살을 퍼부으셔서 나의 대적들을 쫓아내시고, 번개를 던지셔서 나의 원수들을 혼란에 빠뜨리셨나이다. 주께서 꾸짖으실 때에는 바다도 밑바닥을 드러내고, 땅도 그 바탕을 밝히 드러내시나이다. 오, 나를 향한 구원의 손길이 얼마나 크신지! 하늘에서 나를 붙잡아주시고, 거센 물결 속에서 나를 건져주셨나이다. 원수들의 손에서도, 대적들의 칼에서도 나를 건져내셨나이다. 나의 원수들이 죽기 살기로 내게 달려들었지만 주께서 권능의 손을 내미셔서 나를 안전하게 구해주셨나이다."

다윗의 감사 찬양에 이스라엘 백성들 모두가 속으로 "아멘!" 하며 듣고 있다. 하늘이 어느 때보다 맑았다. 다윗의 찬송이 푸르른 창공을 넘어 주님의 보좌로 높이높이 올라가는 느낌이었다.

"주께서는 나의 의로움에 상을 베푸시고, 내 손의 정결함에 보상해 주셨나이다. 나는 주의 가르침을 따랐고, 악한 짓을 행하거나 주께서 정하신 규정을 어긴 적이 없나이다. 그리하여 주께서는 나의 의로움에 따라, 나의 정결함에 따라, 내게 풍성히 상을 베푸시고 내게 넉넉히 보상해 주셨나이다. 진실로 주께서는 주를 사랑하는 자에게는 사랑을 베풀어주시고, 흠 없는 자에게 흠 없음을 보여주셨나이다. 순결한 자에게는 순결하심을 보여주시고, 사악한 자에게는 주의 철저한 심판을 보여주셨나이다. 주께서는 낮은 자를 건져 올리시고, 교만한 자를 높은 데서 끌어 내리셨나이다."

다윗은 음악적인 재질이 풍부한 사람이다. 그의 마음은 하나님으로 가득 채워져 있기에, 하나님을 사랑하는 시어(詩語)들이 끊임없이 흘러나온다. 지금, 다윗은 행한 바대로 상을 주시는 주님, 주님을 사랑하고 그분께 신실한 대로 역시 사랑과 신실함으로 갚으시는 주님을 찬양하고 있다.

"주님은 나의 등불! 캄캄한 곳에 있어도 사방을 환히 밝혀주시나이다. 주께서 도우시니, 나는 대적들을 능히 물리쳤고, 주께서 함께 계시니 나는 높은 성벽도 능히 뛰어넘을 수 있었나이다. 주께서 하시는 일은 완전하고 그분의 말씀은 어느 것 하나 거짓됨이 없나이다. 주님은 나의 안전한 피난처! 주께로 피하는 자에게 주님은 언제나 든든한 방패가 되어주셨나이다."

다윗은 자신의 등불 되시고 피난처 되신 주님을 찬양한다. 이는 추상적인 찬양이 아니다. 자신의 일생을 통해 매순간 생생하게 체득한 삶의 간증이다.

"하늘과 땅에 주 외에는 다른 신이 없으니, 주께서는 항상 강한 힘을 내게 주셨나이다. 암사슴의 발처럼 힘차게 달리게 만드시고, 가파른 곳에서도 나를 일으켜 반듯하게 세워주셨나이다. 나의 두 손을 훈련시켜 싸움에 능하게 하시고, 나의 두 팔을 단련시켜 청동 활을 쉽사리 당기게 하셨나이다. 진실로 주께서는 내게 구원의 방패를 주시고, 온유함으로 나를 크게 키워주셨나이다. 주께서는 나의 길을 활짝 열어주셔서, 나로 발을 잘못 디디는 일이 없도록 하셨나이다."

다윗은 구원자 하나님을 찬양한다. 광야는 넓고 거친 들판으로 인적 없는 황무지다. 때로는 짐승들이 출몰하여 다윗을 위협했고, 베두인들이 출몰하여 약탈을 시도했다. 하지만 그때마다 하나님께서 다윗과 함께 하셔서 모든 위험에서 지켜주셨다. 나아가 스스로를 지켜내도록 훈련시켜 주시고 단련시켜 주셨다. 그 결과, 다윗은 싸움에 능한 자가 되어 승리의 삶을 살아갈 수 있게 되었다.

"주께서 함께 하심으로 나의 전투력이 놀랍도록 커졌나이다. 원수들이 내게 살려 달라 외쳤지만, 그들을 도와주는 이가 없었나이다. 나는 그들을 광야의 먼지처럼, 길바닥의 진흙처럼 짓이겼나이다. 그리하여 주께서는 뭇 민족의 통치자로 나를 우뚝 세워주셨나이다. 이방 사람들도 내게 나아와 굽실대고, 내 말을 듣자마자 나에게 즉시 복종하나이다. 그들은 더 이상 내게 저항할 힘을 잃고 자기들의 토굴에서 기어 나와 내게 항복하였나이다."

다윗은 시편 가운데 자신의 찬송시를 73편이나 남겼다. 주로 하나님을 찬양하는 노래이고, 자신의 삶에 대한 간증과 고백이다. 그는 누구보다도 묵상과 기도의 사람이지만, 단연코 찬양의 사람이다. 여기서는 자신을 도우셔서 전쟁터의 승리자로, 뭇 민족의 통치자로 우뚝 세워주신 하나님을 찬양하고 있다.

"오, 주여! 나는 살아계신 주님만을 찬양하렵니다. 주님은 나의 반석이요 피난처 되시니, 오직 주님만 찬양하렵니다. 주께서는 내 원수를, 세계 만민을, 내 발 아래 굴복시켜 주셨나이다. 언제나 원수들의 손아귀에서도 나를 건져주셨나이다. 사악한 대적들에게서, 포악한 자들의 손아귀에서, 항상 나를 구원해 주셨나이다.

주여, 그러하오니 나는 세계 만민이 보는 앞에서 소리 높여 주님을 찬양하렵니다. 큰 소리 내어 목청껏 주님의 이름을 찬양하렵니다. 정녕 주께서는 자신이 세우신 왕에게 위대한 승리를 안겨주셨나이다. 주께서는 자신이 기름 부은 자에게, 다윗과 그의 후손들에게, 영원히 영원토록 변함없는 은혜를 베풀어 주시나이다. 아멘! 아멘! 할렐루야!"

다윗의 간증적인 감사 찬양이 끝났다. 다윗의 노래는 사무엘의 어머니 한나의 노래와 같이 은혜와 구원을 베풀어주시는 하나님을 그 주제로 삼는다. 이렇게 사무엘서는 한나의 감사 찬양으로 시작하여 다윗의 승전가로 끝난다. 이스라엘 왕정 역사는 결국 하나님께서 여러 왕들을 세우시고, 그들을 통하여 얼마나 자기 백성들에게 은혜와 구원을 베푸셨는지, 그걸 생생하게 보여주는 역사다.

하나님의 마음에 합한 사람, 다윗! 어떻게 살다보니 그냥 '다윗'이 된 게 결코 아니다. 그는 항상 하나님을 의지했고 매사에 하나님께 감사했고 매순간 하나님을 찬양했다. 그러면서 점점 하나님의 마음 깊숙이 들어가서 하나님의 마음을 알았고, 그런 하나님의 마음에 합당하도록 살아갔기에 하나님의 크신 사랑을 받게 된 것이다.

23
다윗의 마지막 말

하늘에 떠오르는 아침 햇살처럼
비 온 뒤에 돋는 싱싱한 새싹처럼
영원한 언약을 주시는 하나님이
내가 원하는 모든 것 들어주시네

다윗이 통치 말년에 부른 신앙고백적인 찬양 (23:1-7)

다윗이 이스라엘을 통치한 기간은 모두 40년(주전 1010-970년경). 사울 왕이 죽은 직후 유다 지파만의 왕이 되어 헤브론에서 7년(보다 정확하게는 7년 6개월)을 다스렸고, 사울의 아들 이스보셋이 죽은 직후에 온 이스라엘의 왕이 되어 예루살렘에서 33년을 다스렸다.

세월은 유수같이 흘러 어느덧 다윗 통치의 말년이 되었다. 인생의 승리와 영광과 역경과 좌절을 맛본 다윗, 그는 통치 말년에 이르러 다시금 자신에게 베푼 주님의 크신 사랑과 구원과 은혜를 회고했다. 그러면서 탁월한 시인인 다윗은 신앙고백적인 형태로 시를 지어, 주님을 향해 마음 깊은 곳에서 우러나는 찬양을 올려드렸다.

다윗 왕이 죽음을 앞두고 부른 찬양의 시는 개인의 신앙과 감사를 다룬다. 그의 마지막 소원을 노래한 것으로, 성령에 의해 감동된 '메시아적 소원'이다. 일찍이 주께서 나단 선지자를 통해 베풀어주신 '다윗 언약'에 기초하여, 영안을 크게 떠서 먼 훗날까지 바라보며 장차 실현될 영광스런 메시아 왕국을 그리고 소망하는 노래다.

> "이새의 아들 다윗이 말하노라. 주께서 일으켜 세우신 자, 야곱의 하나님께서 기름 부으신 자, 시를 잘 읊는 자가 이제 노래하노라. 주님의 영이 내게 오셔서 나의 혀 위에 굴러가나이다.
>
> 이스라엘의 하나님, 이스라엘의 반석이신 주께서 말씀하셨나이다. 공의에 따라 다스리는 왕, 하나님을 경외하는 가운데 자기 백성을 신실함으로 다스리는 왕, 그 왕은 구름 갠 하늘에 떠오르는 아침 햇살 같고, 비 온 뒤에 땅에서 솟아나는 싱싱한 새싹 같나이다.
>
> 주께서 나와 더불어 영원한 언약을 맺으셨으니 나를 든든히 지켜주시나이다. 나의 구원을 열매 맺게 하시고, 내가 원하는 모든 것들을 흔쾌히 들어주시나이다. 그러나 악한 자들은 가시덤불 같아서, 쇠갈퀴나 곡괭이 같은 것들이 있어야만 다룰 수 있고, 결국에는 활활 타오르는 불속에 던져져 영영 타버릴 수밖에 없나이다."

여기서 다윗이 읊은바 '주께서 나와 더불어 맺은 영원한 언약'은 일찍이 하나님께서 나단 선지자를 통해 다윗에게 주신 언약, 이른바 '다윗 언약'을 가리킨다. 이 다윗 언약의 핵심은 '다윗 왕조의 견고함과 영원한 보전'이다. 이는 궁극적으로 장차 다윗의 혈통을 좇아 다윗의 후손으로 이 땅에 오실 '메시아 예수', 그 메시아 예수를 통해 완전하게 실현될 메시아 왕국의 영원함과 견고한 보전을 가리키는 것이었다. 영안을 크게 뜬 다윗은 멀리 미래에 실현된 그 왕국을 바라보며 찬양하고 있다.

다윗 군대의 최정예 용사들과 그들의 업적 (23:8-39; 대상 11:10-47)

다윗 왕국이 가나안 땅의 강대국으로 기반을 잡을 수 있었던 요인은 다윗의 출중한 자질이 그 밑바탕을 이룬 채, 그 위에 탁월한 용사들이 포진되어 있었기 때문이다. 이들 다윗의 용사들은 단순히 다윗 개인에게 충성을 바친 자들이 아니라, 다윗을 통해 일하시는 하나님께 충절을 바친 인물들로 기억되어야 한다. 그렇다면 이제, 다윗 왕국의 설립과 확장과 번영에 크게 이바지했던 용맹스런 37명의 용사들에 관해 살펴보자.

[제1용사대] 먼저, 다윗의 군대에서 가장 탁월한 무공을 지닌 세 명의 용사들이 있다. 이른바 제1용사대다. 제1용사대 가운데 첫 번째는 다그몬 사람 '요셉밧세벳'(일명, 야소브암)이다. 그는 한 자루의 창만으로 적군 800명을 한꺼번에 쳐 죽인 무시무시한 인물이다.

제1용사대 가운데 두 번째 용사는 아호아 사람 '엘르아살'이다. 그는 블레셋의 침공 때 다윗과 함께 출전하여 에베스담밈에서 싸웠다. 그 전투에서 이스라엘 군사들은 모두 후퇴했지만, 엘르아살은 혼자 적진 가운데로 뛰어들어 팔에 쥐가 나고 칼 잡은 손이 굳어져 풀리지 않을 때까지 닥치는 대로 적군을 쳐 죽였다. 그 결과, 그 날에 주께서는 그에게 큰 승리를 안겨주셨다.

제1용사대 가운데 세 번째 용사는 하랄 사람 '삼마'다. 블레셋 군대가 이스라엘을 침략하여 녹두가 가득한 밭에 거대한 진을 치자, 이스라엘 군사들은 누구도 블레셋과 싸우려 하지 않았다. 그러나 삼마는 단신으로 녹두밭 가운데로 뛰어 들어가 닥치는 대로 적군을 쳐 죽였다. 그 결과, 그 날에 주께서는 삼마에게 큰 승리를 안겨주셨다.

[제2용사대] 다윗의 군대에서 제2용사대 역시 3인으로 이루어졌는데, 이들 세 사람은 제1용사대에 비해 무용(武勇)이 조금 떨어지긴

했지만, 다윗 왕국을 위한 충절은 결코 뒤지지 않았다.

제2용사대의 3인 가운데 우두머리는 요압의 아우 '아비새'다. 그는 한 자루의 창으로 적군 300명을 쳐 죽였다. 이로써 아비새는 제1용사대의 세 용사만큼이나 유명해져, 제3용사대 소속인 30인 특공대의 대장이 되었다.

제2용사대의 3인 가운데 두 번째는 '브나야'다. 그는 갑스엘 사람인 여호야다의 아들로 각종 전투에서 수많은 공을 세웠다. '모압의 사자들'이라 소문난 모압의 특출한 두 장수를 혼자서 쳐 죽였고, 어느 눈 내린 날에는 구덩이에 빠진 사자를 때려잡았다. 또한 이집트의 거인도 쳐 죽였다. 그는 막대기 하나만 가지고 거인의 창을 빼앗아 그를 찔러 죽였다. 브나야는 제3용사대 소속인 30인 특공대의 존경을 받았지만, 처음 세 용사(제1용사대)의 무용에는 조금 미치지 못했다. 다윗은 브나야를 경호부대의 대장으로 삼았다. 제2용사대에는 아비새, 브나야 외에도 탁월한 용사가 한 명 더 있었지만, 그에 대해선 자세히 알려진 바가 없다.

제2용사대와 관련된 유명한 일화가 있다. 어느 해에 가나안 땅에 추수가 시작될 무렵, 블레셋 군대가 이스라엘을 침략하여 르바임 골짜기에 거대한 진을 쳤다. 르바임은 예루살렘 서남쪽에 위치한 골짜기로, 유다 지파와 베냐민 지파의 경계를 이루고 있었다.

그때, 30인 특공대의 지휘관들인 제2용사대의 세 용사가 아둘람 동굴로 다윗을 찾아갔다. 이때 다윗은 산 위의 요새에 있었고, 블레셋 군대의 한 무리는 베들레헴에 진을 치고 있었다. 그런데 다윗이 저 멀리 산 아래쪽의 베들레헴을 한참 동안 바라보다가 문득 어릴 적 마셨던 베들레헴 성문 곁의 시원한 우물물이 생각나서 혼잣말처럼 말했다.

"아, 내가 어릴 적에 먹던 베들레헴 우물의 샘물이 생각나는구나.

누가 내려가서 성문 곁 우물에서 샘물을 길어다가 내게 갖다 줄 수 있을까!"

다윗 곁에 있던 제2용사대의 세 용사가 그 말을 들었다. 그들은 망설임 없이 즉시 산 아래로 달려 내려가 블레셋 진영의 수비대를 뚫고서 베들레헴 성문 곁의 그 우물에서 물을 길어다가 다윗에게 바쳤다.

"아, 아니? 이게 웬 물이냐?"

다윗이 물을 받아들고는 크게 놀라며 물었다. 그러자 세 용사가 대답했다.

"주군께서 베들레헴 성문 곁의 우물물을 먹고 싶다하시기에, 저희가 내려가서 길어온 것입니다."

"무, 무엇이? 너희가 나를 위해? 저 블레셋 진영의 수비대를 뚫고서 이 물을 길어 왔다고? 하마터면 너희가 나 때문에 목숨을 잃을 뻔했구나!"

다윗은 부하들의 충성에 감동했고 자신의 경솔한 말에 자책했다. 그래서 다윗은 그 물을 마시지 않고 주께 제물로 부어드리며 기도했다.

"주여, 제가 어찌 이 물을 마실 수 있겠나이까! 이 물은 목숨을 걸고 길어온 용사들의 피가 아닙니까."

▲ 다윗 왕에게 물을 길어 바치는 제2용사대 3인

이처럼 다윗 휘하에는 제1용사대 소속의 3인(요셉밧세벳, 엘르아살, 삼마), 제2용사대 소속의 3인(아비새, 브나야, 익명의 1인)에 이어 제3용사대가 있었다. 제3용사대는 30인의 특공대로 구성되었다. 여기에 속한 30인의 용사들은 이러하다.

[제3용사대] 요압의 아우 아사헬, 베들레헴 사람으로 도도의 아들 엘하난, 하롯 사람 삼훗, 하롯 사람 엘리가, 발디 사람 헬레스, 드고아 사람으로 익게스의 아들 이라, 아나돗 사람 아비에셀, 후사 사람으로 '십브개'라고도 불리는 므분내, 아호아 사람 살몬, 느도바 사람 마하래, 느도바 사람으로 바아나의 아들 헬렙, 베냐민 지파의 기브아 사람으로 리배의 아들 잇대, 비라돈 사람 브나야, 가아스 시냇가에 사는 힛대, 아르바 사람 아비알본, 바르훔 사람 아스마웻, 사알본 사람 엘리아바, 야센의 아들 요나단, 하랄 사람 삼마, 아랄 사람으로 사랄의 아들 아히암, 마아가 사람으로 아하스배의 아들 엘리벨렛, 길로 사람으로 아히도벨의 아들 엘리암, 갈멜 사람 헤스래, 아랍 사람 바아래, 소바 출신으로 나단의 아들 이갈, 갓 사람 바니, 암몬 사람 셀렉, 스루야의 아들인 군사령관 요압의 무기를 들고 다니는 브에롯 사람 나하래, 이델 사람 이라, 이델 사람 가렙, 그리고 헷 사람 우리아.

제3용사대 곧 30명의 특전대 용사들은 비록 무예나 능력 면에서는 제1용사대의 3인이나 제2용사대의 3인에 비해 어느 정도 뒤처지긴 했지만, 다윗의 군대 중에서 뛰어난 무용과 기백과 충성을 갖춘 특수 정예요원들이었다.

그런데 잘 살펴보면, 제3용사대의 30인 용사 명단에 31명이 소개되었다. 그 까닭은 처음에는 정확히 30명으로 구성되었겠지만, 전쟁을 치르는 중에 결원이 생겼을 경우에 보충하는 과정에서, 전쟁 중에 훌륭한 공적을 세운 자를 '30용사'라는 특수한 명칭 하에 추가하였기 때문이다. 그리하여 당시 다윗 군대의 최정예 용사는 제1용사대 소속의 3인, 제2용사대 소속의 3인, 그리고 제3용사대 소속의 31명, 그리하여 도합 37명이었다.

24

인구조사와 재앙

7년의 흉년, 석 달의 도망,
3일의 전염병 중 하나를 택해라
다윗이 전염병 재앙을 택하자
이스라엘에 전염병이 퍼지네

다윗이 교만한 마음으로 인구조사를 실시하다(24:1-9; 대상 21:1-6)

"요압 장군! 즉시 북쪽의 단에서부터 남쪽의 브엘세바에 이르기까지, 이스라엘과 유다의 모든 지파 지역을 두루 다니면서 20세 이상으로 전쟁터에 나갈 수 있는 인구를 모두 조사하여 내게 보고하도록 하시오!"

때는 다윗 통치의 말엽(주전 973년경), 어느 해에 다윗 왕은 사탄의 격동을 받았다. 그 결과, 다윗은 이스라엘 지파와 유다 지파의 총인구를 조사하려는 교만한 마음을 품게 되었다. 인구조사를 실시하는 것 자체가 죄가 되는 것은 아니다. 이전에 하나님은 출애굽한 이스라엘 백성들을 대상으로 인구조사를 실시할 것을 명하셨다.

하지만 지금 실시하는 다윗의 인구조사는 그 동기가 잘못되었다. 하나님의 뜻과는 상관없이 자신이 일군 자신의 왕국을 널리 자랑하고 싶은 교만에 기초한 것이었다. 자신의 왕국이 얼마나 큰지, 자신의 군대가 얼마나 많고 강한지를 과시하고 싶었던 것이다. 결국 이것은,

말년의 다윗이 마음이 해이해져 하나님보다 자신의 군사력을 더 의지하고 있다는 증거였다. 그것이 바로 다윗의 죄였다. 인구조사를 명령받은 요압이 그런 사실을 알아차리고 왕에게 솔직하게 아뢴다.

▲ 요압에게 인구조사 실시를 명하는 다윗 왕

"폐하! 하나님께서 폐하의 백성들을 계속 불어나게 하사 지금보다 100배나 더 많아지기를 소원합니다. 하지만 지금 폐하께서는 어찌하여 인구조사를 실시하려는 것입니까?"

군사령관 요압은 지금 다윗 왕이 평소와는 달리 무엇인가에 크게 격동되어 하나님의 뜻에서 벗어나 있음을 알아차렸다. 그래서 그 잘못됨을 인식하고 범죄를 막아보려 충언을 드린 것이다.

"장군! 그게 무슨 말이오? 내가 지금 인구조사를 실시하라고 명하고 있지 않소! 다른 소리 하지 말고, 즉시 시행하시오!"

요압은 왕의 뜻이 너무 엄해서 더는 반대하지 않고 왕의 명을 좇아 전국적으로 인구조사를 시행하였다. 요단강을 건너 갓 지파의 성읍인 아로엘에서부터 인구조사를 시작했다. 그런 다음, 야셀 성읍과 길르앗을 거쳐 닷딤홋시 지역과 다냐얀을 지나 시돈으로 돌아서 올라갔다. 그런 뒤에 두로 지역으로 올라갔다가, 히위, 가나안의 성읍들, 마지막으로 유다의 가장 남쪽 성읍인 브엘세바까지 이르렀다. 그 기간이 장장 9개월 20일이나 걸렸다.

"폐하! 조사해보니, 전쟁터에 나가 싸울 수 있는 20세 이상의 군사들은 이스라엘 지파에서는 80만 명, 유다 지파에서는 50만 명에 이릅니다."

군사령관 요압은 왕에게 전쟁터에 나갈 만한 장정들의 수효를 보고했다. 이스라엘 지파와 유다 지파를 합쳐 모두 130만 명으로 막강한 군사력이었다. 요압의 보고를 받은 다윗 왕은 매우 흡족해했다.

"그렇게나 많소? 그 정도라면, 이젠 누구도 감히 이스라엘을 넘보지 못할 것이오! 그동안 수고 많았소이다. 하하하."

요압은 왕의 웃음을 뒤로하고 왕궁을 나왔다. 뭔가 불길한 느낌이 들었다.

다윗의 범죄에 대해 하나님의 징벌이 임하다 (24:10-17; 대상 21:7-17)

인구조사를 실시한 지 얼마 지나지 않아, 다윗은 양심의 가책을 느꼈다. 스스로의 교만과 불신앙을 들여다보기 시작한 것이다.

'아, 내가 하나님의 은혜를 잊고 하나님보다 군대를 더 의지하고 있구나. 인구조사를 실시한 것은 그런 내 마음이 작용한 거야. 지금껏 전쟁에서 승리한 요인은 군사력이 아니라 여호와 하나님을 의지한 덕분인데…. 아무래도 내가 주님께 죄를 지었다. 아, 어쩌면 좋단 말인가?'

다윗은 여러 날을 괴로워하다가 끝내 회개의 자리로 나아갔다.

"주여, 이 종이 하나님 대신 군사력을 더 의지하는 죄를 범하였나이다. 교만한 마음을 품고 참으로 어리석은 일을 저질렀나이다. 부디 긍휼을 베푸사 이 종의 죄를 너그러이 용서해 주옵소서."

다음날 아침, 아니나 다를까 선견자 갓에게 하나님의 말씀이 임했다. '선견자'는 이상이나 계시를 보는 자란 뜻으로 '선지자'보다 이전에 사용된 명칭이다. 선견자 갓, 그는 다윗의 피난 시절부터 줄곧 다윗을 보필하며 하나님의 뜻을 일러주던 선지자였다.

"너는 다윗에게로 가서 내 말을 전하라. 이르기를 '내가 네 죄를 징벌하겠노라. 이제 내가 세 가지 선택사항을 네 앞에 내놓겠으니,

너는 그중에서 한 가지를 택하라. 그러면, 내가 그 재앙을 네게 내리겠노라.' 하여라."

선견자 갓이 다윗 왕에게로 나아가 주님의 말씀을 전한다.

"왕이시여, 주께서 내놓으신 세 가지 선택사항은 이러합니다. 7년 동안의 흉년, 목숨을 노리는 원수들을 피하여 도망다니는 3개월 동안의 피신, 아니면 3일 동안의 무서운 전염병입니다. 잘 생각해 보시고, 제가 주님께 어떻게 답변해야 할는지를 알려주십시오."

주님께서 내리시려는 재앙을 듣고 있던 다윗이 크게 탄식한다.

"아, 내 마음이 참으로 괴롭고 내 입장이 정말로 난처하오. 전부 뼈아픈 징벌들이라 무얼 선택하면 좋을지 선뜻 결정할 수 없소이다."

"왕께서 불러들인 재앙입니다. 주님은 뜻을 굽히지 않으시는 분이라는 사실은 왕께서도 잘 아실 것입니다! 결정하셔야 합니다."

▲ 고심 끝에 전염병 재앙을 선택하는 다윗 왕

"물론이오, 잘 알고 있소이다. 셋 중 굳이 하나를 선택하자면…."

왕은 뜸을 들였다. 마음에 결정은 내리긴 했지만 선뜻 입을 뗄 수 없었다. 어느 것 하나 수월하게 넘어갈 수 있는 징벌이 아니었기 때문이다.

"왕이시여, 선택하신 것입니까?"

왕의 자문을 겸하기도 한 선견자 갓의 채근에 다윗은 어렵게 입을 연다.

"그렇소! 주님은 진실로 자비가 많으신 분이시니, 차라리 주께서 직접 내리시는 전염병의 징벌을 받겠소이다. 이제 와서 원수들에게 쫓겨 다닐 수도 없는 노릇이고, 긴 세월 동안의 흉년을 감당하기에도 너무 벅차다오."

다윗이 전염병을 선택한 까닭은 충분히 이해할 만하다. '기근'이나 '망명'은 이미 다윗이 혹독하게 겪은 바 있었고, 그 기간이 길었다. 그렇지만 '전염병'은 하나님의 직접적인 손에 의해 발생하는 재앙으로 여겨진 만큼, 하나님의 자비와 긍휼에 전적으로 의존할 수 있다(과연 다윗의 예상대로 실제로 하나님의 긍휼을 입을 수 있었다). 무엇보다도 그 기간이 짧았다.

바로 그 날 아침부터 이스라엘 온 땅에 전염병이 급속도로 퍼져나갔다. 북쪽의 단 성읍에서부터 남쪽의 브엘세바 성읍에 이르기까지, 하루 만에 무려 7만 명이나 역병으로 죽었다. 이전에 간통죄를 지었을 때는 우리아와 어린아이만 죽었다. 그러나 이스라엘의 장정 수효를 세었을 때는 7만이나 목숨을 잃었다.

이런 재앙이 이스라엘을 덮쳤다는 것은, 하나님을 거스르는 교만의 죄가 얼마나 무서운 것인지를 잘 보여준다. 그러니까 다윗이 저지른 가장 큰 죄는 우리아의 처 밧세바와 지은 간통죄가 아니라 '이스라엘의 장정 수효를 세는 교만 죄'였다. 사람의 마음에서 일어나는 정욕의 죄보다 교만의 죄가 더 무서운 것이다. 교만의 죄는 하나님의 영광을 도둑질하는 죄이기 때문이다.

여기에 간과해서는 안 되는 점이 또 있다. 이스라엘 온 땅에 임한 무시무시한 전염병 재앙은 단순히 다윗의 교만 죄 때문만은 아니다. 그 일이 촉매제가 되긴 했지만, 보다 근본적으로는 이스라엘 백성들에 대한 하나님의 심판이었다. 왜 그런가?

앞서 이스라엘 백성들은 하나님께서 기름 부어 세우신 자, 곧 다윗을 거역하여 압살롬의 반역과 세바의 반란에 적극 가담하여 하나님이 세우신 권세에 대항하는 불의를 자행했다. 그래서 하나님은 다윗의 교만한 인구조사를 계기로 한꺼번에 징벌의 폭탄을 터뜨리신 것이다. 하나님의 진노가 다윗 개인에게만 머물지 않고 이스라엘 전체 백성들 위에 임한 이유가 바로 여기에 있다.

하나님께서 내리시는 무시무시한 전염병 징벌이 온 이스라엘 땅을 휩쓸고 있을 때, 심판을 수행하는 주의 천사가 예루살렘 쪽으로 손을 뻗쳐 그 성읍을 완전히 멸망시키려 했다. 바로 그 순간, 다윗이 예상하고 기대한 대로 풍성한 긍휼을 지니신 자비로우신 주께서 마음을 돌이키셨다. 전염병으로 한창 백성들과 성읍을 치고 있는 천사에게 명하신다.

"자, 그만! 이제 됐느니라! 그것으로 충분하다! 이젠 네 손을 거두어라!"

그때, 주의 천사는 여부스 사람인 아라우나의 타작마당에 서 있었고, 다윗은 무서운 전염병으로 백성들을 죽이는 천사를 보고 주께 엎드려 울면서 기도드리고 있었다.

"주여, 죄를 지은 사람은 바로 이 몸입니다. 이 백성들은 이 몸을 따르는 양 떼에 지나지 않습니다. 치시려거든, 이 몸과 이 몸의 집안을 치소서. 부디 이 백성들은 치지 마소서!"

다윗이 타작마당에 화해의 제단을 쌓다(24:18-25; 대상 21:18-30)

바로 그 날, 선견자 갓이 다윗을 방문했다. 갓도 마음이 불편했는지 표정이 무척 어두웠다. 그 역시 다윗을 제대로 지도하지 못해 이런 엄청난 불행이 국가에 임하게 된 것에 대해 자책하는 것 같았다.

"왕이시여! 아라우나의 타작마당에 주께 제단을 쌓으십시오."

아라우나의 타작마당, 그곳은 주의 천사가 하나님의 명령에 따라 심판 활동을 멈춘 곳이다. 말하자면 이스라엘을 향한 하나님의 긍휼과 화해가 임한 장소다. 공교롭게도 이곳은 오래전에 아브라함이 독자 이삭을 제물로 바치려 했던 모리아산의 위치와 동일하다. 동시에 후일 다윗의 아들 솔로몬이 하나님의 성전을 세운 곳이기도 했다.

"그게 정말이오? 진실로 이 몸과 이 백성을 향한 주님의 자비가 참으로 크오. 주님, 감사합니다!"

선견자 갓의 말을 듣고, 다윗은 주님의 자비와 용서를 직감했다. 주께서 화해의 손길을 내미신 것임을 알았다. 그는 즉시 아라우나의 타작마당으로 올라갔다. 마침 아라우나는 다윗 왕과 신하들이 자신에게로 나아오고 있는 것을 보고는, 즉시 달려 나가 왕 앞에 엎드려 절한다.

"폐하! 높으신 내 주 왕께서 어찌 비천한 이 종에게로 오셨나이까?"

"아라우나, 그대는 두려워하지 마시오. 내가 이 타작마당을 사야겠소. 이곳에 주께 바치는 화해의 제단을 쌓아 이 백성에게 내리는 전염병 재앙을 그치게 하려 하오. 우리 주님께서 이 타작마당을 지정하신 것이라오!"

"폐하께서 기뻐하시는 일이라면 무엇이든 아낌없이 다 바치겠나이다. 주님께 번제물로 바칠 소도 여러 마리 있습니다. 땔감으로 사용할 탈곡기의 판자와 소의 멍에도 있습니다. 이 모든 것을 내 주 왕께 그냥 바치겠나이다. 왕의 하나님 여호와께서도 왕의 제물을 기쁘게 받아주시길 빕니다."

다윗은 흐뭇한 미소를 지으며 고개를 끄덕였다. 그러면서 차분하고 부드러운 목소리로 말한다.

"그대의 정성은 참으로 고맙소. 하지만 거저 받을 수는 없소. 공짜로 얻은 것을 나의 주님께 제물로 바칠 수는 없는 노릇이오. 그러니 그대는 아무런 부담 갖지 말고 적당한 값을 받도록 하시오."

"아, 아닙니다. 이 몸이 어찌 내 주 왕께 값을 계산할 수 있단 말입니까."

"그건 그렇지 않소. 거저 얻은 것으로는 주님께 제물을 바칠 수 없으니, 그리 알고 그대는 더 이상 내 뜻을 거부하지 마시오."

그렇게 말한 다음, 다윗은 은화 50개를 주고서 아라우나의 타작마당과 소들과 땔감 등을 샀다. 당시 은화 1개의 값어치는 노동자 4일치의 품삯이고, 은화 30개는 장정 노예 한 사람의 몸값이었다. 이때 다윗이 굳이 값을 지불하고 타작마당과 짐승과 땔감을 사려 한 까닭은 분명하다. 값없이 얻은 것으로 드려지는 제사는 하나님께 값없는(정성 없는) 것으로 비쳐질 수 있을 것이라 생각했기 때문이다. 그래서 다윗은 진정한 회개와 감사의 표시로, 적절한 값을 지불하고 희생제물을 구입하여 주님께 제사 드리기를 원했던 것이다.

"오, 주여! 이제 이 제물을 받으시고, 이 땅에 내리신 재앙을 거두어주소서! 이 몸과 이 백성의 죄악을 사하여 주소서!"

다윗은 타작마당에 제단을 쌓은 뒤, 그 위에 번제물과 화목제물을 바쳤다. '번제물'은 다윗 자신과 이스라엘 백성들이 하나님께 범한 죄를 용서받기 위해 드려졌고, '화목제물'은 죄 용서를 받은 데 따른 감사와 이제부터 하나님과 화해를 이루고 친교가 회복되었다는 의미에서 드려졌다.

주께서는 아라우나의 타작마당에서 드린 다윗의 번제물과 화목제물을 기쁘게 받으셨다. 그래서 땅과 백성과 자신을 긍휼히 여겨 달라는 다윗의 기도에 응답하셨다.

"보라! 전염병이 그쳤다!"

"정말 거짓말같이 전염병이 뚝 그쳤네. 와, 이제 살았다!"

이스라엘 온 땅을 휩쓸던 무시무시한 전염병 재앙이 거짓말처럼 뚝 그쳤다. 감쪽같이 사라졌다. 다윗의 희생제물을 흠향하신 주께서 그 재앙을 일시에 거두어들이셨기 때문이다. 이는 다윗의 통치 말엽에 있었던 일이다(주전 973년경).

사무엘서는 여기서 막을 내린다. 사무엘서의 첫 번째 이야기 곧 사무엘상이 사람들이 세운 왕 '사울'에 관한 이야기라면, 사무엘서의 두 번째 이야기 곧 사무엘하는 하나님이 세우신 왕 '다윗'에 관한 이야기다.

사무엘서 바로 뒤에 이어지는 열왕기서(열왕기상, 열왕기하) 곧 이스라엘의 왕정(王政) 역사는 다윗의 아들 솔로몬을 비롯하여 남북 왕국의 40명에 이르는 왕들이 과연 사울처럼 '사람의 왕'으로 살았는가, 아니면 다윗처럼 '하나님께 속한 왕'으로 살았는가를 생생하게 보여준다. 그리고 바로 거기에서 그 왕국의 흥망성쇠는 결판이 난다.

사울의 길을 따른 사람의 왕들은 하나같이 타락과 실패의 역사를 기록하고, 다윗을 좇은 하나님께 속한 왕들은 한결같이 부흥과 성공의 역사를 기록한다. 자, 이제 사울과 다윗 이후에 이스라엘을 다스린 40왕들의 운명은 어떻게 펼쳐질 것인가? 사람의 길을 걸을 것인가, 하나님의 길을 걸을 것인가? 이어지는 열왕기서에서 그 흥미로운 이야기가 전개된다.

설화(說話, narration) 양식의 사무엘상하를 "더 상세하게", "더 쉽게" 이야기체로 풀어서 전달하다

민영진

감리교신학대학교 교수 역임
대한성서공회 번역실장, 총무 역임
세계성서공회연합회 번역컨설턴트 역임

사무엘상하는 이스라엘의 초기 왕정역사를 말해주는 역사다. 여러 가지 자료가 겹쳐 있어서 반복되거나 상충되는 기록이 있다. 히브리어 사무엘상하의 문학양식은 설화(說話, narration)다. 이것을 우리의 스토리텔러들이 다시 한 번 이야기체로 풀어서 독자들에게 "더 상세하게" 그리고 "더 쉽게" 이야기해주고 있다. "더 상세하게" "더 쉽게"라 함은 우리의 스토리텔러들이 성경 본문을 그대로 반복하지 않고 그 본문이 지닌 역사적 배경, 지리적 배경, 문화적 배경, 심지어는 신학적 배경까지 언급해 가면서 이야기를 한다는 말이다. 가끔씩 소개되는 삽화들은 이야기의 배경을 시각적으로 독자들에게 각인시키기도 한다.

독자들은 모처럼 이 책을 통해서 이스라엘 초기 역사에 대한 지식을 얻게 된다. 12지파동맹이 왜 왕정으로 대치되었는지, 왕정 시작 배후에서 사사이면서도 제사장 역할과 예언자 역할을 한 사무엘 같은 인물이 어떻게 킹메이커로서의 구실을 하는지, 이스라엘 역사에서 법궤의 의미가 어떻게 발전하는지, 왕권을 사이에 두고 사울과 다윗이 어떻게 권력 쟁취 투쟁을 하는지, 역사 속으로 한 걸음 더 들어갈 수 있을 것이다. 나아가, 두 왕 다 하나님께서 선택하셨으면서도 어찌하여 한 사람(사울 왕)은 끝내 버리시고, 같은 인간적 약점을 가졌지만 또 다른 한 사람(다윗 왕)은 왕가(王家)를 대대로 잇게 하시고 끝내는 메시아의 조상이 되게 하시는지, 하나님의 편애(偏愛)의 비밀을 줄곧 묻게 될 것이다. 사울 왕이 겪는 시련과 몰락과 비극적 최후, 극적인 다윗의 등장(사무엘상), 다윗의 통일왕국 역사의 시작, 다윗 왕조에 대한 하나님의 약속(삼하 7장), 인간 다윗의 갈등(밧세바 사건), 아들 압살롬의 반란을 포함한 비극적인 가족사(삼하 13-20) 등을 흥미진진하게 보게 된다.

우리의 스토리텔러들은 같은 역사적 사건이 사무엘기(記)와 역대지(歷代志)에 함께 진술되어 있을 때 그 관련 구절들을 소개하고 있다. 아마도 주의 깊은 독자들이라면 사무엘기와 역대지, 두 역사서에서 역사가들이 같은 사건을 두고서 서로 다른 해석을 하고 있는 것도 볼 수 있을 것이다.

시인 다윗의 면모를 보이는 사무엘하 22장 다윗의 승전가는 시편 18편 다윗의 감사 찬송과 같은 내용이다. 같은 한 찬양이 서로 다른 두 책에 기록되어 있는 것도 흔한 것은 아니다. 독자들은 그것만으로도 성경 편집 과정의 한 면을 엿볼 수 있을 것이다.